"十二五"国家重点图书出版规划项目

中国近现代稀见史料丛刊【第二辑】

张剑 徐雁平 彭国忠 主编

吴兔床日记

吴骞 著

张昊苏 杨洪升 整理

凤凰出版社

图书在版编目（CIP）数据

吴兔床日记 / 吴骞著 ; 张昊苏，杨洪升整理. -- 南京 : 凤凰出版社，2015.5（2024.9重印）
（中国近现代稀见史料丛刊. 第2辑）
ISBN 978-7-5506-2147-3

Ⅰ. ①吴… Ⅱ. ①吴… ②张… ③杨… Ⅲ. ①吴兔床－日记 Ⅳ. ①K825.4

中国版本图书馆CIP数据核字(2015)第055834号

书　　名	吴兔床日记
著　　者	吴　骞　著　张昊苏　杨洪升　整理
责任编辑	郭馨馨
出版发行	凤凰出版传媒股份有限公司 凤凰出版社(原江苏古籍出版社) 发行部电话025-83223462
出版社地址	南京市中央路165号，邮编：210009
出版社网址	http://www.fhcbs.com
照　　排	南京凯建图文制作有限公司
印　　刷	唐山楠萍印务有限公司 唐山市芦台经济开发区场部
开　　本	880×1230毫米　1/32
印　　张	8.75
字　　数	227千字
版　　次	2015年5月第1版　2024年9月第3次印刷
标准书号	ISBN 978-7-5506-2147-3
定　　价	67.00元

(本书凡印装错误可向承印厂调换，电话：022-69381996)

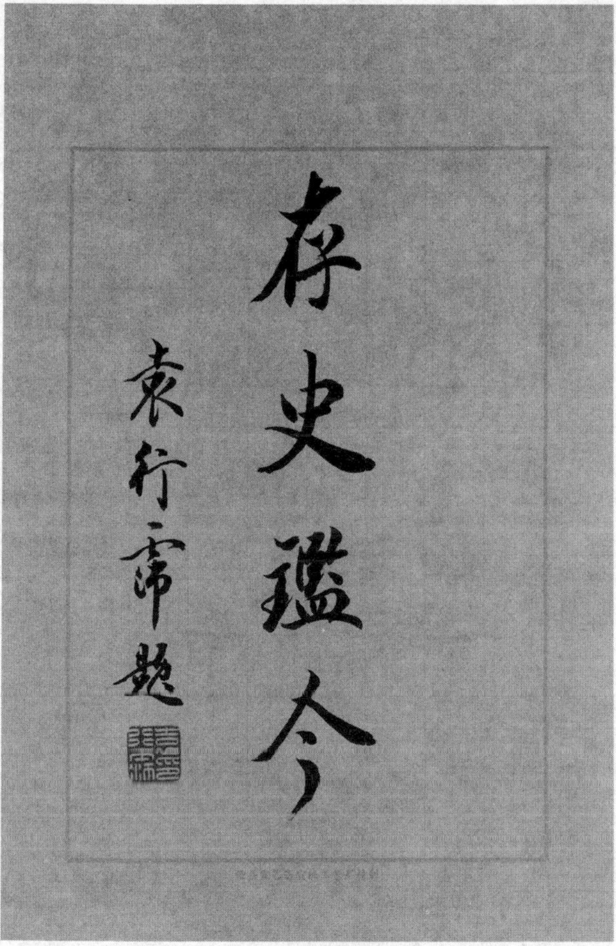

袁行霈先生题辞

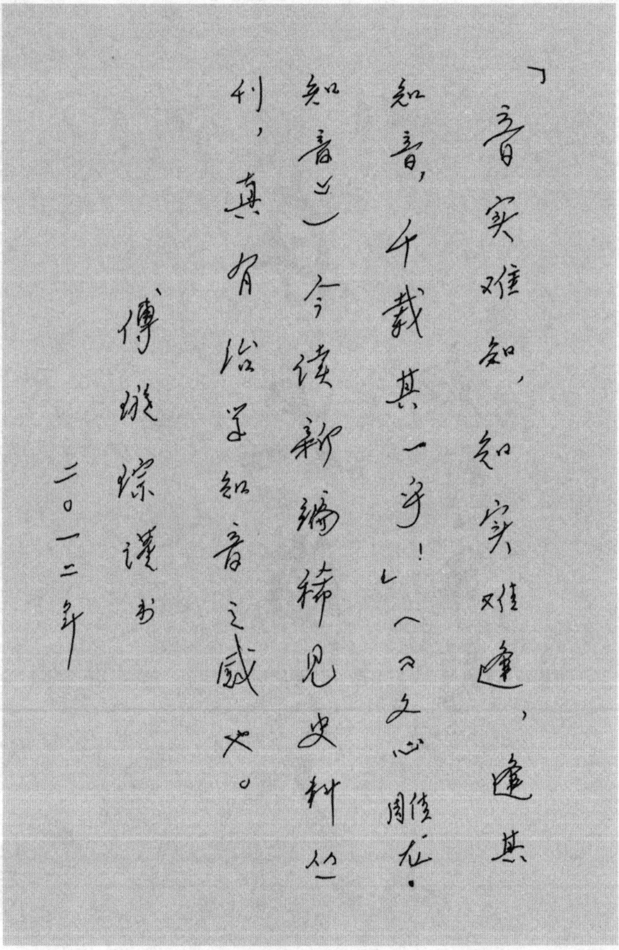

「音实难知，知实难逢，逢其知音，千载其一乎！」（《文心雕龙·知音》）今读新编稀见史料丛刊，真有治学知音之感也。

傅璇琮谨书

二〇一二年

傅璇琮先生题辞

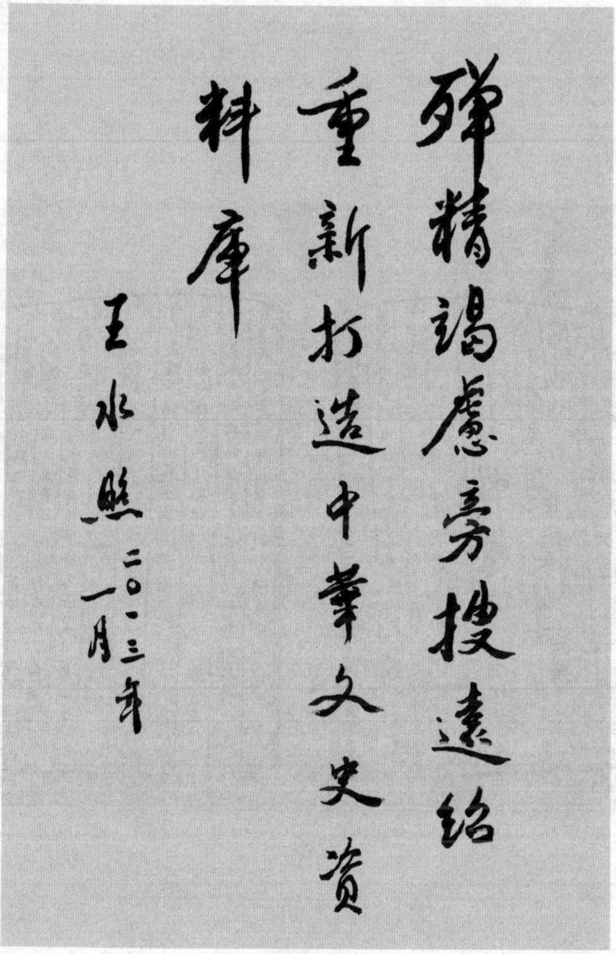

王水照先生题辞

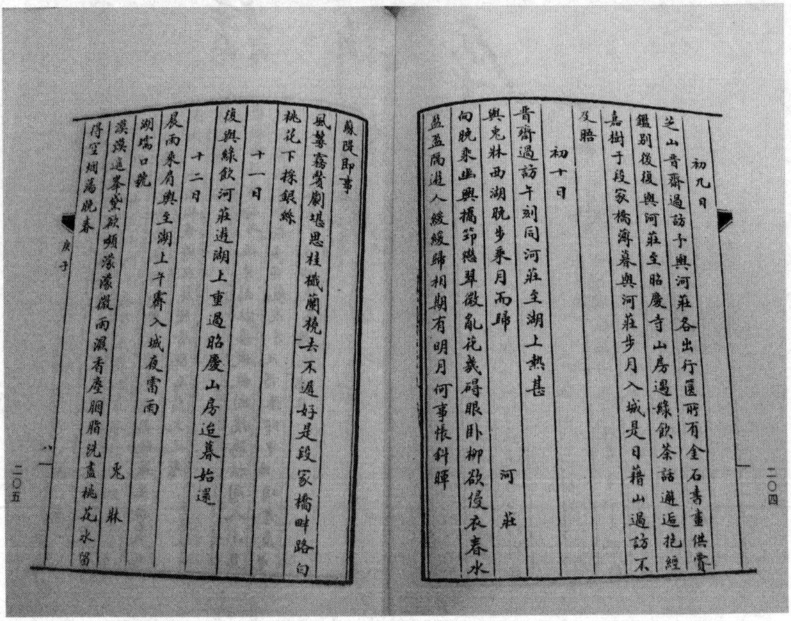

书影一

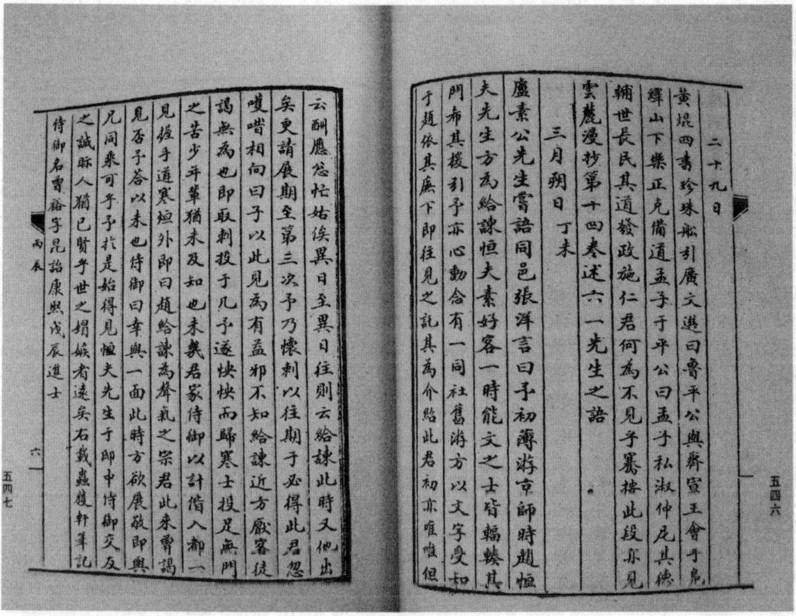

书影二

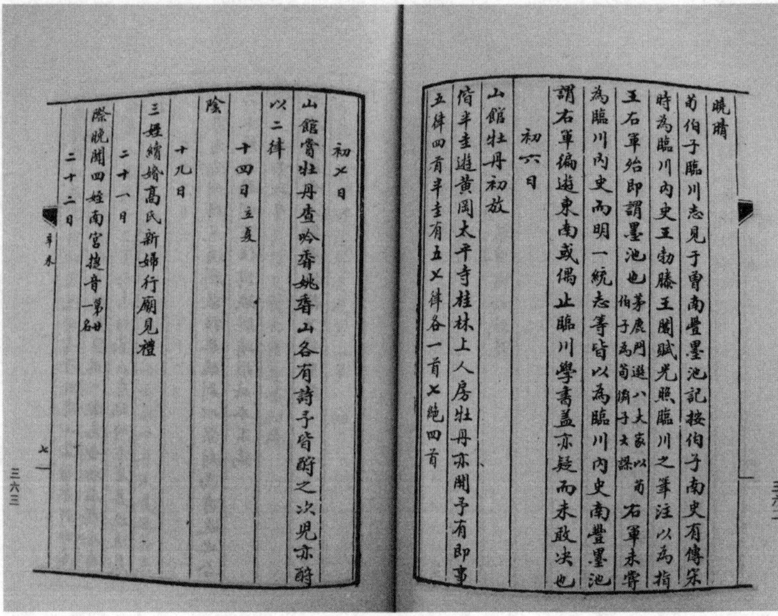
曉晴
荀伯子臨川志見于曾南豐墨池記按伯子南史有傳宋
時為臨川內史王勃滕王閣賦光照臨川之筆注以為指
王右軍始即謂墨池也茅鹿門選八大家以荀伯子為荀倘子太誤 右軍未嘗
為臨川內史而明一統志等皆以為臨川內史南豐墨池
謂右軍徧遊東南或偶止臨川學書蓋亦疑而未敢決也
初六日
山館牡丹初放
偕半圭遊黃岡太平寺桂林上人房牡丹亦開予有即事
五律四首半圭有五七律各一首七絕四首

三六二

初七日
山館賞牡丹查吟香姚香山各有詩予皆酬之次兒亦酬
以二律
十四日立夏
陰
十九日
三姪婿婚高氏新婦行廟見禮
二十一日
際晚聞四姪南宮捷音第卅一名
二十二日

辛未 七

三六三

书影三

《中国近现代稀见史料丛刊》总序

在世界所有的文明中，中华文明也许可说是“唯一从古代存留至今的文明”（罗素《中国问题》）。她绵延不绝、永葆生机的秘诀何在？袁行霈先生做过很好的总结：“和平、和谐、包容、开明、革新、开放，就是回顾中华文明史所得到的主要启示。凡是大体上处于这种状况的时候，文明就繁荣发展，而当与之背离的时候，文明就会减慢发展的速度甚至停滞不前。”（《中华文明的历史启示》，《北京大学学报》2007 年第 1 期）

但我们也要清醒看到，数千年的中华文明带给我们的并不全是积极遗产，其长时段积累而成的生活方式与价值观具有强大的稳定性，使她在应对挑战时所做的必要革新与转变，相比他者往往显得迟缓和沉重。即使是面对佛教这种柔性的文化进入，也是历经数百年之久才使之彻底完成中国化，成为中华文明的一部分；更不用说遭逢“数千年来未有之变局”、“数千年未有之强敌”（李鸿章《筹议海防折》），“数千午未有之巨劫奇变”（陈寅恪《王观堂先生挽词序》）的中国近现代。晚清至今虽历一百六十余年，但是，足以应对当今世界全方位挑战的新型中华文明还没能最终形成，变动和融合仍在进行。1998 年 6 月 17 日，美国三位前总统（布什、卡特、福特）和二十四位前国务卿、前财政部长、前国防部长、前国家安全顾问致信国会称：“中国注定要在 21 世纪中成为一个伟大的经济和政治强国。”（徐中约著《中国近代史》上册第六版英文版序，香港中文大学 2002 年版）即便如此，我们也不能盲目乐观，认为中华文明已经转型成功，相反，中华文明今天面对的挑战更为复杂和严峻。新型的中华文明到底会怎样呈现，又怎样具体表现或作用于政治、经济、文化等层面，人们还在不断探索。这个问题，我们这一代恐怕无法给出答案。但我们坚信，在历史上曾经灿烂辉煌的中华文明必将凤凰浴火，涅槃重生。这既是数千年已经存在的中华文明发展史告诉我们的经验事实，也是所有为中国文化所化之人应有的信念和责任。

不过，对于近现代这一涉及当代中国合法性的重要历史阶段，我们了解得还过于粗线条。她所遗存下来的史料范围广阔，内容复杂，且有数量庞大且富有价值的稀见史料未被发掘和利用，这不仅会影响到我们对这段历史的全面了解和规律性认识，也会影响到今天中国新型文明和现代化建设对它的科学借鉴。有一则印度谚语如是说："骑在树枝上锯树枝的时候，千万不要锯自己骑着的那一根。"那么，就让我们用自己的专业知识与能力，为承载和养育我们的中华文明做一点有益的事情——这是我们编纂这套《中国近现代稀见史料丛刊》的初衷。

书名中的"近现代"，主要指 1840—1949 年这一时段，但上限并非以一标志性的事件一刀切割，可以适当向前延展，然与所指较为宽泛的包含整个清朝的"近代中国"、"晚期中华帝国"又有所区分。将近现代连为一体，并有意淡化起始的界限，是想表达一种历史的整体观。我们观看社会发展变革的波澜，当然要回看波澜如何生，风从何处来；也要看波澜如何扩散，或为涟漪，或为浪涛。个人的生活记录，与大历史相比，更多地显现出生活的连续。变局中的个体，经历的可能是渐变。《丛刊》期望通过整合多种稀见史料，以个体陈述的方式，从生活、文化、风习、人情等多个层面，重现具有连续性的近现代中国社会。

书名中的"稀见"，只是相对而言。因为随着时代与科技的进步，越来越多的珍本秘籍经影印或数字化方式处理后，真身虽仍"稀见"，化身却成为"可见"。但是，高昂的定价、难辨的字迹、未经标点的文本,仍使其处于专业研究的小众阅读状态。况且尚有大量未被影印或数字化的文献,或流传较少,或未被整合,也造成阅读和利用的不便。因此,《丛刊》侧重选择未被纳入电子数据库的文献,尤欢迎整理那些辨识困难、断句费力、裒合不易或是其他具有难度和挑战性的文献,也欢迎整理那些确有价值但被人们习见思维与眼光所遮蔽的文献,在我们看来,这些文献都可属于"稀见"。

书名中的"史料",不局限于严格意义上的历史学范畴,举凡日记、书信、奏牍、笔记、诗文集、诗话、词话乃至序跋汇编等,只要是某方面能够反映时代政治、经济、文化特色以及人物生平、思想、性情的文献,都在考虑之列。我们的目的,是想以切实的工作,促进处于秘藏、边缘、零散等状态的史料转化为新型的文献,通过一辑、二辑、三辑……这样的累积性整理,自然地呈现出一种规模与气象,与其他已经整理出版的文献相互关联,形成一个丰茂的文献群,从而揭示在宏大的中国近现代叙事背后,还有很多未被打量过的局部、日常与细节;在主流周边或更远处,还有富于变化的细小溪流;甚至在主流中,还有漩涡,在边缘,还有静止之水。近现代中国是大变革、大痛苦的时代,身处变局中的个体接物处事的伸屈、所思所想的起落,藉纸墨得以留存,这是一个时代的个人记录。此中有文学、文化、生活;也时有动乱、战争、革命。我们整理史料,是提供一种俯首细看的方式,或者一种贴近近现代社会和文化的文本。当然,对这些个人印记明显的史料,也要客观地看待其价值,需要与其他史料联系和比照阅读,减少因个人视角、立场或叙述体裁带来的偏差。

知识皆有其价值和魅力,知识分子也应具有价值关怀和理想追求。清人舒位诗云"名士十年无赖贼"(《金谷园故址》),我们警惕袖手空谈,傲慢指点江山;鲁迅先生诗云"我以我血荐轩辕"(《自题小像》),我们愿意埋头苦干,逐步趋近理想。我们没有奢望这套《丛刊》产生宏大的效果,只是盼望所做的一切,能融合于前贤时彦所做的贡献之中,共同为中华文明的成功转型,适当"缩短和减轻分娩的痛苦"

(马克思《资本论》第一卷第一版序言)。

《丛刊》的编纂,得到了诸多前辈、时贤和出版社的大力扶植。袁行霈先生、傅璇琮先生、王水照先生题辞勖勉,周勋初先生来信鼓励,凤凰出版社姜小青总编辑赋予信任,刘跃进先生还慷慨同意将其列入"中华文学史史料学会"重大规划项目,学界其他友好也多有不同形式的帮助……这些,都增添了我们做好这套《丛刊》的信心。必须一提的是,《丛刊》原拟主编四人(张剑、张晖、徐雁平、彭国忠),每位主编负责一辑,周而复始,滚动发展,原计划由张晖负责第四辑,但他尚未正式投入工作即于 2013 年 3 月 15 日赍志而殁,令人抱恨终天,我们将以兢兢业业的工作表达对他的怀念。

《丛刊》的基本整理方式为简体横排和标点(鼓励必要的校释),以期更广泛地传播知识、更好地服务社会。希望我们的工作,得到更多朋友的理解和支持。

2013 年 4 月 15 日

目录

前言

在流传下来的清代著名学者的日记中,《吴兔床日记》是时间跨度较长,内容较为丰富的一部,它对研究作者吴骞的生平、学术以及了解乾嘉时期的学者间的交游均具有重要意义。

吴骞(1733－1813),字槎客,号兔床,别号愚谷、海槎等,祖籍安徽休宁,长于浙江海宁小桐溪,是清代乾嘉时期著名藏书家、学者。吴骞天资聪颖,颇爱吟咏,能过目成诵,少时订交浙江文坛领军人物杭世骏,渐为浙西诗坛名宿所知。然因体弱多病,早弃举业,仅获"明经"。但其雅好经典,笃志著述,在学术上取得了丰硕的成果,终其一生著有《愚谷文存》正续十七卷、《唐石经考异》二卷、《蜀石经毛诗残本考异》二卷、《尖阳丛笔》十卷等数十种著述,多收入其自刻之《拜经楼丛书》中。

吴骞除勤于著述外,还耽于抄藏典籍。他青年时期即注意搜求善本,并手自校勘,至耄耋之年,仍手不离丹铅。其藏书多达五万卷,筑拜经楼以贮藏之,论者以其与同时期的黄丕烈、陈鳣、鲍廷博等大藏书家并称。黄丕烈雅嗜宋本,颜其斋曰"百宋一廛"。吴氏则自题其居为"千元十驾",取《荀子》"驽马十驾"之意,谓其所藏千部元版可敌黄氏百部宋本。此事被书林传为佳话,颇可见吴骞藏书之气魄、规模。此外,吴骞还很注意收藏碑铭、鼎彝、印章乃至币布、戈戟、圭璧诸物,并能识其款识,考其年代,于名物制度尤多创见。

《吴兔床日记》记载了吴骞中年至晚年的藏书、读书、著述、交游等一系列活动的情况。其记载吴氏读书治学的内容,颇可见其勤奋,其读书每遇到重要的材料即手录于《日记》中，备检阅。有所体悟及考证亦笔之于《日记》。如《日记》乾隆四十五年十月廿九日条载："李昕《九域志》云：'钱塘在余杭，初为潮水所损，州人华信自以私钱筑塘捍海，因名钱塘。'"这是录记"钱塘"名字的来源，颇可资见闻。下又载："亡名氏《太康地记》云：'吴有太初宫，方三百丈，权所起也。昭明宫方五百丈，皓所作也。'"并考证云："昭明宫即《国山碑》所云大宫。"此记其读书时所得。这些材料及见解构成了这部日记的主体，它们无疑也奠定了吴骞日后著述的基础。

《日记》也多载有其访书的经历。如《日记》乾隆四十八年十一月十日载："书估吴良甫自吴门来，有宋刻《说苑》，乃咸淳乙丑镇江府学教授李士忱刊本。签书'宋刊《说苑》，丙申夏日竹厂陈以纲题'，隶书。予以宋椠《传灯录》、明刻朱克升《诗传疏义》易之。竹厂为海昌笃学之士，前岁卒于清河。此书中校勘亦其手毕。又闻其校《玉海》甚悉，当就其家访之。"不唯可备书林掌故，且再现了其对该书版本及校勘者的鉴别过程。再如《日记》乾隆五十二年四月三日条载："是日，在吴门书肆购得汲古阁精抄《毛诗阐秘》，书不分卷，乃魏叔子所著。自序谓：'在毛氏授经奏叔、斧季兄弟，为阐发经义，著此书。时在天启四年。'告成后，奏叔、黼季各有手跋。黼季跋云：'商丘宋漫堂抚吴日，尝游虞山，登汲古阁留信宿，遍观藏书，见阐秘，击节叹赏，欲捐俸为刻之。黼季以其师所秘授，不忍割爱，卒不果。从诫其后人，当什袭珍护，时康熙辛卯岁也。'黼季跋后，又有休宁令虞山丁斌跋，称为程生而题。程未详何人，盖此书毛氏散出，又归于休宁之程也。"此则可见吴骞所购该书的成书原委及递藏之源流。此类文字不仅具有较高的文献价值，且雅有趣味。

吴骞喜交游，与一时文献学家、著者学者多有往来，或燕游酬唱，或切磋学问，或共赏佳籍，或传抄借阅。这在《日记》中也有充分的记载。读《日记》可知吴骞与鲍廷博之互访不下百数十次，还曾共访卢文弨、程瑶田、杨复吉等人，有时还各自携友过访对方。鲍氏不仅为吴骞代购了《拜经图》,还曾以世所希有之《元一统志》见赠,而吴骞则曾为鲍廷博刊刻《夕阳诗》并作序。吴骞与陈鳣并称海宁藏书"双星",二人常常互相传钞典籍,共事校雠。吴骞与周春亦颇有交情,周氏曾先后借给吴骞《孟子外书》《刘处玄集》等书,二人书信往来、吟诗唱和亦甚多。《日记》也记录了两人之间的学术争论。乾隆六十年九月朔日条载周春曾以《古文尚书冤词补正》向吴骞索序,左袒古文,谓朱子但疑《孔传》,未尝疑经,吴骞则以为不然,据《朱子语类》"况孔书至东晋方出,前此诸儒皆不曾见,可疑之甚"之语质疑。吴骞除了与鲍、陈、周诸氏为密友外,与当时大藏书家如吴翌凤、黄丕烈等,著名学者卢文弨、钱大昕、周广业、秦瀛、丁杰、王鸣盛等皆多有交游,建立了亲密的友谊。

《日记》展现出来的吴骞的形象是十分生动的,有些文字最可见其性情与品格。受其祖上家风的影响,吴骞膺服儒业,为人克己正身,重情尚义,此点在《日记》中多可见。吴骞于每年的正月初七日、清明节、十月初一日前后,必携子侄辈拜谒杨村、麻泾、芦葭桥诸祖墓,有时或因故不能至,则"不胜怆然"。而他对父母、妻子、兄长之感情,尤为深切,每逢他们的生日或者讳日,《日记》中均有记载,并追忆往事,表达怀念之情。吴骞在社会活动中,亦往往尚义赈灾。如乾隆六十年岁大歉,吴骞曾"约里中同志为粥饲饿者",每天为二千余人供粥。再如嘉庆十六年有大旱,是吴骞"生平未见之灾异",他再次主持举赈。凡此种种,均可见吴氏风貌,亦可推见当时士习。

吴骞自称"予作《日谱》,亦在四十后",虽是泛泛而谈,但亦可推测吴氏撰《日记》之始,恐距离乾隆三十六年不甚远,而今所见其《日记》则始于乾隆四十五年,且阙四十六、四十七二年,以常理推断,其日记当有遗失。今所见较全的吴氏日记是国家图书馆藏钞本。该本大体可分三部份。第一部份,为乾隆庚子(四十五年)日记,始二月十六日,终三月二十日,为从艺风堂传抄本中录出,名为"吴兔床先生庚子间日记一卷"。《古学汇刊》亦曾据艺风堂钞本整理排印,二本间有小异。第二部分为乾隆四十八年至乾隆五十四年的日记。第三部份为乾隆五十五年至嘉庆十七年的日记,这一阶段以“日谱(起庚戌正月)”标示:疑据吴氏稿本《日谱》过录。这个本子总体上反映了吴骞日记的基本面貌。今上海图书馆藏吴氏《日谱》稿本,内容从乾隆四十八年至嘉庆十七年,内删订颇多,且较国图藏钞本少乾隆四十五年之内容,似为初稿本。上图另藏一《日谱》钞本,起乾隆五十五年,迄于嘉庆五年四月,题“夏斋迻录”。此三本内容一致,且皆有阙讹处。本次整理,以国图钞本为底本,以上图藏稿本及夏斋本为校本,并酌情参考相关文献,凡所校改,皆出校记。

《吴兔床日记》以外,吴骞的《愚谷文存》存有《可怀录》《可怀续录》两部分文字,按日为记,体例与《吴兔床日记》基本相同。《可怀录》主要记载了乾隆三十九年吴骞省墓的经过,取“故乡可怀”之语而命名曰《可怀录》;《可怀续录》记载的是吴骞于嘉庆五年再回故乡的经历,二者当系其从《日记》中摘选而出。《可怀录》可补《日记》乾隆四十五年以前的部分阙失。而《可怀续录》的记载,从时间上看与《日记》有重合,但内容上则互为详略,多不重复,二者结合,对全面了解吴骞这一时段的经历当有助益。故本次点校整理将两部分加以收录。

由于整理者水平有限,本次整理难免会有不足之处,恳请方家不吝赐教。

乾隆四十五年(1780)岁次[1]

春二月十又六日(3月21日) 与河庄同游武林。是日晴,午后小桐溪解舟,申刻抵海昌北郭,同河庄访周松霭大令剧谈,烛至始还。舟复开至章婆堰宿。

从松霭借得《孟子外书》,书凡四篇,曰《性善辨》、《文论》、《孝经》、《为正》,熙时子注。前有马廷鸾序,谓熙时子即刘公非。后有胡孝辕跋。

十七日(3月22日) 晨起,过长安老堰。巳刻雨,东风转利,挂帆过临平,晚宿艮山门城下,雨少止。是日河庄得诗一首,予和一首。

临平道中 陈鳣 河庄

好作春山伴,斯游岂偶然。画桥杨柳外,江店杏花前。旅兴方开卷,吟怀欲试泉。因之怜旧事,谁与沈郎传。沈去矜《临平志》流传颇少。

和前韵 吴骞 兔床

重来泛野烟,一舸共飘然。风景岂殊昔,吟情还续前。小桃低晚雨,幽涧咽春泉。却认糟床处,青帘细语传。

十八日(3月23日) 黎明入城。雨中同河庄访绿[2]饮于知不足斋。接朗斋京师书。

---

① 《古学汇刊》本"乾隆四十五年岁次"作"庚子"。

② 全书作"绿饮",应为鲍廷博"渌饮",据底本,不统改。

十九日(3月24日)　过莱园。午后还舟次。闻河庄述其表姊汤女事,为作诗以伤之。女父名鉴,本海盐人,迁于杭。女自幼明慧,通《诗》《书》,父母甚爱之。长有姿色,适仁和张勇均。婚未几,勇均入京,为宗人府供事,数年出为陕西清涧尉。又数年,汤家居无倚,倩张房族一老者,偕之秦中访其夫,复率勇均两妹、一仆妇以行。至维扬,勇均有母舅杨某居阪浦,因二姑欲往,遂顺道过其家。杨为人素无行,知汤有路费,诱吞之,遂不能前往。逗留其家数月,杨旋令人报鉴,谓女得痫疾,自以剪刺其喉,几死。鉴惊且疑,方欲往视,而张族之老忽归报,谓杨氏遣舟送女还浙,至江都,女病复作,跃水中而死,并亡其尸。惟携女故衣一箧,枕衾数件而还。视箧上,都有血痕。鉴与家人皆大恸,谓杨既吞其金,复杀其女,以生死不明讼于官。奈远隔数州,经年累月,竟不能白。勇均至今尚官长安。勇均祖机,父寅鹤,并以诗鸣。母黄氏,名玉,树谷之姊,亦工诗。

吊汤女诗

镜奁冷落宝钗分,从此相思莫更云。邗水寒声流死别,秦关秋雨泣回文。多情纵有张公子,异术都无李少君。闻道游魂还血污,何时招得旧罗裙。

二十日(3月25日)　同河庄住蓬山旅馆。午后雨。同寓者为浦江戴剑川广文及其弟东山茂才。

二十一日(3月26日)　晴。倪嘉树来。

二十二日(3月27日)　同河庄过赵晋斋吉金乐石之斋。时有人持石刻数种来,如五凤二年残字、秦诅楚文,皆与时本敻异。

二十三日(3月28日)　雨。河庄有诗索和。

武林寓偶作呈兔床　　河庄

经春无事傍西湖,茗椀诗筒兴不孤。细雨湿花娇可爱,远山连雾淡如无。因贪胜迹都奔竞,为借奇书小负逋。不是蓬山解留客,清狂何地着吾徒。

和前韵答河庄 兔床

云黯江城雨满湖，闭门羁思郁清孤。若非湖海真豪士，愁杀高阳旧酒徒。时序忽惊濒冷节，新诗转促甚亡逋。不知车马垂杨陌，犹唱春归缓缓无。

二十四日(3月29日) 雨。晋斋过谈，兼借予节墨吉货。

二十五日(3月30日) 得松霭书。同河庄过卢绍弓学士抱经堂夜饮。绿饮过谈。

二十六日(4月1日) 同河庄过晋斋竹崦，晤宋芝山明经，山西安邑人，精六书篆籀之学，尝与曲阜桂馥、海宁沈心醇共订徐锴《说文系传》，未卒业。时出所携饼砚[1]见示，乃端溪石子所斫，形圆如不托。径周尺五寸，厚五六分，无池，石质甚佳。背铭曰："买三十，卖三十，饼师中有赵豳卿，君自相逢不相识。震孟为周子茂兰铭研。"盖此研乃周子珮公子旧藏，而文湛持相国为之铭也。予与河庄各赋一诗。

赵竹崦斋头观宋芝山饼砚 兔床

溪公剸山髓，磨以紫霞盾。制成俨团团，触手疑尚热。岂其粉肆佣，乃受松滋节。疗饥讵堪画，炙冻幸未裂。青对惟鸲眼，碧北兼蚆血。公瑾昔所藏，真赏缅前哲。想其和泪时，愤恨欲穿铁。何年归宋玉，著书伴幽绝。肯诒公羊讥，宁保墨守诀。千里还相随，不学兔华缺。复此邠卿家，脱楮供鉴别。传观竟四座，勿蹈寒具辙。从兹愧吴郎，咋舌不敢说。吴均有《饼说》。

周子珮公子饼砚歌为宋芝山明经作 河庄

忠臣孝子留名迹，千秋血化还成碧。吴中难得两完人，几上请看一片石。汝南公子本翩翩，图书过眼等云烟。妖蟆荡氛良玉碎，丈夫讵肯作瓦全。伏阙陈书空裂血，父冤如海何时雪。恨不曾将魏阉头，噉同饼饵抽刀切。当时抚几几沈吟，赖有文公识

① 《古学汇刊》本"砚"作"研"。

此心。顾名思义三叹息,健笔亲书勒厥阴。苍凉忽忆虎邱路,负贩犹能趋党锢。古来宁独赵豳卿,便是饼师亦堪慕。砚石瘦而寒,疑是孝子不朽[①]之心肝。砚[②]名古而朴,疑是忠臣未死之面目。君今得此真良图,令人肃拜传相摹。更期珍重勿轻出,好著先生未竟书。芝山尊人半塘先生,著《说文解字疏》等书,尚未行世。

二十七日(4月2日) 同河庄过铁生恳溪草堂,观宋孝宗御书七绝一首,前后无题识,书尾有选德殿印,笔法绝似董文敏,亦晋斋物。仁和黄易跋谓:"晋斋,天水王孙,故当世守之也。"

偶以括苍石属铁生作书室小印兼索为图 河庄

幽栖未解一枝谋,姓氏聊凭寸铁收。用元朱圭事。妙手如君真绝世,更须泼墨写神楼。刘元瑞好楼居,无力造,文衡山尝为作《神楼图》。

二十八日(4月3日) 寒食节。城中人家俱为饼饵以祀先,或相馈遗,盖犹南渡遗风也。惟《梦粱录》所谓妆花舆故事,则不可复睹矣。

晦日(4月4日) 晨阴。与河庄约游湖上。午后雨,遂不果。

三月朔日(4月5日) 绿饮以戴无忝诗画册及杨忠愍公书册借观。

初二日(4月6日) 与河庄同出庆春门观鞦韆,游人甚众。杭城内外连夕张灯甚盛,诚升平乐事云。

初三日(4月7日) 水村集莱园,为修禊之会。园在庆春门内,水村尊人州司马隔凡先生所创。隔凡,予祖姑之子,性至孝,少日孤苦,既成立,特构此园以娱母。今林木皆成围矣。夜雨达曙。

初四日(4月8日) 晴。

---

① 《古学汇刊》本"朽"作"杇"。

② 《古学汇刊》本"砚"作"研"。

初五日(4月9日) 与河庄过竹崦,邂逅宋芝山上舍、朱藉山别驾,共观金石诸刻,留连至暮始散。藉山名德坪,砀山人。明篆法,手镌铜印,可乱汉章。为人温然儒雅,近日佐贰中仅见也。

初六日(4月10日) 侵晨过莱园看儿妇病。午后寿照出寓湖上,予留宿项氏静逸轩。

初七日(4月11日) 饭罢与河庄同访朱藉山。因借所藏《古文四声韵》。复与河庄步出涌金门,至昭庆寺。薄暝入城,河庄还寓,予仍宿静逸轩。

初八日(4月12日) 晨起,自莱园还寓。午后同绿饮、河庄游昭庆寺山房,际晚入城。绿饮复以明高丽许篈所书其妹景樊诗借观,书法秀逸,颇类赵吴兴。景樊号兰雪,其诗苍浑悲壮,有须眉丈夫所不能道者。朱竹垞《明诗综》选五首,皆不在此卷内。余详河庄《武林寓目记》。

初九日(4月13日) 芝山、晋斋过访,予与河庄各出行箧所有金石书画供赏鉴。别后复与河庄至昭庆寺山房,遇绿饮茶话,邂逅抱经、嘉树于段家桥。薄暮,与河庄步月入城。是日藉山过访,不及晤。

初十日(4月14日) 晋斋过访,午刻同河庄至湖上,热甚。

与兔床西湖晚步乘月而归 河庄

向晚乘幽兴,携筇恋翠微。乱花几碍眼,卧柳欲侵衣。春水盈盈隔,游人缓缓归。相期有明月,何事怅斜晖。

苏堤即事

风鬟雾鬓剧堪思,桂楫兰桡去不迟。好是段[1]家桥畔路,白桃花下采银丝。

十一日(4月15日) 复与绿饮、河庄游湖上,重过昭庆山房,迨暮始还。

---

① 《古学汇刊》本"段"作"叚"。

十二日(4 月 16 日) 晨雨。乘肩舆至湖上,午霁入城。夜雷雨。

湖壖口号 兔床

漠漠遥峰黛欲颦,蒙蒙微雨湿香尘。胭脂洗尽桃花水,留得空烟荡晚春。

十三日(4 月 17 日) 午后同绿饮、河庄过卢学士抱经堂,观新校定汉魏诸书。

十四日(4 月 18 日) 与河庄过竹淹[①],晤宋芝山,观作泼墨山水。晚铁生招同人集筱厂,二更始散。将就寝,闻晋斋有邻火之警。

望日(4 月 19 日) 与河庄探晋斋。午后莱园牡丹盛放,因携觞招同人小集。在座者为卢学士文弨、鲍茂才廷博、张郎中培、项孝廉丰及其二子、沈茂才恩治、陈君鳣、儿寿恒。

十六日(4 月 20 日) 铁生、芝山先后过访。

十七日(4 月 21 日) 与河庄俶装登横河舟次。

十八日(4 月 22 日) 晋斋来送别。

十九日(4 月 23 日) 与河庄解舟东归。午刻复过抱经堂别卢学士,以所藏《通雅》为赠。遂出艮山门。一路草长莺啼,皋亭以往,桃李皆已落尽,较往时气候顿殊矣。

东归漫兴 兔床

来时雨压霞江湿,归日风将绿絮轻。黄雀不知春易老,又随烟棹过临平。

归舟二绝赠兔床 河庄

皋亭山下晓烟浮,万点飞花送客舟。但使绿阴浓未改,春光虽老也风流。

---

① “淹”当作“崦”。

琴尊花鸟足相于，到处名山乐有馀。未免被他关吏厌，归来只载满船书。

和前韵 兔床

生涯何必计沈浮，身世元同不系舟。落日黄冈归去好，还将春恨付春流。

幽绝衡门足自娱，更搜遗事补朱余。寒山风味依稀在，彤管何妨伴著书。

河庄近作《朱余士[①]风》，以补邑志所未备。妇吴人，少攻艺事。

二十日(4月24日) 平明过长河堰，禺中抵小桐溪。河庄欲省乾初先生墓，遂自沈桥先归。

归来

归来无事感飘蓬，几度沈吟小院中。落尽海棠春不管，空劳燕子骂东风。[②]

① "士"，疑当作"土"。

② 《古学汇刊》本至此止。底本此处有尾注："吴兔床先生庚子岁日记一卷，起二月十六日，止三月二十日，从艺风堂藏传钞本录出。"

乾隆四十八年(1783)岁次

初六日[①]**(10月1日)** 云士以《方朴山集》示,录其要。校《大戴礼·公符篇》,乃《公冠》之误。聚珍本已作"冠"。

《孙叔敖碑》:叔敖名饶。饶乃叔敖之切音尔。《读书敏求记》题词:周桐野启渭谓本朝诗王渔洋第一,初白次之。

十二日(10月7日) 分宜严氏有《婴戏货郎》八轴,苏汉臣画。见《书画谱》。按:汉臣,宣和中画院待诏,师刘宗古。绍兴间复官,隆兴初补承信郎。予家有陈居中《货郎图》,旁立二孺子,盖即戏婴意也。考《书史会要》:"居中,嘉泰年画院待诏,专工人物、善[②]马,布景设色可方黄宗道。"

《干旄》传:"总纰于此,成文于彼",疏曰:"《家语》之文。"《载驰》"众稚且狂",笺云:"狂者进取一概。"孔颖达引《论语》曰:"狂者进取",注云:"狂者进取,仰法古例,不顾时俗,是进取一概之义。"按:今《论语》无"狂者进取"之文,惟"吾党之小子狂简",孔安国注曰:"狂者进趋于大道,妄穿凿以成文章,不知所以裁制耳。"孟子答万章,则有"狂者进取"之语,然赵岐注亦谓"狂者进取大道,而不得其正",不知《正义》之言何所出也。

十七日(10月12日) 《黍离》疏释"昊天,苍天"。郑既言《尔雅》不误,而又从《欧阳尚书》说。郑《尔雅》与孙郭本异,故许慎既载

---

① 此处疑阙"九月"二字。

② 底本"善"字为空格,据稿本补。

今《尚书》说,即言"《尔雅》亦云",明见《尔雅》与欧阳说同。

同大儿闲步海上,因思东坡"贪看白鹭横秋浦,不觉清林没晚潮"之句。

十九日(10月14日) 闻宋芝山北闱之捷。

与儿过曾云,出示手集录耿巘未刻稿,并许以《十三经名文抄》借我。

"齐有一女,二家求之。其家语其曰:'汝欲东家则左袒,汝欲西家则右袒。'其女两袒,父母问其故,对曰:'愿东家食而西家息。'以东家富而丑,西家贫而美也。"杨子让注竹垞《嫁女词》,云出《战国策》。钱辛楣谓《国策》无此语,亦曾云云。予按《艺文类聚》引《风俗通》,杨子盖误记。

许甥懋堇来,言梅会里□氏所藏书画欲售。武原彭正亭曾与估价,约三千金。彭临死,谓其子曰:"依吾估之直,三折可买之。"

嘉禾叶万春收罗古玩,多作伪以愚俗人。

古戈之传于今者,胡有孔三□,所以固秘也。内有孔一,不知何所用。予按:《诗·清人》"二矛重乔",笺云:"乔,矛矜近上及室题[①],所以悬毛羽。"孔疏曰:"矜,谓矛柄也。室,谓矛之銎孔题识也。言乔者,矛之柄,近于上头及矛之銎室之下,当有物以题识之。其题识者,所以悬羽毛也。二矛于其上头皆悬羽毛以题识之[②],似如重累相负荷然,故《毛传》谓之'累荷'。经传不言矛有毛羽,郑以时事言之,犹今之鹅毛槊也。据此,矛有銎孔,可以悬毛羽为题识,则戈亦可以题识悬毛羽,故内有孔可以銎,而悬毛羽为题识耳。"

廿五日(10月20日) 曾云来还《姑苏志》《四家宫词》,并以马衎斋所注《苏诗》一册见示卷一至卷□,乃朱翠庭刻王注本,马有补注。每首后亦载和诗注,视查注较少,亦有查所未及者。或云,查注实胚

---

① 底本无"题"字,据《毛诗正义》补。

② 底本"之"字为空格,据《毛诗正义》补。

胎于马。东坡《新城道中》诗二首,旧本皆然,惟查注依方回《瀛奎律髓》之语,以第二首为新城令晁瑞[1]友和作。予观诗有云"细雨足时茶户喜,乱山深处长官清。",瑞友岂自夸其所治之美而已[2]为官之清乎?疑东坡用前韵以赠晁令耳,当从旧本。下又云:"人间歧路知多少,试向桑田问耦耕。"亦似行役口气,而非作令者语也。

以物置碗,匠人远立视之,不见盛水于碗,则见此即坎中一画意也。《粉墨春秋》。

廿六日(10月21日) 宋芝山刻铜章,往往倩一周姓者为之捉刀。周,南人,久留都门。亦曾云云。

《椒聊》疏:孙毓[3]谓:"桓叔阻邑不臣,以孽倾宗,与[4]潘父比,至杀昭公而求入。"孔颖达谓:"桓叔别封于沃,自是邻国相陵,安得责其不臣?"至《无衣》又谓"武公以孽倾宗,故心不自安"云云。夫武公即桓叔之孙,武公灭晋,犹云"以孽倾宗",桓叔亲受昭公之封,身为弑逆,反谓邻国相陵,不为不臣,《正义》自相矛盾矣。

《王注苏诗》,明吴兴茅维孝若刻本下有"芟阅"二字,盖注已非梅溪原本矣。

翁覃溪洗马得宋刻《施注苏诗》全本,曾云尝一见。覃溪最宝惜之,不与人手触,略一翻便亲捧入内。小雅云:"是即牧仲所据以刊本,其缺数卷乃邵长蘅补注,但存注,为邵芟,甚可笑。"

济阳郡公丁普郎,初为陈友谅将,后归降。从征友谅,身被十余创,首既脱,犹持兵戟,植立舟中。良记。自小桐溪解舟游武林,薄暮上长河堰。

《左传》:"女贽不过榛、栗、枣、修。"《正义》曰:"先儒以为栗取其

---

① "瑞"当作"端",下同。

② "已"当作"己"。

③ 底本"毓"误作"疏",据《毛诗正义》改。

④ 底本"与"误作"云",据《毛诗正义》改。

战栗;枣取其早起;修取其自修也。"《疏》释云:"惟榛无说,盖以榛声近虔,以其虔于事也。"按:《字典》云:"又叶渠年切。[①] 司马相如《吊二世赋》:'汩淢靸以永游兮,注平皋之广[②]衍。观众树之蓊薆兮,览竹林之榛榛。'衍,平声。"

廿七日(10月22日) 午刻入郡。

知不足斋过。雨,还舟。是夕冲雨,访小疋嵩门,迨二鼓而别。翟晴江先生以《尔雅补郭》从金华属小疋寄赠,又从小疋借得孔荭谷刊《诗毛郑考正》,乃戴[③]东原作。

廿八日(10月23日) 过绿饮贞复堂。魏叔子出示陈碾兰竹卷。

廿九日(10月24日) 巳刻解舟东归。黄昏过修川。是夕二更地△[④]。

晦日(10月25日) 雨。

十月朔日己未(10月26日) 率儿侄辈麻泾焚黄。

初二日(10月27日) 横涨桥焚黄。至袁花。

初六日(10月31日) 雨。儿媳率孙女辈上省。河庄书来,知竹房有母丧。

初七日(11月1日) 《诗·豳风》正义:"武王年九十三而崩",时成王十岁,是武王八十四岁始生成王也。又以"文王崩之明年,而生成王"。夫八十外之人,又居丧而生子,皆不可解也。王肃以为"文王崩年,成王已三岁,武王崩之年,成王年十三",则庶乎近之。

偶感寒疾。

初八日(11月2日) 松霭书来,问久不过著书斋,病枕口占一律报之。

---

① 稿本有眉批:《字典》又云音近雯。

② 底本"广"字为空格,据《康熙字典》补。

③ 底本"戴"误作"载",据稿本改。

④ 原文如此。

初九日(11月3日)　遣陈福往海盐,以仪讯啨竹房。

八月,在武林得明人一象笏,上有铭云:"夜未阑,五星烂。臣稽首,待东观。指象简,纷鸣球。赐耀握,翼凝旒。抚南甸,屏四方。相追琢,应文昌。饰尔躬,俨有赫。范尔衷,永无射。弭苍璧,骖云间。瞻魏阙,捧恩纶。英茂腾,鼎铉升。佐葵首,锡休明。"后书"铭为□□张老公祖题,高克正。"

十一日(11月5日)　疾瘥,答松霭书。

十四日(11月8日)　苕估持《唐音七签》求售。

十六日(11月10日)　先君子悬弧[①]之晨。弃养以来,二十有二年矣。

十七日(11月11日)　河庄从秦溪来,赠予手镌二章,曰:"新坡乡校""宝墨轩"。

十九日(11月13日)　《禹贡》"厥篚玄纁",郑注《书·胤征[②]》句:"篚厥玄黄";孔颖达疏《诗·鹿鸣》疏[③]谓:"篚厥玄黄"。当在古文《武成篇》。康成不见古文,而引张霸[④]《尚书》,故不用。

《孟春纪》"帝藉田",高诱注:"天子藉田千亩,以供上帝之粢盛,故曰帝藉。"《初学记》引蔡邕《月令章句》:"天子藉田千亩,以供上帝之粢盛,借人力以成其功,故曰帝藉。"二家之注相同,高注少一句,似不及蔡之明晰。

二十日(11月14日)　《资暇集》云:"《月令》,蔡邕云周公所作。"予按:《孟夏》:"命太尉赞杰俊。"郑氏曰:"三王之官,有司马无太尉,秦官则有太尉。今俗人皆曰周公作《月令》,未通于古。"《正义》云:"俗人谓贾逵、马融之徒皆云然,故王肃用焉。"然则此语不始于伯

---

① 底本"弧"误作"瓠",据文意改。

② 底本"征"误作"证",据《尚书正义》改。

③ 底本"疏"误作"流",据文意改。

④ 底本"霸"误作"霜",据文意改。

嗜也。又马季长乃康成受业之师,亦不得言俗人。

二十一日(11月15日) 为予初度之辰,不胜风木之感。忆去岁是日,在海盐得杨忠愍公狱中寄郑端简尺牍,倏忽又一年矣。

二十二日(11月16日) 蔡邕有《辩名记》,久亡。《礼·月令》疏中间引之。

廿六日(11月20日) 金鄂岩过,以《青莲馆诗》等为赠。

廿八日(11月22日) 小雪节。偕陈河庄、士模过爰立处士故居观霜柏。归而作图,并系短歌。

廿九日(11月23日) 李昕《九域志》云:"钱塘在余杭,初为潮水所损,州人华信自以私钱筑塘捍海,因名钱塘。"

亡名氏《太康地记》云:"吴有太初宫,方三百丈,权所起也。昭明宫方五百丈,皓所作也。"昭明宫即《国山碑》所云大宫。

十一月朔日(11月24日) 《诗·由仪》疏:"《新宫》,制礼所用,必在礼前而作,不知武王诗也?成王诗也?"又曰:"《左传》昭二十五年,宋公享昭子,赋《新宫》。计孔子时年三十余矣,所以录不得者,《诗》之逸亡必有积渐[①]。自宋公赋《新宫》,至孔子定《诗》三十余年,其间足得亡之也。"按:昭公二十五年,孔子年三十有五,至哀公十一年,孔子自卫反鲁,时年六十八矣,然后正乐删《诗》。盖自周初至宋公为昭子赋《新宫》,时六百余岁而犹存;自昭公至哀公仅三十余年,而诗遂佚,此夫子所以"有宋不足征"之叹与?

初三日(11月26日) 三宗有二,并见《小学绀珠》。太宗太甲、中宗太戊、高宗武丁,为殷三宗,汉刘歆曰:"周公为殷鉴之戒,举三宗以劝成王。"太宗、玄宗、宪宗为唐三宗,范祖禹曰:"贞观之治,几于三代;开元之治,几于贞观;元和之政,号为中兴。"

初六日(11月29日) 予从洛溪得文待诏《茂林清暑图》,苍老

---

① 底本无"渐"字,据《毛诗正义》补。

异常。上系七古一首，乃为忆玉池新堂而作。按：明海盐徐丰崖[①]泰自号玉池生，有《玉池稿》，此图岂为之作乎？又疑为宜兴史玉池作。

初七日(11月30日) 海盐钦城南有勾滕山，大仅数十亩。其土色黄，人取之久，惟石存焉，只十之二三。今尚有勾滕桥，俗讹为狗沈桥。

初九日(12月2日) 《左传》："锡鸾和铃"，《疏》引《韩诗内传》曰："鸾在衡，铃在轼。"

初十日(12月3日) 书估吴良甫自吴门来，有宋刻《说苑》，乃咸淳乙丑镇江府学教授李士忱[②]刊本。签书"宋刊《说苑》，丙申夏日竹厂陈以纲题"，隶书。予以宋椠《传灯录》、明刻朱克升《诗传疏义》易之。竹厂为海昌笃学之士，前岁卒于清河。此书中校勘亦其手毕。又闻其校《玉海》甚悉，当就其家访之。

沈曾云谓竹厂著有《大戴礼》《仪礼》等书，亦未之见。

十五日(12月8日) 城池皆相连。春秋时，惟齐国有城而无池。《左传》文十八年："齐懿公游于申池。"杜注："齐南城西门名申门。齐城无池，惟此门左右有池，疑此则是。"齐无池也。懿为桓之子，桓公霸诸侯，一匡天下，而国有城无池，是真所谓"守在四裔"者与？

十九日(12月12日) 戈与戟，古人每通称。其实单勾为戈，双勾为戟。《左传》襄二十三年："乐乘槐本而(覆)，或以戟钩之，断肘而死"，盖戈戟皆以钩为用也。

二十五日(12月18日) 周畊厓夜过，剧谈至三鼓，宿于西斋。

二十六日(12月19日) 畊厓以《重定孟子古注考》见示。其《校章指说》曰："赵注今与《正义》并行者，不尽原文。旧闻虞山毛氏

---

① 底本"崖"字为空格，据稿本补。

② 底本"李士忱"三字原为空格，据《士礼居藏书题跋记》《滂喜斋藏书记》等补。

有影宋抄本,赵注既不可得,访求积年,幸先得数善本:一为改定汲古阁注疏本。所改悉照宋椠,中称有宋小字本、宋廖氏本,极其精审。后有'西堂图书',意为方氏家藏也。一为日本山井鼎所辑《七经孟子考文》,物观等《补遗》,亦即汲古注疏,同古本、足利本逐一核对,条列异同。二书皆从鲍君廷博借观,一为阙里孔氏新刊。赵注则吴君骞出以见示者也。《考文》所录古本,间与宋本殊,似前于宋。足利本往往与小字本同,惜印用活板,时有差讹。孔本依宋椠精校,且单行,便于省读,为功赵氏尤大。乃参阅诸本,互有得失,未忍偏废,因取近是者为主,以两通及歧出者详注其下,凡百余处,用俟大雅折衷。而《正义》之改窜乖谬,脱落太甚者,间亦附正焉。至语助之间异者,非一备载《考文》,要无关意义,故概从略之。"

"犹刍豢之悦我口"下,宋本有"草性曰刍,谷食曰豢"八字,今本脱。

赵岐注《孟子》"非礼之礼":"若礼而非礼,陈质娶妇而长拜之也。"周畊厓曰:"陈质,疑是奠贽之义。董子《繁露·五行相胜篇》:营荡为齐司寇,太公问治国之要,曰:'任仁义而已。爱人者,有子不食其力;尊老者,妻长而夫拜之。'太公曰:'是以仁义乱齐也',乃诛营荡。此又拜妻之证也。"

廿八日(12月21日) 以婉昭疾至洛溪,宿问云楼。

腊月初一日(12月24日) 自洛溪还。

初三日(12月26日) 复至洛溪,夜宿问云楼,得诗二首。

初四日(12月27日) 归自洛溪。

初五日(12月28日) 尹寿,虞时贤人,尝为舜师。春秋时,楚有大夫沈尹寿,盖慕尹寿而名之欤?

初六日(12月29日) 复自洛溪归。

初八日(12月31日) 买舟之阳羡,薄暮抵洛溪,是夕宿问云楼。

初九日(1784年1月1日) 自洛溪解舟,暮宿梅会里。

初十日(1月2日) 至由拳。于市中见一歙石蟾蜍砚,腹有篆铭,末署“正德庚辰沈平庵铭”。

十一日(1月3日) 阻风杉青闸。

《左传》“会于夷仪之岁,齐人城郏”一节,宋本及旧本俱在后卷《经》襄公二十六年之前。毛氏所刊注疏,移居上卷二十五年《传》之后,非也。

《司马法》:“四井为一邑。”而亦有[①]以一乘为一邑者,襄二十七年“卫公与免余邑六十”下注:“此一乘之邑,非四井之邑。”《正义》引《论语》“百乘之家”为说。

十二日(1月4日) 暮抵姑胥。

十三日(1月5日) 阊门书肆见王后海评《容斋五笔》,多相驳正。其跋谓此书颇多讹舛,且据本传弹文,云景庐生平亦不无可议。人以其忠宣之子,故喜其书耳。

宋椠祝和父《方舆胜览》七十卷,亦见于吴门。

十四日(1月6日) 暮抵梁溪,宿于双湖。

十五日(1月7日) 《左传》襄三十一年“莒人弑其君买朱锄”,杜预曰:“买朱锄,密州之字。”此春秋时三字字也。

于吴门得宋《周益公书稿》二册,宋板精雕,卷首有“鼎元”及“季雅”印章,未审何人。又有琅槐丞印。按:《韵会[②]》:“琅槐,千乘郡县名。”盖汉铜官印也。其方正一寸。

十六日(1月8日) 侵晨过义兴,薄暮达桃溪。

元陈汝秩字惟寅,临江人。父明善,侨吴,因家焉。惟寅与倪元镇交,倪画多有“赠惟寅”款[③]者,二人俱不仕张氏。

十七日(1月9日) 《左传》昭十年“蕴利生孽”,注:“蕴,畜也。”

---

① 底本无“有”字,据稿本补。

② 底本“会”误作“音”,据《古今韵会举要》等改。

③ 底本无“款”字,据稿本补。

陆氏《释文》:“畜,敕六反。”又“献俘,始用人于亳社”,注:“同人于畜生。”《释文》:“畜,许六反。”今世俗读二字音正相反。

二十日(1月12日)　古者服牛乘马,马以驾车,虽从我,未尝单骑,春秋时尚然。惟昭二十五年:“左师展将以公乘马而归”,孔颖[1]达以为此骑马之渐。至六国时,始有骑兵,苏秦所谓“车千乘,骑万匹”是也。

廿二日(1月14日)　忆在吴书肆见敖继公《仪礼集说》,刻印俱善,缺页俱抄补,惜未购之。虽以属吴良辅,终往来于心也。

廿六日(1月18日)　定十四年:“越灵孤浮以戈击阖庐,伤将指。还,卒于陉,去檇李七里。”陉,杜氏不言其地,不知实今何所。

二十八日(1月20日)　闻承福殿鼎新。忆庚子岁除日,拓天篆于殿柱,更往索之,不得。一僧循廊负暄,询之,答以初来弗知,盖已削而改斫矣。天篆凡四字,“”。倒书上三字似“己卯日”,末一字未详。

除夕(1月21日)　《左传》哀十年:“楚子期伐陈。吴延州来季子救陈,劝子期以务德安民。”杜氏迹其年,谓季子时年九十余矣。孔颖达疏引孙毓,以为“季子食邑于州来,世称延州来。季子犹赵氏世称知伯,延州来季子,或是札之子与孙也。”按:古人六十不服戎,季子虽贤,岂有九十余犹能将兵乎?孙说近是。设如其言,季子亦可谓世济其美矣。

郭巨坟,王存《九域志》在东平州载,颍昌府又载郭冢,汾州又有郭巨墓,未知孰是。顷黄少松拓得石室图,甚奇古。予考此盖即北齐胡长仁所为作《感孝颂》者。按:《金石录》有陇东王《感孝颂》题跋云:“陇东王者,胡长仁也。武平中,为齐州刺史,道经平阴,有古冢,访诸耆旧,以为郭巨之墓,遂命僚佐刻此颂。墓在今平阴县东北官道侧小山顶上,隧道尚存,惟塞其后而空其前,与杜预所见邢山上郑大夫冢

---

① 底本“颖”误作“隶”,据稿本改。

无异。冢上有石室，制作工巧，其内镌刻人物车马，似是后汉时人所为。余自青社如京师，往返过之，屡登其上。按：刘向《孝子图》云：'郭巨，河内温人。'而郦道元注《水经》云：'平阴东北巫山之上有石室，世谓之孝子堂。'亦不指言何人之冢。不知长仁何所据，遂以为郭巨墓乎？"

乾隆四十九年(1784)岁次

元日(1月22日)《小雅·节南山》“赫赫师尹”,《正义》引《孝经注》:“以大师为冢宰之属。”此盖是郑氏注耳。

往年姑苏渡僧桥重建时,石刻一碑,埋砌桥中,人不得见。乃胡御玑书丹。程都林少府云。

人日(1月28日) 蜀中有邓艾庙,昔人有作诗讥之。按:王存《九域志》,绵州有艾庙,遂州有艾庙并墓,普州有艾祠。又怀安军有邓太尉祠。剑州亦有艾庙。寿春郡亦有邓艾庙。艾屯田于寿春,人赖其利。唐贞观十五年立庙祀之。然则艾庙亦非一处。

初八日(1月29日) 《东阳山水记》:“晋陈留阮摇公之弟,妻刘氏伶之小女,性爱山水,渡隐于白阳山。”

上元日(2月5日) 独游东霞埠,过龙池下院。

廿三日(2月13日) 自桃溪东归,晚次陈家渡。风景颇幽,得一绝云:“野店东头徭约闲,一重沙屿一重弯。渔歌忽断清溪暝,人在苍烟白鸟间。”

廿七日(2月17日) 过吴门访陆白斋及家枚庵,皆不值。

廿八日(2月18日) 欲至旁家巷访王礼堂先生,雨作不果。

二月初一日(2月21日)《礼》:大射之侯有鹄,宾射有正。《宾之初筵》正义云:“射侯之鹄,取名鸹鹄,小鸟而难中者。又鹄之言较,较者直也。射所以直己志也。所云正者,正也,亦鸟名也。齐鲁之间,名题肩为正。正、鹄,皆鸟之栖点者也。”

初二日(2月22日) 唐封演《闻见记》:“流俗妇人多于孔庙祈

子，殊为亵慢，有露形登夫子之榻者。及魏孝文诏：'孔子庙不听妇人合杂祈非望之福。'然则聋俗所为，有自来矣。"

初三日(2月23日) 薄暮大雪。抵硖川。舟中作《罨溪归棹图》，题一绝云："杳杳溪山思欲迷，蒙蒙芳树隔烟霏。扁舟载得荆南酒，赖有樵青送我归。"孔颖达□法疏，尊信古文。然于《诗·文王之命》正义引《太誓》"至于王屋"。火流王屋，是《史记·周本纪》之武王渡河，有火流于屋，其声魄然。此乃旧《太誓》之文。[①]

初四日(2月24日) 抵家。河庄来晤，知目耕以除夕还里。

初五日(2月25日) 目耕来晤，兼述桂林之游。是夕目耕招饮。

《说苑·君道篇》引孔子曰："文王似元年，武王似春王，周公似正月。"予亦曰："十九首似元年，河梁唱和似春王，子建似正月。"

初六日(2月26日) 宋赵紫芝诗有曰："辅嗣《易》行无汉学，元晖诗变有唐音。"有味乎其言之也。

十一日(3月2日) 过沈曾云，借得《十三经名文抄》。

花朝(3月3日) 入城过松霭著书斋。暮抵长河堰。

十三日(3月4日) 至武林。

唐李鼎祚《集解》十七卷，见于《唐艺文志》。晁氏《读书志》曰："唐《录》称鼎祚书十七卷，今止有十卷，盖亦失其七，惜哉！"丁君小疋尝从《永禄[②]大典》见晁昭德跋，无末后二句，盖晁氏后见全本耳。吴良辅云："十卷、十七卷，实止一本。"

十五日(3月6日) 偕绿饮过绍弓先生抱经堂。是夕小疋、广文来舟中夜话。

十七日(3月8日) 抱经学士过访，不值，遗碑刻数种。际晚，偕小疋访孙怡谷侍御。别后复过抱经堂。归，与小疋饮舟中。

---

① "孔颖达……之文"一段，底本无，据稿本补。

② "禄"当作"乐"。

十八日(3月9日) 《晋书》杜预奏疏引《书传》云:“亮,信也。阴,默也。”宋板明板《书传》皆无“亮,信也”三字,唯日本古本有之,见《七经孟子考文》。

十九日(3月10日) 绍弓学士以《驳尧冢在平阳议》见示,为手录之。

过朱朗斋[①]。

二十日(3月11日) 偕魏叔子及儿照至湖上,觅寓于昭庆僧房。

二十二日(3月13日) 过抱经堂。

近毕秋帆中丞在秦中得古鼎,高二尺,围四尺,深九寸,款足作牛首形,铭四百余字,作三段。一段:王锡忽赤环、赤金璑等,而用金作牛鼎,以祀文考宄伯。二段:小子欢与井叔讼,以金百爰赎五夫,忽受五夫而为誓词。三段:匡众寇忽禾十秭,忽告东宫,因与匡众为誓词。嘉定钱坫释其文大略如此。予按:释文第一段有周穆王字,则鼎盖作于穆王之后。又有井叔,考《穆天子传》有井利,《左传》有井伯,井姓为吕望之后,此与忽、欢俱未详何人。

二十三日(3月14日) 孙颐谷谓:夹漈《尔雅注》恐非郑氏作。《集郑康成论语注》,亦不似惠松厓笔。

二十五日(3月16日) 《大戴礼·盛德篇》:“明堂外水,名曰辟雍。”《政穆篇》云:“太学,明堂之东序。”孔颖达疏《灵台》序,谓《大戴礼》遗逸之书,文多假托,不在学官,世无传者,故此语皆后人所增,失于事实。今本《大戴礼》但有“明堂”句,而无《政穆篇》之名及“太学”句。

王铚《嘿[②]记》载:“宋平江南,大将得李后主宠姬,夜见然灯,辄闭目云‘烟气’,易以烛,则云‘烟气愈甚’。问:‘宫中不燃灯耶?’曰:‘宫中每夕悬大宝珠,光照一室,如昼日也。’”此盖好事者之所附会

---

① 底本无“斋”字,据稿本补。

② “嘿”当作“默”。

耳。按:《贤愚因缘经·檀弥离缘》云:"王升七宝殿,弥离夫人在其殿上,所坐之床用绀流离,更有妙床,请王令坐,弥离夫人眼即泪出,王问之言:'何以泪出,不相喜耶?'夫人答言:'王来大善,但王衣服有微烟气,令我泪出,非是相憎。'王便问言:'今汝家内不然火耶?'答言:'不也。'王问曰:'以何煮食?'答曰:'欲食之时,百味饮食,自然在前。'王复问言:'冥暮之时,以何为明?'答言:'用摩尼珠。'即便闭户及诸窗牖,出摩尼珠,明逾昼日。"《默记》云云,盖比于此。

廿八日(3月19日) 晨解舟出城东归,晚下长河。

廿九日(3月20日) 午后抵家。

三月初三日(3月23日) 《经典叙录》云《尔雅》:"犍为郡文学卒史臣舍人,汉武帝时待诏。"或疑即《东方传》中郭舍人。按:此云文学卒史,而《汉书·东方朔传》之郭舍人乃倡优之人,史氏并不言其通《尔雅》。即其所难方朔之谐语曰"令壶龃,老柏涂。伊优亚,狋吽牙",率无文理,丝毫不与《尔雅》相近。且是时,终军方以辨豹鼠得名,使舍人果能通《尔雅》,岂反默而不言,甘以博物之名让之乎?

又方朔嘲舍人,有"声謷謷",自解以为"鸟哺鷇"也。今《释训》引舍人注曰:"謷謷,众口毁人之貌。"夫舍人既知此解,安得受朔之欺耶?

初六日(3月26日) 《孝经纬》云:《孝经》一部,有五十九卷,今止十八章传世。《隋·经籍志》云:《孝经》遭秦火,为河间人颜芝[①]所藏,汉初,其子贞出之,凡十八章。然则秦以前更有不止十八章者矣。

初八日(3月28日) 杨村扫墓。

初十日(3月30日) 《黄氏日抄》云:"《诗·卷耳》,王雪山志[②]序言诗,以为后妃劳媵妾之归宁。晦庵《诗传》以为后妃怀文王,皆以妇人不预外事也。然诗人特咏其情如此耳,岂预外事哉?书坊《诗传

① 底本"芝"字为空格,据《隋书·经籍志》补。

② 据《黄氏日抄》,"志"当作"去"。

折衷》有晦庵新说,亦从众说,合从众说,以为后妃之志。"

十五日(4月4日) 清明节。

《周颂·丝衣》序云:"绎,宾尸也。"高子曰:"灵星之尸也。"孔颖达曰:"子夏说受圣旨①,不必引人为证。毛公分序篇端,于时已有此语。郑志答张逸云:'高子之言,非毛公后人著之。'"《孟子·公孙丑》称高子之言。高子,齐人,此言高子,盖波②是也。由此观之,以为子夏作《诗序》者,是亦可疑也。

十九日(4月8日) 张杨园先生二十余,尝梦见颜子,谓人曰:"吾年殆止于三十二乎?"后寿六十四,盖倍颜子云。

闰月初三日(4月22日) 钱广伯兄、李海门兄、丁诚之兄见过。钱广兄携《杨园年谱》见赠,渠有按语。

石门孙大立字卓人,以油肆为业,聚书甚富,日夕渔猎于其中,钱君曾访之。

初四日(4月23日) 仲尼录《诗》,次《商颂》于周、鲁之后,非录商也,盖录已之所自出也。宋自微子至于戴公,其间礼乐废坏。正考甫得《商颂》十二篇于周太师。孔子,正考甫七世孙也,况景山商先王之陵墓在焉。录诗既毕,复取《商颂》五篇,附于周、鲁之后,犹司马迁作《史记》纪传,而后附以《自序》然? 噫! 圣人之旨微矣!

初八日(4月27日) 朱晦翁阅韩南磵诗,既终卷,慨然曰:"一生为诗,只有许多。"此与昔人评老杜"读书破万卷"止办"下笔如有神"同意,学者可不勉哉!

初十日(4月29日) 今世所传河图、洛书,以为宓羲时出图,禹时出书。明宋景濂疑之,疑之是也。其言曰:"刘歆以八卦为河图,班固以'初一'至'次九'六十五字为洛书,本文庶几近之。盖八卦、洪范,见之于经,其旨甚明。若以今之图书,果为河洛之所出,则数千载

① 底本"旨"字为空格,据《毛诗正义》补。

② "波"疑為"非"之形讹。

之间，孰传而受之，至宋陈图南而后大显耶？其不然也，昭昭矣。”

二十日(5月9日) 唐韩致光《闺怨》云：“时光潜去暗凄凉，懒对菱花晕晚妆。初拆鞦韆人寂寞，后园青草任他长。”何屺瞻太史以为非对偶而有声病，此之谓小律诗。盖以“初拆鞦韆”“后园青草”八字皆双声也。

四月初四日(5月22日) 至武原，过侣鹤轩主人，以明旗尉腰牌见赠。牌用象牙面，刻“东司房关防锦字二百四十八号”，背刻“缉字旗尉，悬带此牌，不许借失，如违治罪”，傍刻“崇祯壬午年造”。

外舅魏氏洪涛先生祖茔在南门外平家桥，侧有石牌坊，题云“海宁卫世袭冠带总旗魏公墓”，余不可识。按：王文禄《海宁卫志·职黄志》云：“武职有公侯伯下指挥千百户，视子男乃世袭。指挥上有把总、都指挥、参将、总兵、都督，乃流官，不世袭。指挥有使，有同知，有佥事；千户有正，有副；百户有试，有冠带。总旗卫镇抚视千户；所镇抚视百户。指挥使曰昭勇，同知曰怀远，佥事曰明威，正千户曰武德，副千户曰武略，爵俱将军。百户俱曰昭信。校尉有开国功，有靖难功，有征蛮功，有平寇功，有下西洋功，有海运功，有开屯功。”云云。魏公不知以何功得封，其名亦不见于志。

初七日(5月25日) 唐王俞《焦氏周易变卦序》末题：“圣唐会昌景虞岁周正月主白灵越之云溪汉王某序。”张承之明经云：“景虞，疑即丙寅，下数语不可解。俞于他书无所见，俟博考之。景虞，《经义考》作景寅。”

宋沈丞相该著《易小传》六卷，专释六爻，兼论卦变。陈直斋《书录解题》云：“又有《系词补注》十余[①]附之卷末。”今通志堂刊本中无之，不知旧本犹有存者否。

十六日(6月3日) 至宁城，次儿、侄辈赴童子试。

毛直方，字静可，建安人。宋咸淳中预荐举，入元不仕，授徒讲

---

① 据《直斋书录解题》，“余”下当有“则”字。

学,人争趋之。有《聊复稿》二十余卷。尝编《诗宗群玉府》三十卷及《诗学大成》,见《尚友录》。松靄大令云见《诗学大成》,书刘应举辑,直方为序。按:《诗学大成》[1]。

十七日(6月4日) 《易》有蜀才注,王俭《四部目录》不言姓名,题云"王弼后人"。谢炅、夏侯该皆疑是谯周,而《李蜀书》一名《汉之书》,云"姓范,名长生,自称蜀才"。南方以晋渡江后,北间传记皆名为伪书,故罕传也。右略见《颜氏家训》。又陆德明《经典叙录》:"《易》蜀才注十卷。按《蜀李书》云:'姓范,名长生,一名贤,隐居青城山,自号蜀才。李雄以为丞相。'"蜀才注《易》,今多不传,惟李鼎[2]祚《集解》中往往引其说。

宋有两王炎,并孝宗朝进士。一字晦叔,婺源人,初除著作郎,至军器监奉正大夫,与朱子友善,著《读易笔记》十卷,学者称双溪先生。其一为四川宣抚加枢密使,历观文殿大学士。考亭《与直卿书》"伪学之禁,前此刘元秀荐王炎为察官",程篁墩以为晦叔未尝为察官,疑别指一王炎,岂即为枢密使者邪?杨绘字元素,汉州绵竹人。皇祐五年进士,终天章阁待制,长于《易》《书》《春秋》,所著有《易索蕴》《书九意》。陈后山云:"沛周郯以《易》传乐安任奉古,奉古传广凯,凯传杨绘。绘所著《索蕴》乃其学也。"按:《索蕴》今世罕见其书,唐荆川《稗编》中有绘《论坤卦不言方》一篇,意即《索蕴》之文,而《书九意》不知犹有存者否。吴梅村尝辑《春秋氏族志》十八卷,予观其书所载亦不止春秋氏族,凡在春秋得姓之后,史传有名者,往往续载其后,盖不纯乎春秋之人也。

二十日(6月7日) 世之言河图洛书者,谓马有旋毛似图,龟文甲坼似书,惟元俞石涧以为《书·顾命》"天球、河图在东序"。河图与

---

① 底本下阙文,稿本本页眉批有"《千顷堂书目》有'篇'字"八字,似应归于此,然考《千顷堂书目》诸条下皆无"篇"字,疑有误。

② 底本无"鼎"字,据文意补。

天球并列，则河图亦玉也，玉之有文者尔。昆仑产玉，河源出昆仑，故河亦有玉。洛水至今有白石，洛书盖石而白有文者。其说颇异。

海盐秦驻有梁碑，梁天监二年八月二十三日树，文多残缺。其可辨者云："前贤灼灼，后圣茂哉。始皇承天，越受帝命。业超上古，歼周灭郑。七雄靡余，六国是并。功齐大古，道深前王。□埒炎昊，美冠颛黄。通灵七代，敬构商堂。纵圣凝贤，将几百记。庵蔼余晖，蜚声万祀。右刺史敬素立。"石碑已不存，此见王文禄《海宁卫志》。详其文义，似秦纪功德之碑，而梁时重树之也。

刘桢公干尝著《毛诗义问》十卷，见《隋志》。书久佚，《毛诗·七月》传"郁棣属"，《正义》引《义问》云："其树高五六尺，其实大如李，正赤，食之甜。"《艺文类聚》引云："横一木作门，而上无屋，谓之衡门。"《初学记》引云："铏羹有菜盐豉。其中菜为其形，象可食，因以铏为名。"又云："狐之类貉，貒狸也。貉子曰貆，貆形状与貉类异，世人皆名貆。貉子似狸。"《太平御览》引云"总所以覆矢也"，谓箭筒盖也。蟏蛸，长脚蜘蛛也。

又《北堂书钞》引《蝃蝀》篇《义问》云："夫妇失礼则虹气盛，有赤色在上者，阴乘阳气也。""抑释棚忌"引云："棚，所以覆矢也，谓箭筒盖。"《太平御览》"蟋蟀在堂"引云："蟋蟀食蝇，而化成蟏蛸，云长脚蜘蛛也。"《艺文类聚》"鴥彼晨风"引云："晨风，今之鹞。"《水经注》引云："郐在豫州外方之北，北邻于虢。郐，荥之南，左济右洛，居阳、郑两水之间。食溱洧焉。"

唐史承节《郑康成铭》曰："公之挺生，大雅之懿。囊括坟典，精通奥秘。六艺殊科，五经通义。小无不尽，大无不备。"承节为州刺史，万岁通天初作。

廿八日(6月15日) 予得郑康成小像，幅巾深衣，秀眉而疏髯，拟勒于石，而为之赞曰："猗与先生，天禀懿德。囊括典坟，古训是则。龙蛇告谶，千禩而遥。撤奠胜国，复祀熙朝。"

五月初四日(6月21日) 寄小疋郑村书。

午日(6月22日) 季札聘鲁,请观周乐。首《周南》《召南》,次《邶》《鄘》《卫》《王》《郑》《齐》《豳》《秦》《魏》《唐》《陈》《郐》,与今《诗》次序不同。今《诗》,《魏》在《齐》之后,《唐》在《秦》之前,《豳》在《风》之末。季子所观,盖是《诗》之旧次,孔子删定后,乃如今之次序耳。若郑康成《诗谱》,视此二者次序,又多不同。欧阳公所以有《十五国次解》之作也。

竹醉日(6月30日) 程伊川谓《素问》出于战国之末。

十七日(7月4日) 魏叔子来,约纵观所携书画。

十八日(7月5日) 《诗》"维天之命",疏引赵岐《孟子注》云:"孟仲子,孟子从昆弟,学于孟子者也。《谱》云:'孟仲子者,子思弟子,盖与孟轲共事子思,后学于孟轲,著书论《诗》,毛氏取以为说。'"今所传郑氏《诗谱》中,未见有此语。

《经典叙录》:"贯长卿授诗于解延年",注:"为珂武令。《谱》云:'齐人。'"按今《诗谱》亦未见,殆皆《诗谱注》也。

廿八日(7月15日) 世传《刘子》五卷,五十五篇。袁孝政注谓是北齐刘昼孔昭著。《唐志》:"《刘子》十卷"以为刘勰著,固非,而孔昭之书,昔人颇多疑其不真。黄东发谓书中多避唐讳,如以"世"为"代"之类。宋景濂独取其《清神篇》中:"万人弯弧,而向一鹄,鹄能无中乎?万目眩耀,以惑一生,生能无伤乎?"之语,《亢仓子》同。亦有所触而云也。

松霭大令有抄本《刘处玄集》,纸色甚旧。细视其书,即世所共传之《刘子》五十五篇,不知何以写作"刘处玄集"。按:《道藏目录》有《仙乐集》五卷,乃刘处玄造,皆诗辞歌颂耳。意者后人又以为伪刘昼书托之处玄乎?松老谓,刘昼书乃实处玄作,未知然否。

《翰府名谈》:"白龟年遇李太白,遗书一卷曰:'读之可辨九天禽语,大地兽言。'龟年后游潞州,太守召问之。逢有二雀,啾唧而过,守曰:'彼何言?'曰:'城西民家有廪,余粟在地,相呼食之。'守使验之,果然。又见厩马仰首而嘶,问:'此何言?'曰:'槽中料热,不可食。'时近清明，将吏驱羊二十余头，后一羊，鞭之不动。守问：'羊不行，有说乎？'曰：'羊言腹有羔，将产然后就死。'乃留月余，果生子。龟年，乐天之侄也。"皇氏《论语义疏》载公冶长辨鸟语及猪语、燕语，盖此类也。

六月十二日(7月28日) 热甚。是夜泛舟至乌青，访绿饮新居。

十三日(7月29日) 夜宿敦和堂。雨作。

十四日(7月30日) 与绿饮同访金鄂岩刑曹于桐乡。夜宿桐华馆。

十五日(7月31日) 绿饮先归乌青。

十六日(8月1日) 别鄂岩、兰坛归里。兰坛为余写照，留贮桐华馆。

二十日(8月5日) 注《尔雅》之孙炎有二。一魏人，字叔然。其一盖唐时人，不知其字。邢昺《尔雅疏序》云："其为义疏者，则俗间有孙炎、高涟，皆浅近俗儒，不经师匠。"观邢氏之说，则此孙炎必非叔然矣。疏中所引孙炎说，盖皆是叔然，而非俗间之孙炎。昺既斥为浅近俗儒，断不复引其说，以与叔然相乱。故高琏亦无一语及之也。

廿九日(8月14日) 古乐府云："南山羃羃菟丝花，北陵青青女萝树。由来花叶同一根，今日枝条分两处。"《尔雅》："唐蒙、女萝、女萝、菟丝。"郭氏："别四名。"《诗》："茑与女萝。"毛传云："女萝，菟丝。"毛、郭皆以女萝、菟丝为一物。详乐府意似：女萝、菟丝，虽同生而实二物。罗鄂州引《广雅》云："女萝，松萝也。菟邱，菟丝也。定为二物。"故太白乐府云"菟丝故无情，随风任倾倒。谁使女萝枝，而来强萦抱。两草犹一心，人心不如草"，亦本古乐府意。

宁俗，是日安国寺香市最盛。

晦日(8月15日) 《广韵》"枫"字注引《山海经》曰："黄帝杀蚩尤，弃其桎梏，变为枫木脂，入地千年，化为虎魄。"《尔雅疏》亦引《南山经》，微不同。今《山海经》皆无之。

七月朔日(8月16日) 《蒸民》云:"吉甫作诵,穆如清风。仲山甫永怀,以慰其心。"谢道韫最喜此四句。黄实夫曰:"吉甫言之而无过辞,山甫当之而无愧色。虽暴之天下后世有不可得而议者,此所以自言而无隐也。"

《丝衣》序"绎,寅[①]尸也",高子曰:"灵星之尸也。"黄实夫云:"《丝衣》,本宗庙之祭,而高子以为灵星之尸,岂不失《诗》意乎?公孙丑问曰:'高子曰:"《小弁》,小人之诗也。"'孟子曰:'何以言之?'曰:'怨。'孟子曰:'固哉高叟之言《诗》也!'则高子盖与孟子同时人,其缪于《诗》者,孟子辨之详矣。以追蠡而论禹、文王之声,以《小弁》为小人之诗,皆[②]此皆高子之蔽,则以宗庙之尸为灵星之尸,又何怪乎!灵星之祭,未之前闻,至汉高祖诏天下,立灵星祠,见于《汉书·郊祀志》。张晏曰:'龙星左角曰天田,则农祥也;晨见而祭之。'高子所谓'灵星之尸',其此之谓乎?汉儒杂高子之言,以汩一篇之义,今宜削此一句,而大义复全矣。"

初五日(8月20日) 欧阳公《诗谱补亡后序》云:"《周》《召》《邶》《鄘》《卫》《王》《郑》《齐》《魏》《唐》《秦》《陈》《郐》《曹》《豳》,次郑氏《诗谱》次第也。"王鲁斋《风序辨》云:"《周》《召》《邶》《鄘》《卫》《桧》《郑》《齐》《魏》《唐》《秦》《陈》《曹》《豳》《王》者,此郑康成《诗谱》之次序也。"二说微不同,未知孰是。

穿针日(8月22日) "戎狄是膺,荆书是惩",鲁僖公未尝有此事。孟子曰:"周公方且膺之。"则明是周公事矣。《诗传遗说》乃云:"此是孟子读《诗》不子细处。"从来善说《诗》者莫过于孟子,而谓其不子细,是何言与?

逸斋《诗补传》云:"王者行三年之丧,自汉文帝以下,惟晋武帝、魏孝文帝、周高祖断然行之。然晋武帝为议臣所惑,为礼不备;魏孝

---

① "寅"当作"宾"。

② "皆"字盖衍文。

文帝礼虽粗备，而服非其服；周高祖虽衰麻苫块，卒三年之制，而通丧止于五服之内，不及臣下。又在丧频出游幸，无急寇而兴师伐邻，皆不合于礼。唯国朝祖宗以来，宫中实行三年之制，至寿皇圣帝，持丧三年，礼无违者。然则自汉以迄于今，始复唐虞三代之旧，遂为家法，甚盛举也。”

王鲁斋为《诗辨说》，谓秦火而后，《诗》无独全之理。意夫子已删去之篇，容有存于闾巷之口，汉儒复取，以足三百篇之数，而淫奔之诗三十有二篇，当俟有力者请于朝而放黜之，一洗千古之芜秽云。鲁斋之学，渊源出自何文定、黄文肃，二公本于考亭，考亭既不信小序而斥之，鲁斋并欲删《诗》，亦可谓勇于自信者矣。今列其所摘三十二篇之目于左：

《野有死麕》《召南》《静女》《邶》《桑中》《鄘》《氓》《卫》《有狐》《丘中有麻》《王》《大车》《将仲子》《郑》《遵大路》《有女同车》《山有扶苏》《箨兮》《狡童》《褰裳》《东门之墠》《丰》《风雨》《子衿》《野有蔓草》《溱洧》《东方之日》《齐》《绸缪》《唐》《葛生》《东门之枌》《陈》《东门之池》《东门之杨》《防有鹊巢》《月出》《株林》《泽陂》

初十日(8月25日) 王充之为《论衡》，可谓辨矣。至于谓伯夷、叔齐为庶兄夺国，饿死首阳山，岂得为贤人；鲤也死，有棺而无椁，孔子时为大夫，乘三马，何不货两马以作椁乎？昔孔子作士之时，乘二马，尚脱一以赙旧馆，何重旧人之恩，而轻父子之礼？不货车以葬子，岂不贪官仕乎？此等议论，尤为悖理，马总顾采之入《意林》，其鉴裁安在？

十二日(8月27日) 晋孙毓尝著《毛诗同异评》十卷，《春秋贾服异同略》五[①]卷。按陆氏《释文》，“毓字休朗，北海平昌人，晋豫州刺史”。《隋书经籍志·诗类》云：“长沙太守。”又《孙毓集》六卷，云：

---

① 底本“五”字为空格，据《隋书·经籍志》等补。

“汝南太守毓，乃武帝咸宁间人。”所著今皆不传，惟孔颖达《毛诗正义》中引毓《诗评》颇多。毓又有《成败志》三卷，亦不传。马总《意林》存其二条，云：“水性虽能流，不导则不通；人性虽智，不教则不达。学犹殖也，不学将落。”又云：“密者，天地之际会，成败之机要，故阴阳不密，则寒暑不能以成岁；栋宇不密，则九层不可以庇身。”

《左传》闵公元[1]年，晋侯以魏封毕万□□[2]。魏，大名也。范处义曰：“按此盖取象魏之义，然象魏古或读为巍，《庄子》所谓“魏[3]然而已”，即巍之[4]省文也。”《方言》：“自关以西，秦晋之间，凡细而有容者谓之魏。”则是“魏”者，取其细也。然则读为巍则训大，读为魏则训细，后人相承，以魏为大，固未尝考此也。

中元日(8月30日)　辑《诗谱补亡后订》成。

孙炎有《春秋例》，见《三国·魏志》，而《经典叙录》不载，岂唐时已无全书耶？孔氏《春秋正义》隐五年“入而振旅”引孙[5]炎曰：“出则卑幼在前，贵勇力也。入则尊老在前，复常法也。”

十六日(8月31日)　周生烈，姓周生，名烈，敦煌人，见《后汉书》。著《周生烈子》五卷，其序自称：“六蔽鄙夫敦煌周生烈，字文逸，张角败后，天下溃乱哀苦之间，故著此书，以尧舜作干，仲尼作师。”诚其言，有曰：“贤哲不可以色貌诱之，犹张罗恤凤，施穽诱麟，伯乐相马取之于瘦，圣人相士取之于疏。”唐马总《意林》取之。今毗陵有周生烈墓。

十七日(9月1日)　《杨园集》有读王安石诗云：“周公恐惧流言日，王莽谦恭未篡时。向使当年身早死，一生真伪复谁知。”按此乃白

---

① 底本“闵公元”三字为空格，据《左传》补。
② 疑当作“为大夫”。
③ 底本误作“巍”，据稿本改。
④ 从“或读”至“巍之”十五字，底本误入双行小字，今据文意，归入正文。
⑤ 底本“孙”误作“孔”，据稿本改。

乐天《放言》七律之半，非荆舒①所作也。

八月初三日(9月17日) 午刻自小桐溪②解舟，为武林之游。

初四日(9月18日) 侵晓过长河，上旧灞，薄暮抵郡，闻大侄入泮。

初六日(9月20日) 河庄来舟中，偕访抱经学士于新桥里第。

《诗》含五际。按《推度灾》曰："建四始五际而节通，卯酉之际为革政，午亥之际为革命。神在天门，出入听候。"又《白氏六帖》引习奉曰："《诗》有五际，君臣、父子、兄弟、夫妇、朋友。"又《诗内传》曰"卯、酉、午、戌、亥"，说各不同。

初八日(9月22日) 王氏范，字季娴，硖川王涵斋次女，适桐乡李临皋，早寡无子。季娴能文攻诗，尤善长短句。《蕉雨调·点绛唇》云："夜半苍凉，萧萧叶底寒蛩诉。酸风苦雨，响入秋声谱。　一卷芳心，叠叠封无数。愁如许，断砧零杵，共者般凄楚。"《本意调·醉春风》云："花底莺儿媚，架上鹦哥睡。日长小院梦瞢腾，醉、醉、醉。帘卷虾须，炉煎蟹眼，笙排凤翅。　金兽香烟细，银烛兰膏腻。闲愁脉脉几回添，记、记、记。昨日楼头，今宵月下，明朝心里。"

初九日(9月23日) 抱经先生过访横河舟次，以新梓《贾子》及《方言》见诒。

初十日(9月24日) 宋曹侍讲粹中著《牧斋诗说》三十卷，王厚斋尝征其说，如谓《齐诗》先《采苹》而后《草虫》；秀葽即远志；《旱麓》之旱山在南郑县。今其书不可得见。

十四日(9月28日) 抱经、朗斋过水村莱园赏桂。

中秋日(9月29日) 水村招集莱园。

十九日(10月3日) 自横河解舟，与儿侄东归，抱经送至河干

---

① "舒"疑当作"公"。

② 底本无"溪"字，据文意补。

而别。

二十日(10月4日) 犁明过长安堰,薄暮抵家。

九月初一日(10月14日) 与儿照为阳羡之游,过硖川,晤吴应和。

初二日(10月15日) 晨过梅里,访杨君子让于木山阁。午刻抵槜李访朱宋梅,不值。

初四日(10月17日) 家枚庵有手抄宋宝祐四年历日。

初六日(10月19日) 晚次义兴访万茂才瑱为,不值。瑱为名之蘅,一字直方,工诗,有《小兰山房稿》。

初七日(10月20日) 暮抵桃溪。

重九日(10月22日) 杨园先生《与徐重威书》有云:"陈继儒,近代得罪名教之人,徒以生于末俗,故令得保首领以没,恶可容于尧舜之世乎?"

十八日(10月31日) 与儿照过犊山,寻丧元勇士墓。

十九日(11月1日) 登舟南还,夜宿石碑头,溪声潺潺,竟夜不息。

二十日(11月2日) 刘向《列女传》云:"孟子既娶,将入私室,其妇袒而在内,孟子不悦,遂去不入。妇辞孟母求去,曰:'妾闻夫妇之道,私室不与焉。今者妾窃堕在室,而夫子见妾,勃然不悦,是客妾也。妇人之义,盖不客宿。请归父母。'于是孟母召孟子而责之,孟子谢,遂留其妇。"善哉孟子妻之言也!至今使人读之,犹凛凛有生气。世但知孟母之贤,而不知其妻之明礼复如此。孟子一生出处大节,所谓可以去则去,可以止则止,未必非内助有以成之,此孟与柳下惠、黔娄、於陵仲子之妻同德齐量者也。

廿二日(11月4日) 钱懋登《厚语》云:"昆山顾未斋阁老鼎臣子号恒斋,自幼勤敏读书,后领乡荐,虽贵介,不尚骄亢[①],如寒贱士。

---

① 底本"亢"误作"允",据《厚语》改。

王肃斋太守特禁渔人入海网黄鱼。有以白金二千两出求弛禁，排置桌上动之，恒斋视如污垢，目不少睇。噫！宰相之子，片辞可以反覆当路，而峻节如此，亦云难矣。”

廿六日(11月8日) 欧阳《五代史》第五十五卷，卢损有目而无传。今日过硖川，吴应和、子修兄弟出旧本徐注《五代史》，纸墨甚古雅，检之亦无此传。

十月初六日(11月18日) 魏小洲钺自桐乡来，携名人书画甚夥。朱春桥作小景，上自题一绝云：“三十年来一钓竿，几曾叉手揖高官？茅柴白酒芦花被，明月西湖何处滩。”其高处可想见也。① 骨牌之制，不知实始何时。陈乾初先生尝为《骨牌颂》云：“千古奇文，河图雒书。两仪四象，八卦是殊。因而重之，以成变化。遂申羲画，以教天下。死生有命，富贵在天。先师成训，谁曰不然。委心任运，四分有截。其成其败，畴能悬决。大以成大，小以成小。物各有则，安用智巧。理以制欲，私不胜公。展兮君子，和而不同。不同之同，是为大同。无成之成，乃为大成。相得而合，无往不利。人和之功，以参天地。”

十一月朔日(12月12日) 至武原吊张芷斋。

初三日(12月14日) 由武原至桐乡。

初五日(12月16日) 自桐溪至乌戍，问绿饮疾。

《子刘子学言》云：“《大学》是一贯血脉，不是循序功夫。今人以循序求《大学》，故谓格致之后，另有诚意工夫，诚意之后，另有正心工夫，岂正心之后，又有修齐治平工夫耶？”

又曰：“河图左畔阳居内而阴居外，右畔阴居内而阳居外。阳左阴右，皆以内者为主，盖阳生于阴，阴生于阳也。至周子图太极，左畔言阳之动，而反以阴居内；右畔言阴之静，而反以阳居内，将以内者为主乎？外者为主乎？内者，生气也；外者，伪气也；似与图意不同，虽

---

① 底本无“魏小洲……想见也”一段，据稿本补。

各有取义,而终以河图为正。盖河图阳生于阴,而周子以为太极动而生阳;河图阴生于阳,而周子以为太极静而生阴,是河图二气自相生,而周子皆以太极生之也。自相生则不必有太极,若以太极生两仪,则太极实有一物矣。为此言者,盖拟夫子赞《易》之说而误焉者也。毫厘之差,千里之谬也。"

又曰:"按《易传》'天地定位'一节,乃造化阴阳配合自然之理,非有所谓乾南坤北,离东坎西之说,而处之有定位也。乃邵子图之,以为此伏羲先天之《易》,岂伏羲而后言《易》者,天地不当定位,水火不必相济乎?至'帝出乎震'一章,盖序造化四时八节之气,自元而亨利贞,以时运转其象,有如此者。而邵子图之,以为此文王后天之《易》,岂文王以前言《易》者,不得有四时八节之气乎?若先天后天之说,尤属附会。程子曰:'体用一原,显微无间',岂先天专以体言,后天专以用言乎?总之一《易》而已,作《易》者一人而已。文王止以次序,自别于夏商而系《彖》,互有损益,仍还之伏羲而止。安得复有所谓文王之《易》哉?后儒辄图之而象之,而种种穿凿附会之甚矣,其闇于大道也。"

又曰:"孔子如天,曾子如地,颜子如斗柄建四时,子思子五岳四渎,孟子则泰岱黄河之尊也。"

初六日(12月17日) 《大学》致知格物修身等语,汉人多不甚说,惟《淮南[①]子》曰:"格致修身之为本,而家国天下之为末。"

初七日(12月18日) 抵姑苏。访家枚庵,出所作《借书图》索题。

初八日(12月19日) 由阊门之娄江。是晚泊太仓大西门内。

初九日(12月20日) 访抱经学士于娄东书院。陆润之先生见访于书院,遂偕学士过其家纵观典籍。其收藏甚富,自云至润之已八世。是日出观者:考亭《先进集注》手稿,后有吴匏庵、唐子畏跋。唐

---

① 底本无"南"字,据文意补。

范隋告身,咸通二年绢本。隋为文正公所自出,今此轴犹范氏世守物。《明太祖集》,乃当时文臣桂广、解缙等所书,端楷精妙,若出一手。每册后有木印朱书一条,云"臣某人恭录书",用红格黑字。又明文渊阁藏书,有金韩道昭《五音类聚集韵合抄》,首冠成化十年御制序,亦用红格精抄,盖文渊阁之书。李贼破燕都,已付之一炬,独此以田皇亲借出,故仅有存者。亦润之言。如此余其旧人手抄本,不计其数,平生创见,当无逾于此矣。

初十日长至(12月21日) 晨刻自太仓解舟西归。

陈乾初先生作《大学辨》,谓《太[①]学》宜还之《戴记》。又《祭告山阴先生文》曰:"《葬书》非古,《大学》非经。"若谓此本山阴先生之意。然予观山阴先生书中,无一处不尊崇《大学》之旨,至诏其子以读书之法,则曰:"先之小学以立其基,进之《大学》以提其纲,次之《中庸》以究其蕴,继之《论语》以践其实,终之《孟子》以约其旨。"云云,恐山阴先生实未尝有此意。

十二日(12月23日) 至梅里访未孩海门。未孩有何商隐、凌渝安、孙仁庵诸先辈遗集,惜未有梓之者。

十六日(12月27日) 《方言》云:"绕[②]循谓之襬裺。"郭注云:"衣督脊也。"今吴音有搭脊之称,盖即督之转音与?

十二月朔日(1785年1月11日) 《说文》"狗"字注:"孔子曰:'狗,叩也。'"徐锴引《论语》曰:"仲尼之守狗。"今不见有此文。

十六日(1月26日) 钱绿窗过访,以《考证杨园先生年谱》见视。

洭水在桂阳县,扬子《方言》谓之"瀑洭"。

接姚心嘉大令蜀中书。

十九日(1月29日) 有老医告予,凡为火所炮者,以热水搅泥

---

① "太"当作"大"。

② 底本"绕"字为空格,据《方言》补。

浆涂之,可免火毒内攻,是五行之性贪生忌克也。按:昔楚王好勇,故焚章华台,命士救之,有以泥涂而救之者,盖亦此意。

二十日(1月30日) 园花产橘,大于福橘,而皮色细黄,土人呼蜜团。按:此即蜜覃也,声转而讹耳。《离骚草木疏》云:“郑康成说厥包、橘、柚乃三物。包音普胶切,或云密覃,是也。”今宁邑又有抛子之称,盖亦包音之讹耳。嘉定王礼堂作《尚书后案》,专采郑注,独此未收,何也?

饯岁日(2月8日) 呼妾为姨,吴越皆然。齐衡阳王钧所生区贵人,病便加惨悴,左右依常以五色鲜饴之,不肯食,曰:“须待姨差。”见《南史·齐宗室传》。

乾隆五十年(1785)岁次乙巳[1]

上元日(2月23日) 晡时祀先。后率儿照登舟,为武林之游。

十六日(2月24日) 禺中抵郡,访卢学士于新桥里第。是夕饮抱经堂。

二十日(2月28日) 小疋自苕溪至。

二十一日(3月1日) 偕小疋过颐谷侍御。

二十三日(3月3日) 同魏小洲返小桐溪。

二月初十日(3月20日) 钱绿窗过访。

十一日(3月21日) 小洲自桐乡来。

十四日(3月24日) 绿窗别去。

二十日(3月30日) 至桐乡。是夕宿桐花馆,炳烛观五代周文矩《玩花士女图》、《万山积图》,皆高竹窗旧物也。

二十一日(3月31日) 与方兰坛同游乌戍。

二十四日(4月3日) 归小桐溪。

杨嗣昌既死,尝见梦思陵,懟廷臣议论不公。上曰:“昨见兵科给事中张缙彦一疏,持论稍平。”嗣昌摇首:“也不见得。”上醒,异之,因谕祭一坛,并为辅臣言之,咸莫敢对。大臣没,能通梦人主,唐惟虞世南,明则世庙时之熊翀及嗣昌而已。事见黄景昉《宦梦录》。

二十七日(4月6日) 《淮南子》:宁戚饭牛车下扣角而歌曰“南

---

① 底本无“乙巳”二字,据稿本补。

山矸,白石烂,生不逢尧与舜禅”云云。又《吕览·举难篇》[1]作“宁戚歌《硕鼠》”。而唐袁孝政注《刘子新论》又云:宁戚初仕于齐,佯为商人,见桓公,乃扣角而歌,歌曰:“浩浩之泉,游游之鱼。怀德不仕,乃容将军。”三说互异。按韩子《与兵部李侍郎书》云“扣角之歌,词鄙而义拙”,然则昌黎但信《淮南》耳。

三月朔日(4月9日)

初五日(4月13日) 同胡秋读、陈河庄、家兄拙巢访顾翁均玉于梁墩。翁时年百有一岁,生康熙廿四年[2]九月十三日辰时。子若孙皆前卒,惟一妇,年七十有九。

初七日(4月15日) 戚弁亭乔梓过访,携诸友叠蒋春雨明经韵诗见视。

南齐戚衮,盐官人,其后裔唐末尚□袁花市。见《金牛随笔》。

十五日(4月23日) 张舜民《画墁录》云:“唐笏短厚不屈,今往往见之,王钦臣所执是也。以其短厚,故可以击人,今人之笏,虽有段秀,实亦无能为也。”

又曰:“唐印文如丝发,今印文如筯。开封府印文尤粗,犹且岁易,以此可见事之繁简也。”予得宋十都虞侯朱记,端拱二年铸,其文细劲如丝,盖宋初犹沿唐制。又得南宋招抚使印,则粗顽与时官印无异矣。

四月朔日(5月9日) 为荆南之游。

初三日(5月11日) 至吴门,暮抵虎畷,遇书估舟,有写本《徐霞客游记》,甚佳,王后海茂才校本也。后海名孝泳,尝受业于何义门太史。

初六日(5月14日) 至桃溪。

初十日(5月18日) 蔡九峰《书集传序》谓:“二《典》《禹谟》,朱

---

① 底本“吕览举难篇”五字为空格,据《吕氏春秋》补。

② 底本“廿四年”三字阙,据文意补。

子所是正，手泽尚新。”其后王鲁斋尝见朱子手笔，所谓“密行细字，东圈西补”者是也。近太仓陆氏藏《论语先进集注》手稿者，纸墨既新，又俱界乌丝阑装如册页，不能无疑也。

十二日(5月20日) 自桃溪还。

二十日(5月28日) 抵家。

孔颖达曰：“皇甫侃传《礼经》，是木落不归其本。”

廿二日(5月30日) 陈无轩学正过访。

五月朔日己酉(6月7日) 偕河庄入城，访无轩。

午日(6月11日) 晴。郑氏《诗谱序》一篇，《文献通考》曰：“或云此序宋均作。”予按：唐刘子玄上《孝经注议》，辨《孝经》可疑者十二条，内有云：“宋均于《诗谱序》云‘先师’，则均是传业弟子也。”今《诗谱序》中并不见有“先师”二字，然则均别有《诗谱序》耶？

初六日(6月12日) 明叶培恕序王平仲《周礼删翼》云：“孔子因诸侯之去冬官籍，作《春秋》以辅之。”

得小疋书及方望溪、锺蔗经二先生合像。

初七日(6月13日) 与陈河庄、儿寿照入城，祝陈无轩学正寿。

初八日(6月14日) 偕河庄、寿照访陈谁园，观所藏素铜鬲及古小炉，青绿俱佳。

初九日(6月15日) 又过谁园，敬观世祖皇帝御画古桧一帧，上方题“顺治乙未孟春月，御笔写赐大学士陈之遴之母吴氏”，上用“广运之宝”。黄石斋先生书《孝经赞义》，每章后皆有赞。经文《闺门章》中有“《诗》曰‘我稼既同，上日执公宫。[1] 昼尔于茅，宵尔索绹’”数句，书法极苍整。又徐俟斋画芝，亦得意笔也。

初十日(6月16日) 《严氏诗缉·大明篇》引李氏曰：“《国语·郑语》云：‘前河后莘。’按：《郑语》作“前莘后河。”韦[2]昭注云：‘莘，国

---

① 据《诗经·七月》，“上日执公宫”当作“上入执宫功。”

② 底本“韦”误作“常”，据稿本及上下文意改。

也。'《左传》僖公二十八年城濮之战,'晋侯登有莘之墟',杜元凯注云:'莘,故国名。'今此诗云:'在洽之阳,在渭之涘',则是冯翊之间,与郑、卫之地,全不相干涉,当以此诗为证,《左传》《国语》阙之可也。"按:太任乃有莘国女,据此则莘国当在洽、渭之间。又《困学纪闻》云:"《郑语》:'依畴历莘。'《史记·郑世家》注'莘作华',《水经注》:'黄水径华城,西史伯曰"华君之土也"。'韦昭曰:'华,国名。秦白起攻魏,拔华阳。'司马彪曰:'华阳在宓县。'《括地志》'华阳城在郑州管城县南',可以证今本之误。"据深宁此说,则莘字乃传刻之误,非韦注之失也。今郑氏《诗谱》以作"依畴历华",与《史记注》合。

六日七分之说,本于《易纬》。宋赵彦卫尝辨其谬,又为图以证之。今《云麓漫钞》其图失载,不知尚有传本否也。

十五日(6月21日) 欧阳公作《诗本义》,自谓于郑氏一家之学,可谓尽心焉尔。然郑夹漈论欧公深折郑学,以为多喜改字,如"吉蠲为饎",郑以"吉"为"圭","吉圭为饎",则《韩诗》之言也。"素衣朱襮",郑以"襮"为"绡","素衣朱绡",则《齐诗》之言也。"其耕泽泽",郑以"泽"为"释","其耕释释",亦《尔雅》之言也。"舟人之子",郑以"舟"为"问","问人之子",则朱育《集字》之言也。"艳妻煽方处",郑以"艳"为"阎","阎妻煽方处",则《汉·杜钦传》之言也。郑改字初,未尝出于臆见,然则永叔之于郑氏,正坐只究康成一家之学,而未及博求他说故尔。

六月朔日(7月6日)

廿三日(7月28日) 自五月至今不雨,远近数百里河尽涸。是日午后始得雷雨,而雹如鸡卵。

廿八日(8月2日) 复雨。

古文《尚书》,昔人皆以为至东晋始出。近程廷祚《晚书订疑》谓实至刘宋方显。按:金仁山《尚书表注序》云:至萧齐始备,萧梁始行。

七月廿七(8月31日) 午后雨移时。

三十日(9月3日) 率儿辈乘舆抵宁城,寓水仙阁。

八月初五日(9月8日) 自宁归。

十一日(9月14日) 至洛溪。许臧□以旧墨半圭见赠，惜以碎。上有一老人，背书卢仝茶诗《走笔谢孟陈议寄新茶》，傍署“眉山文元制”。按：苏文元乃明时造墨名手，其人与方、程同时，麻三衡孟璇《墨志·稽式部》有文元元神墨，列于孙玉泉之后，江晴川之前。今此墨惜已碎，不知何名，然其坚如石，古香袭人，亦可宝也。

十七日(9月20日) 仍以肩舆入城。时儿侄辈应州试，寓水仙阁。

二十日(9月23日) 以妇病归里。

二十七、八二日(9月30日—10月1日) 始得雨。河流稍可运小舟。

顾亭林《菰中随笔》云：“短右袂，向来不曾理会得。两只衣袖，一长一短，不成模样。盖古人之裘，如今皮袄，必以绸帖之而成。但短其皮不短其绸，则运动既便，而于外观亦无所妨。”按：此语恐未必然，古人衣裘，有毛者在外，《汉书·匡衡传》：“富贵在身，而列士不誉，如有狐白之裘而反衣之。”《说文》“表”字，徐锴《系传》云：“古以皮为裘，毛皆在外，故衣毛为表。”亭林岂未究及此耶？

九月重阳(10月11日) 小桐溪一带河流稍通舟楫。

十月初一日(11月2日) 入城送无轩权学，得代归苕溪。

顾亭林《菰中随笔》云：关公唐以前未有之，闻唐以前崇奉朱虚侯刘章，家祠户祷，若今之关公云。迨宋以盐池一事，关公遂著威灵，而朱虚之祀废矣。然其事亦有不可解者：张道陵于汉季为黄巾妖贼，关公以破黄巾起家，而冥冥之中又听天师号令，使其伪耶？则当显戮之；使其真耶？吾未见道陵之贤于关公也。

十一月初八日(12月9日) 入城过著书斋，与松霭夜话。

初九日(12月10日) 至洛溪。

十一日(12月12日) 至武林，寓祖庙巷。绿饮来晤。

十二日(12月13日) 晨起，偕绿饮同访程易田孝廉。易田名瑶田,歙县人,博学而长于考古,著《通艺编》,辨论古器甚析。

十三日(12月14日) 易田孝廉见过,同观予所藏三戈,并以所制墨饷予及河庄各一,名曰“直如其重”。易田尝费数千金制墨,家坐以耗。昔金寿门先生有墨名“五百觔油”,珍秘不轻示人,易田手制也。盖墨家取煤以担论,凡燃油百斤,取煤百斤者,谓之一担;油二百斤,取煤一百斤者,谓之二担;五百斤油,取煤一百斤者,即五担也。燃油至五百斤,无可再加矣,故曰顶烟。凡捣墨以杵多为贵,大约至五千杵而极,五千杵而外不复受杵矣,昔人云万杵者,盖甚言之耳。皆易田云。

复与易田、绿饮、河庄过汪西庚明经十墨斋,观日本各种墨,皆其尊人翼沧从倭国购归者。规制不一,最奇者曰佛迹石碑,碑为辽统和三年立石于和州,一面有诗十七首,赞四首,字细如蝇头,非显微镜不能读。是日绿饮偶失手碎其一枚,余笑语坐中曰:“久不闻此碎玉声矣。”主人亦为之解颐。是日西庚以日本墨三挺分赠,予得一挺,曰“翰墨林下”,署“菘蓝制”,背面曰“考程方之遗方”,旁署“古梅园七代元汇制墨”,形长方,重一两。

午后卢擎[①]斋学士过访,时从锺山书院归,以新刻《董子》见贻。

十四日(12月15日) 走别卢学士。雇舟至北新关,易下河书舫东归。

十五日(12月16日) 黄昏抵家。

《黄氏日抄》云:“蒋[②]荣甫谓其伯父尚书尝闻前辈言:有扈者,启同姓之国,见尧舜皆与贤,而启乃继禹,扈不服,一战于甘,自是终夏之四百年不臣夏。至汤伐夏,而后扈来臣于商,故作《臣扈》之书。成汤放桀于南巢,巢国不义之,终商六百年不来朝,至武王伐商,而后巢

① 底本“擎”字为空格,据稿本补。

② 底本“蒋”误作“薛”,据《黄氏日抄》及乾隆五十一年正月廿三日日记改。

伯来朝于周，故作《巢命》之书。是说也，尝于经筵奏进理宗。”以上皆《日抄》之言，观此知武庚、禄父之背周，亦未为不韪，惜不能修德以光复旧业，并欲求如有扈、南巢之国而依之，且不可得也。

二十日(12月21日) 明黄之璧自称闭关潜夫，尝有《赠陈广墅太常诗》云：“鸡林鹿苑为谁降，岁晏怀君不隔邦。东国词华已寡二，西京陈学况无双。抱书阁上观沧海，泚笔临池赋大江。闻道元龙高卧好，披帷容与对南窗。”诗甚工稳。《明诗综》不录一首，岂集皆散失与？

十二月初五日(1786年1月5日) 海盐东门外即大海。是日潮至，有海鳅五，尾一渔舟而来，其小者四，仍随潮以去；其一大者，误入沙埠，遂不能退。潮退，滨海之人，远近聚观。鳅长十数丈，皮黑无鳞，人竞脔之。一二日，肉尽，仅存枯骨。守弁断其首，用夫二十，舁之入城，至东门不能进，转由北门而入。其胁骨亦可专车。所割肉味颇美，初每斤八文，既卖至三十余文，亦有食之而死者。虹桥堰一作横桥[①]，在平湖县东三十里，去海口甚近。今年夏大旱，邑令王公恒开此堰以导水救田。初止广七八尺，后渐至二三丈，盐、宁诸水道皆赖以得通。

十一日(1月10日) 自小桐溪解舟为荆南之游。午刻抵硖川，过榕园兄弟，以新梓《澉水二布衣诗》见赠。

蔡允恭仕后梁，为著作佐郎。梁亡入陈，拜尚书库部郎。复入隋唐，著《后梁春秋》，今亡。明姚士粦复撰《后梁春秋》二卷，世多传之。

十六日(1月15日) 暮抵吴。黄昏入城，泊葑门内东师子口。

十七日(1月16日) 晚过枚庵斋。

近黄小松拓得郭巨石室画像已见前，或谓此即北齐陇东王胡长仁《感孝颂》[②]，然但有画像，而未见有所谓颂者。按赵德甫《跋感孝

---

① 底本“一作横桥”误入正文，据稿本改。

② 稿本上有眉批“《金石录》言之已悉”。

颂》云："济州平阴山顶有古冢，隧道尚存，塞其后而空其前，类杜预所见邢山郑大夫冢。上有石室，制作工巧，其内镌刻人物车马，似是后汉时人所为。[①]《水经》谓之孝子堂，陇东访之耆旧，以为郭巨墓。"此段亦见《隶续》第八卷。观此言，盖长仁见此画像，以访耆老，知为郭巨之墓。后人误指石室画像为陇东王《感孝颂》者，似皆失于深考[②]。《潜研堂金石文跋尾》谓："陇东王《感孝颂》今在泰安府肥城县孝堂山，因孝子堂而名。"

十八日(1月17日) 过虎瞟。

今里俗细人每有阿某之称。考汉《韩敕后碑》所列名姓，有徐阿道、徐阿獃、吴阿檂、徐阿仍、吴阿欧、吴阿绥、吴阿虎诸人，盖汉时已如此。《罗敷曲》云："十六生儿名阿侯。"

今秋旱甚，太湖水尽涸，渔人于湖中得一独木舟，长二丈余，深广四尺余，中有铁钱数百千，上有"五铢"二字，因[③]争分之。又有一刀，首如偃月，长约二尺，握处微损，究不知何时所沈。其钱予搆得一枚，重九分弱。独木舟闻尚在乌溪港口。

---

① 稿本上有眉批"再考《水经》"。

② 稿本上有眉批"平阴肥城当即相近"。

③ "因"字底本为空格，据稿本补。

乾隆五十一年(1786)岁次丙午[①]

上元日(2月13日)　至卢氏故居,观忠烈公遗像及夫人王氏像。公秀眉疏目,状如书生;夫人面微紫而隆准。

十八日(2月16日)　诣卢氏宗祠,祠裔乔林出忠烈与其外舅金坛王公手书,中言张渚朱生明有居宅欲售,与甥议,直一百两。此宅今不知在何地。时公官都中,方殇一幼子,又以白金六两,鞋膝衣各一双,寄其妻父母。并书中所云。

廿三日(2月21日)　雨竟夕。尝得方林宗寥天一墨,每笏重四两,形如牛舌,旁署"太监陈增监制"。考《明史·宦官传》,陈增万历中为汞税太监,贪横不法,后以事伏诛。此盖当时贡墨,制作颇精好。邢子愿《墨谈》云:"向见江南奉使大珰制进御墨,多龙纹采翠,涂金屑珠,色夺朝曦,芬溢九窍,正如内法。酝浓郁饶舌,然乏清远。"邢所论盖指此种。然林宗名手,终非近日墨工所能企及也。渊明《示庞主簿邓治中诗》云"弱冠逢世阻,始室丧其偏",盖谓妻丧也。吴斗南引《左传》"齐崔杼生成及强而寡",杜注:"偏丧曰寡。"渊明盖两娶,《本传》称"其妻翟氏,能安苦节,夫耕于前,妻锄于后"。则继室实翟氏。《陶南村谱》"靖节以翟氏为妾"者,恐非。启征有扈,大战于甘,作《甘誓》。《史记》云:"遂灭有扈氏。"郑樵《通志》云:"夏后相四岁,修德行仁,有扈氏宾服。"据此是启未尝灭有扈也。《黄氏日抄》云:"蒋荣甫谓其伯父尝闻前辈言:扈者,启同姓之国,见尧舜皆与贤,而启乃继

---

① 底本无"丙午"二字,据稿本补。

禹,扈不服,一战于甘,自是终夏之四百年不臣夏。至汤伐夏,而后扈来臣,作《臣扈》之书。理宗朝,经筵曾进此说。”所论扈事不知见于何书,若依此论,则《史记》《通志》之语皆不足凭矣。

元贝,清江嘉兴人,尝卜居殳山,其故居则在海宁之斜桥。见张承之明经《评文》中。

四月十九日(5月16日)　至武林。予友归安丁小雅学博尝谓:孙炎有二。按:孙炎字叔然,乐安人,与王肃同时,盖魏人也。颜之推以为汉末人,疑误。其一不详何时人。[①]

廿五日(5月22日)　同小洲步湖堤,至断桥观新绿。

廿七日(5月24日)　小洲同予还小桐溪。

五月五日(5月31日)　《黄氏日抄》云:“蒋荣甫谓其伯父尚书尝闻前辈言:有扈,启同姓之国,见尧舜皆与贤,而启乃继禹,邕不服,一战于甘,自是终夏之四百年不臣夏。至汤伐夏,而后邕[②]来臣,故作《臣邕之书》。”骞按:《淮南·齐俗训》云:“有邕氏为义而亡[③],知义而不知宜也。”高诱注:“有邕,夏启庶兄也,以尧舜与贤,禹独与子,故伐启,启亡之。”据此是邕不弟,夏同姓国,亦禹之子矣。《日抄》以为邕至汤伐桀始来臣,而《淮南注》云“启亡之”,亡之者,盖绝之,非灭其国也。此亦见启亲亲之义也。

懒儒寄吴去尘墨龙泉窑斝玉。

初六日(6月1日)　得姚心嘉楗为书。

初十日(6月5日)　河庄归,自海盐携文鱼所寄时少山茶壶,又葭轩制陶印至。

六月初五日(6月30日)　是夕三更,孙女阿珍殇于痘,时年五岁。

---

① “予友”至“何时人”一段,底本无,据稿本补。

② “邕”当作“扈”,下同。

③ 底本无“亡”字,据《淮南子》补。

初九日(7月4日) 始闻蝉声。

二十日(8月13日) 程明道先生曾祖名希振,尚书虞部员外郎;祖遹,赠开府仪同三司吏部尚书;父珦,字伯温,大中大夫累封永年县开国伯;母侯氏,丹徒县令太道济女,累封上谷郡君。先生生仁宗明道元年壬申,卒于神宗元丰八年乙丑,年五十四。明丰城杨廉有《年谱》。伊川先生生于明道二年癸酉,卒徽宗大观元年丁亥,年七十五,见朱子所作《年谱》。

周濂溪先生曾祖名从远,祖名智强,考名辅成,贺州桂岭令,赠谏议大夫。母唐氏,郑氏,左侍禁成都郑灿女,濂溪郑出也,封仙居县太君。濂溪生真宗天禧元年丁巳,卒于神宗熙宁六年癸丑,年五十七。宋山阳度正尝作《濂溪年谱》。

八月初二日(9月23日) 由小桐溪至武林。

十一日(10月2日) 至葛林园访奚纯章。既别,遂游寿星岩,观瀑布而归。

中秋日(10月6日) 偕张芑堂明经访杨进士元凯。杨工八分,有汉人遗意。

二十日(10月11日) 与大兄率儿侄归里。

九月九日(10月30日) 揭晓大儿名次第六,本房淳安令管公,名嵩,江苏吴江县人,乾隆壬申举人。主司为南汇吴稷堂太史,初得儿卷,甚喜,已定为元,既得仁和韩又绮卷,欲易之,管公力争而止。至初六日,竟以韩为解首。

十九日(11月9日) 由小桐溪入城,过松霭著书斋,遂上春芜堰,至武林。

赵晋斋魏言,江西邓孟自云家有谢承《后汉书评》,为晋斋传抄一部。邓见为陕西某县令。

三十日(11月20日) 率大儿东归焚黄。

十月初七日(11月27日) 游槜李,儿照随行。

初九日(11月29日) 抵吴门,晤伊仲贯夫于拜经斋。

十六日(12月6日)　归小桐溪。

予刻宋汤文清注《渊明诗》,求得旧刻《陶诗》,前有陶公墓祠堂及渊明屋图,其祠堂在鹿子坂之下。考渊明故迹见于地志等举不甚详悉,惟《通雅》云:"陶令八十日之彭泽,非今小孤前之彭泽也。古彭泽县在今湖口县东三十里,汉置,晋因之。凡左蠡而北,大孤而东,皆其地。唐武德五年,改彭泽为浩州,迁于浩山下。至今湖口九都号五柳乡,八都号彭泽乡,有三学寺祀渊明。有洗墨池、玩月台,吴草庐为记。南唐始析五柳、彭泽二乡之地为湖口县,见《九江志》。若以小孤江之彭泽县为渊明解绶地,则误矣。"然予所刊之祠墓图,乃柴桑故迹,又非此地也,详后。

宋泯公生弗父何,弗父何生宋父,宋父生正考父,正考父生孔父嘉。孔父嘉为宋司马,华督杀之而绝其世,其子木金父降为士。木金父生祁父,祁父生防叔,为华氏所逼,奔鲁,为防大夫,故曰防叔。防叔生伯夏,伯夏生叔梁纥,叔梁纥生仲尼。

《晋书·天文志》杂气类曰:"东海气如员䆸。"䆸音中茎切,画缯也。明刻本作"员簦",《音义》又作"员登",音登,并谬。《通雅》引陆鲁望诗"谱为听琴阅,园缘看海橙",以为橙即䆸。今刻本鲁望诗作瞪,误。

薄荷产于苏州府学者最良,医家称龙脑薄荷。《通雅》云:"宜兴取薄荷霜,足称婆律之亚,今宜兴不闻有取薄荷霜者。"当入《桃溪客语》。

长至日(1787年2月8日)　方宓之《通雅》,号为详博,然亦有失于深考者。如《器用门》辨画缯云:"橙今作帧。陆放翁有跋画橙作橙。"考《渭南集》跋画橙云:"茶罢偶展此轴,摩挲久之,觉指爪皆香,计此物着霜时,予归镜湖小园久矣。是陆所跋者,实是画橙,而牵合作橙类,于竹格矾绢之属,何耶?阎潜邱多不满药地,殆谓此类与[①]?"

长水李芳,字叔承,号继泉,明□□[②]进士。工画,与文待诏为莫逆交。予常见继泉画于其裔孙聘家,气运绝类衡山,非靖、隆以后人所能到也。

① "与"稿本作"欤"。
② 据《嘉禾征献录》,阙文当作"嘉靖"。

乾隆五十二年(1787)岁次丁未[①]

人日(2月24日) 儿照北上,送之至槜李,次日抵西水驿,与张师载、项根堂两孝廉同舟[②]。是夕,三子赴,友人招予饮水村舟中,夜分而别。

二月十一日(3月29日) 与胡秋读同游武林,时皋亭桃花盛放,留杭至清明后三日始归。舟中唱和,凡得诗十余首。

二十四日(4月11日) 至武原。

廿五日(4月12日) 由武原至洛溪。

三月十八日(5月5日) 为阳羡之游。

二十日(5月7日) 至吴门晤牧庵于拜经书肆。是夕出虎疁。

二十三日(5月10日) 抵桃溪。

廿八日(5月15日) 自桃溪发舟。

四月初三日(5月19日) 在吴门,偕绿饮、枚庵至吴江访杨君复吉。杨君字立欧,号慧楼,乾隆庚寅孝廉,壬辰进士,性喜藏书。是日于座间晤王西庄先生。茶罢,西庄别去,予与绿饮、枚庵小饮于慧楼新楼,黄昏而别。

是日,在吴门书肆购得汲古阁精抄《毛诗阐秘》,书不分卷,乃魏叔子所著。自序谓:"在毛氏授经奏叔、斧季兄弟,为阐发经义,著此书。时在天启四年。"告成后,奏叔、黼季各有手跋。黼季跋云:"商邱

---

① 底本无"丁未"二字,据稿本补。

② "舟",底本误作"夕",据稿本改。

宋漫堂抚吴日，尝游虞山，登汲古阁留信宿，遍观藏书，见《阐秘》，击节叹赏，欲捐俸为刻之。黼季以其师所秘授，不忍割爱，卒不果。从诫其后人，当什袭珍护，时康熙辛卯岁也。”黼季跋后，又有休宁令虞山丁斌跋，称为程生而题。程未详何人，盖此书毛氏散出，又归于休宁之程也。

初五日(5月21日) 薄暮抵家，接寿照二月十八都中信。

初七日(5月23日) 入城，晤松霭。

绿饮前岁游新安，见有以郑旼画《拜经图》求售者，买以见赠，因余有拜经楼也。予受而悬诸楼下。画法倪迂，有萧疏闲淡之致，上题诗云：“治历当辰一荐芹，经延秦焰岂全焚。百篇删定教齐鲁，半壁留遗见典型。书考连丛疑自阙，冤沈掌故训谁闻。只将中道传心法，何事诸儒议论纷。”后书“拜经之作并图，似萦如道兄教靖节攒眉不入莲社，与臧荣绪拜经，皆卫圣教于千古者，非特其事可传而已。郑旼识”。旼未详其字，图章称“师山后学”，又曰“古歙遗民”，盖明末新安一学者，不特工画而已。

初九日(5月25日) 硖石有人夜宿逆旅，值大雨，梦一人冠矮乌巾，面阔丈余，眉两道，色青而赤，细视之，皆蜈蚣。双目则赤□蜿[1]也。掣其人出户外，俄而室内墙崩，床榻悉成齑粉，始知所梦见盖墙神也。松霭说。

五月二十一日(7月5日) 至槜李双溪桥访族谱，适寿照自都门还，遂同舟。暮抵硖石，热甚。是夕借宿于蔡氏，次日抵家。

六月初旬 患滞下，至中元病甚。闻陈微贞患疽而卒枕上，作诗挽之。微贞病方作时，梦人云：“大名柳仲涂来访。”及见，相与剧谈，竟夕而去，寤，以语松霭。考《柳开传》，开以疽发背而卒。心窃忧之，不数日，果殁，亦一异也。

七月 次儿寿旸补杭府诸生。

---

① “□蜿”，稿本作“连蛇”。

八月初四日(9月15日) 仲鱼入都,扶疾送之,并作书寄目耕。

十月初十日(11月19日) 至永安湖送嫂曹宜人葬,以文、芑堂过访于南祠,遂同晚步湖堤,越吴山岭,乘月至金牛庵,坐良久乃还落星浜舟次,夜分始别,予得诗四首。

十一月廿八日(1788年1月5日) 游武林,晤抱经学士,乞为家谱序。

腊月十三日(1月20日) 率次儿为阳羡之游。望日早次吴江过杨慧楼进士,午后抵吴门,邂逅陆贯夫于珠明寺[①]。

十九日(1月26日) 薄暮抵桃溪。

---

① 文中"望日"云云,当系记本日十五日之事,各本均未分段,盖吴氏此日记系后补入,故连日而记。书中类此者尚有数处,不一一指出。

乾隆五十三年(1788)岁次戊申[①]

元日[②]甲子(2月7日)　晴。

初二日(2月8日)　率寿旸至新桥寻卢氏石友堂,拜九台先生遗像,观思陵赐碗。其六世孙蟾桂又出公与夫人手书共读。

初三日(2月9日)　过南门卢岳安家观忠烈像。像装束与石友堂同,左列杨陆凯,右列俞振龙二人像,盖后人因邑志[③]。

十三日(2月19日)　与寿旸游善权三洞。

十四日(2月20日)　是夕桃溪灯颇盛。

元夕(2月21日)　雨雪达曙。

二月初二日(3月9日)　与寿旸南归,晤白斋于吴閶,观蓑衣真人铜印,上有"何笠"二篆字,今归郑点衣。

十一日(3月18日)　抵家。

周生烈,字文逢,敦煌人。尝注《论语》,著《周生烈子》若干卷,今佚。《太平御览》八十七卷载《周生烈子》云:"桀纣是汤武之梯,秦项是大汉之阶也。四逆不兴,则三顺不胜。"又曰七十七卷:"居尧舜之位,而不行唐虞之政者,犹反衣狐白,步牵骤耳。"七十七卷在八十七卷前。

三月望日(3月22日)　儿寿照病目,久不瘥,挈之至青堆就治。

---

① 底本无"戊申"二字,据稿本补。

② 稿本"元日"作"元旦"。

③ 下有脱文,据稿本,此处似有脱叶。

是日绿饮同舟,抵桐乡,过爵余堂。适鄂岩以病不出,留饮于桐华馆,夜分而别。

四月初一日(5月6日) 挈寿照至杭治目。

予尝从倪氏六十四砚斋所藏宋刻《渊明集》摹刊《靖节墓图》及《祠堂图》,祠旁余地皆有亩数。按宋曾达臣敏行《独醒杂志》云:"江州德化县楚城乡乃陶渊明所居之地,诗中所谓柴桑者,宣和初,部刺史即其地立陶渊明祠,洪刍驹父为之祀。祠前横小溪,溪中盘屹一石人,谓渊明醉石也。土人遇重九日,即携酒撷菊酹奠祠下,岁以为常。"集中所刻《渊明祠图》,岂即宣和时所建乎?

十一日(5月16日) 儿目稍瘥,遂东归。

临平山宋时有窣堵波,东坡词所谓"不见临平山上塔,亭亭,迎客东来送客行"。是也。蔡京祖墓在山下,今亦无考。昔方腊作乱,攻陷婺、歙等州,尝入钱塘观灯,遣人发掘蔡氏祖墓,露其骸骨,则临平之墓,殆亦毁于方腊耶?

五月五日(6月8日) 虞道园《题子昂画渊明像赞》云:"田园归来,凉风吹衣。窈窕崎岖,遐踪远微。帝乡莫期,乘化以归。哲人之思,千载不违。"予刻汤文清注《靖节诗》,尝为一赞于像后,当时未见道园此赞也。今日泛蒲觞后,偶观《学古录》,得此,因笔之,以识予愧。

七月十三日(8月14日) 偶患疟,不出户者旬日。

"孔子主司城贞子,为陈侯周臣",赵注以为"陈侯名周",郝楚望驳之云:"考《史记》年表,夫子来陈,当愍公之六年。愍公,怀公子,名越。孔子居陈三年,复去适卫,则愍公之八年也。愍公在位二十四年,楚惠王伐陈,杀愍公,灭陈。贞子与陈侯同死者,故曰'陈侯周臣',周臣即忠臣也。《春秋传》:卫宗鲁与齐豹云:'吾将死之,事子以周。'与此同义,可证周之即忠也。"黄太冲《孟子师说》取之云。但郝氏言贞子先在宋,后去仕陈氏,仍注疏之误。只因司城为宋官名,司城不过掌营城邑,安知陈无是名乎?既已事陈,而叙宋之官名,亦无谓也。

八月初二日(9月1日) 偕许婿学淇至武林秋试,与儿侄辈寓凿石巷。子修来过。

十九日(9月18日) 率子侄辈归小桐溪。

二十四日(9月23日) 薄游阳羡。

二十六日(9月25日) 抵吴江晤杨立欧。

九月初四日(10月2日) 由桃溪至义兴,时许庆初为荆溪令,入署访之。是日仍还桃溪。

初六日(10月4日) 解棹自桃溪南还。

十三日(10月11日) 抵小桐溪。

十月十四日(11月11日) 三女婉慈归海盐朱氏。

《古文尚书序》全不似西汉文字,且字字周到,如今人作呈状,唯恐露一间隙为人所指驳者,此岂出于安[①]国之手哉?至后云:"奉诏为五十九篇作传",而又曰"既毕,会国有巫蛊事,经籍道息,用不复以闻,传之子孙,以贻后代"。夫安国既奉诏作传,则书成当即奏上,亦岂有因他事而并废此诏耶?此皆于理上说不去。

十九日(11月16日) 入吴,阻风杉青牐。

二十六日(11月23日) 抵桃溪,越日返棹。

十一月初三日(11月30日) 至吴趋访陆贯夫于周五郎巷,记观所藏法书金石:明甆一形,类舟,白地,侧一面有"大明嘉靖年制"六青字,上有数窍,如古钱孔。贯夫云:"宫中研纸物也。"古铜印一方,重可三四两,瓦[②]纽文曰:"肖浜张氏家藏。"篆刻极深,而铜亦古,盖宋元人所镌者。

宋拓《阁帖释文》四册,刘次庄书。

旧拓《大观帖》,帖旁有陈怀玉字,乃宋牧仲侄某得旧石,遂拓本流传,后有牧仲手跋。

---

① "安",底本、稿本皆误作"子",据文意改。

② "瓦",稿本作"尾"。

吴匏庵书《鬻子》二卷、《鬼谷子》三卷。

陆友仁《吴中旧事》一册。

旧抄《临汉隐居诗话》一册,纸墨极古。

俞紫芝书《渊明诗》一册。

陈白阳书《湖山椒山二人诗》二册。

贯夫又云:"吴中顾氏藏宋刻《尔雅》二种,议直极昂,不知是何本也。"

初四日(12月1日) 犁明挂帆至松陵南郭外,即入城访杨立欧,茶话而别。

祝文彦《闻见卮言》:"石门劳卷星家有铁蕉树干,高不过四五尺,而层层剥啮,若蠹蚀然,叶如凤尾草,以手拂之,坚劲欲刺,不敢近,须时时以铁钉密插其干,月余则销蚀殆尽,一次需铁十余斤。后其家贫,不能具铁,蕉乃枯萎垂绝。铁蕉产滇中,五行金克木,今木乃克金,此反克之义也。"

又曰:"《永乐大典》,敕儒臣胡广、王洪等所编,计二万二千八百七十余卷,因卷帙浩繁,未得刻板,止有写本,于文楼安贮。嘉靖间火,幸未至灾,阁臣徐阶复命儒臣照式摹抄一部。自嘉靖四十一年,至隆庆元年始竣。日用官生一百八名,每名日抄三页,今古书籍之大部,无出于此者。八百七十卷,《韵石斋笔谈》作七卷。《羲经十一翼》,明慈溪傅文兆著,分《太初易》、《古周易》、《玩词》、《观变》、《观象》、《玩占》等篇,推明古《易》序次,辨论汉儒乱《易》根因,为学者所推。

《卮言》谓:"《唐书》'能挽两石弓,不如识一丁字','丁'当是'个'字之讹,本意谓两石弓不如一个字也。"《续世说》亦曾辨之。

初五日(12月2日) 过硖石,观张坤符所藏书画。坤符之先海盐张之给使,今已遣戍,颇工书,堂室书签皆其手笔。是日由洛溪归里。

《银河棹》,六壬书也。不见于经籍志,或以为刘伯温著,非是。族孙英达得一抄本,予取视之,率浅鄙不经,疑非真本。按《闻见卮言》:“余少馆友人家,见有抄本术书,今忘其名。其中天文、地理、飞升、黄白,以至行兵劫阵及取物咒人之事,无所不具。友人笃信之,值世乱,欲借以倡事,不成而死。今此书不知落在何处,因思刘诚意当年得《银河棹》一书,亦大约相似,所以西江①卜者用为课命之秘;刘得此遂为行兵之机。”据此,则非诚意所著可知已。

《历代三宝记》三卷,隋费长房著,见《唐艺文志》道家类。注云:“长房,成都人,隋缙经博士,”此与东汉费长房同名姓者。

二十日(12月17日) 棹舟入城,中途暴风陡作,一叶几覆,至三里桥不能登陆,遂回船抵诸桥。日已暮,风势转恶,夜投宿徐铿韶茂才家。

《唐诗纪事》第四十一卷列徐凝,五十二卷复有徐凝,此当是一人两见。

醉司命日(1789年1月19日) 《枫窗小牍》载,汴京闺阁“宣和已后,多梳云尖小额,鬓撑金凤,小家至为剪纸衬发,膏沐芳香”。今武林俗尚略有此风,盖犹沿东京遗风欤?

---

① “西江”,稿本作“江西”。

乾隆五十四年(1789)岁次己酉[1]

元日(1月26日) 仿杨孟载《元日试笔诗》二首赠映堦侄。宋阎贵妃攒所在显慈集庆寺□□□,载《咸淳临安志》。按:寺在西湖九里松,淳祐中敕建。今杭城盐桥人家后圃有古冢,或云阎妃墓,且时见靓妆妇人,岂别一阎妃耶?阎在理宗朝,宠擅一时,《山房随笔》及《随隐漫抄》、《钱塘遗事》中俱有其事。

二月望日(3月11日) 至武林,晤陈映千,出《东湖弄珠楼诗》,索余和二律。

何义门。

四月朔日(4月25日) 唐褚元量字宏度,苏颋作公神道碑,称公曾祖仁宏,陈始兴王法曹参军。唐人最重讳,公字犯曾祖讳,不可解也。

五月十一日(6月4日) 至武林,哭水村于莱园。

海盐金粟寺法堂有独桑鼓,相传孙吴时战鼓也,近人颇著于题咏。予细察之,殊不似千五六百年物,似未可信。昔钱武肃王尝过金粟寺,留连道场,或者曾舍此鼓于寺。后人传讹,以吴越为东吴,未可知耳。

闰月 入城观安国寺前荷花。

明马后尝以铜床炙死碽妃。吴越元珦骄纵不法,用铁床炙属吏,臭满城郭。凶人作事,大都有所本,故君子恶夫始作俑者。碽妃见《南

---

① 底本无"己酉",据稿本补。

京太常寺志》。

六月 乾隆初年,海宁南门外有海马二,乘潮而至,潮退游于沙岸,色黄而赭,风鬃雾鬣,神骏超卓,异于凡马。有时戏于浪中,出没如游龙,观者日数千人。或投以瓦砾,然终不能近。旬余始去。昔徐铉尝入直澄心堂,至飞虹桥,马辄不进,裂鞍断辔,掣缰却去。铉遣信咨僧赞宁,宁曰:"下有海马骨,水火俱不能毁,惟沤以腐糟,随毁者是也。"铉斸土,果得巨兽骨,若段柱然。积薪焚三日,不动,以腐糟沤之,遂烂焉。马殆即此马欤?惜无人能絷之者。

予自朔日病脾泄,兼冒暑日数行不食,至十八日少瘥,知前一日已立秋矣。朱文公至临安,尝寓于李博士桥。按在今中河,与棚桥、千胜桥相近。李博士名性传,字曰成之,宋宗正寺主簿李舜臣之子,宁宗嘉定四年进士,历转运干办行在诸军审计同进,迁武学博士,寓居于此,以修武志,故名其巷曰"武志",桥曰"博士桥",最低小。国朝康熙中重建。

人家墙壁间有虫,不见其形,其声隐隐,如以筯头叩几案,一呼吸间,常十余声,移时不绝,此殆所谓窃虫也。按封演《闻见记》:"人家有小虫,至微而响甚细,寻之卒不可见。俗人以其难见,号窃虫,云有此者不祥。余曾睹此虫,大如半胡麻,形类鼠妇。有两角,白色,振其头则有声,或时暂止,须臾复振。床壁窗户之间,暗黑之处多有之。拾遗孟匡朝贬贺州,作《窃虫赋》,比之鬼蜮,似都不识此虫。"

二十日(8月10日) 前三日立秋,久不雨,桔槔之声,晓夜不彻,为农者亦良苦矣。

《鹤林玉露》载:"周益公、洪容斋尝侍寿皇宴,因谈肴核。上问容斋:'卿乡里所产?'容斋,番阳人也,对曰:'沙地马蹄鳖,雪天牛尾狸。'又问益公,公庐陵人也,对曰:'金柑玉板笋,银杏水精葱。'又问一侍从,浙人也,对曰:'螺头新妇臂,龟脚老婆牙。'上为之一笑。"罗以为四者皆海鲜也。余亦浙人,生长海滨,至今不知此四者为何物,当俟博闻者而叩之。

暴[①]书日(8月27日)　叶石林《避暑录话》载:“元丰间,监黄河归[②]武臣[③]射杀一龟,未几死而还魂。云为龟诉于阴府,力自辩,龟数败归,以其职杀之。故得免。而阴官韩魏公也,宜其聪明正直,以理而得免武臣之死。”昔予伯氏游义兴,有人赠一巨龟,可数十觔,载归,将烹之。予力请于伯氏而纵之于海,时八月十八日也。祝祥发大令方馆予家,和予放龟诗,有“长史报德”之语。然予岂有望报之心哉?亦庶逭罪戾而已。王梅溪尝上疏劾史浩。世传《荆钗记》乃浩门客所作,以蔑龟龄,不知然否。予尝观《萤雪丛说》云:“金人有致祭仁宗皇后文,杨大年捧读,空纸无一字,随自撰曰:‘惟灵巫山一片云,阆苑一团雪,桃源一枝花,秋空一轮月。岂期云散雪消,花残月缺。伏惟尚飨!’仁庙大喜。”今《荆钗》祭江,亦有是语,如果史氏客所为,则非特名节所关,且欲陷夫人于大逆,其意亦甚酷哉!

二十八日(9月17日)　是夕硖石智标塔灾。

八月初二日(9月20日)　自小桐溪[④],由硖石至武林。时以久旱,不能取道,上河抵北新关。易小舟入城,寓三角荡卢氏。

中秋夜(10月3日)　招周耕[⑤]厓、吴榕园东台寓斋小集。是夕无月,即席有诗二首,邀诸君和。

十六日(10月4日)　子修以徐道冲《观瀑图》见视。图为禹鸿胪笔,诸题跋甚可观。道冲,嘉炎子也。

廿七日(10月15日)　与次儿归小桐溪。

九月初二日(10月20日)　至青堆,绿饮以《元一统志》九大册赠我,希世有也。志为集贤殿大学士孛兰肹、昭文馆大学士岳铉编

---

① “暴”,稿本作“曝”。

② “归”当作“埽”,下同。

③ 稿本“臣”下有“吴”字。

④ 疑脱“解舟”二字。

⑤ 底本无“厓”字,据文意补。

上。《千顷堂书目》以李兰肸为卜兰溪，张季才《补元史艺文志》作卜兰禧，《居易录》以为岳璘撰，并误。

重阳日(10月27日) 雨。是夕与大兄胡秋读小饮山馆。一年佳节，不忍辜也。

十七日(11月4日) 与次儿登舟为阳羡之游。

十八日(11月5日) 过硖石，晤应和。

十九日(11月6日) 至槜李金陀坊，寻子修于朱介裴家。时介裴以老贫复出山，选授□，喻令引□见，改授大同府广灵县，晤其叔子敬民、季子某□□，出元人所画《胡烈妇杀虎救夫图》。烈妇，枣阳胡平妻也，事详《元史》。复偕子修、敬民访钱坤一侍郎于百福巷。侍郎时年八十有二，而神明不减少壮，为余题顾文康诰轴及沈石田《连山夹硐图》而别。又过陈效曾，效曾病十余年，是时小间。暝后与子修饮于陶舫。

二十日(11月7日) 雨中过松陵，访杨立欧午饭。出观宋本《岩州图经》，绍兴己未知府董弅序。其书乃宝庆年中重修，首列诸图，楮墨极精，而惜乎不全，并不知其卷数。此书未见于前载，虽残帙，亦可宝也。系蠡里严豹人物，凡州府城垛皆方，唯严州府城垛形圆如花瓣，俗称梅花城。按宋刻图岩州府城及子城形皆然，知其来尚矣。按：董弅官至待制，其墓在宜兴县漢山，见郡志。弅字令升，未详何地人。费衮《梁溪漫志》："后汉马文渊、路博德皆尝为伏波将军，又皆有功于岭南。海上有伏波祠，古今所传，莫能定于一。政和中，修《九域图志》，以睢阳双庙为例，令祀两神。绍兴乙卯，董令升舍人弅为吏部郎，以尝持节广西，乞两庙封爵一等，诏从之。"①

姚江云："常快活是功夫。"任王谷云："持其志，无暴其气，便是快活。"

廿三日(11月10日) 清晨过虎喫，晚泊江尖。

---

① "按……诏从之"一段，稿本为眉批。

廿四日(11月11日)　抵毗陵,访抱经学士于龙城书院。灯下见其二子一孙。次儿有即席呈学士诗。

廿五日(11月12日)　晨起走辞学士,并以诗留别,复过赵味辛中翰家。时味辛游桐乡未归,学士复偕其授业臧君在东过舟中送别。在东名镛堂,郡诸生,亦好古力学之士。

廿七日(11月14日)　午至义兴,观旧籍于蛟桥书肆。晚抵桃溪。

十月朔日(11月17日)　常年孟冬朔,必往先墓焚黄。今岁当后期半月矣。

初六日(11月22日)　同寿旸过义兴史氏书斋,登其楼,尽见铜官诸山,楼下一池泓然而深。主人一老诸生,出示宋板《山谷刀笔》十六卷、唐《张文昌集》六卷,纸墨皆古。又东坡墨迹,似未真。

初十日(11月26日)　过虎邱钱氏肆,观各书:宋板《夷坚志》足本陆敕先题字甚多,此书与世行本绝异。《二陆集》原名《陆氏二俊集》,敕先依宋刻校正。《周此山集》、《青江碧嶂集》二书皆旧,疑即汲古毛氏物。《石林燕语》明刻本。

陆白斋藏唐四神回光镜一,颇可观。又有明景泰、天顺、成化三朝赐韩襄毅公手敕。

十一日(11月27日)　翟去疾,吴人,工草书,有《临书谱》。近日有人借为己名以刻石。

沧浪亭故址在□殿,非今所谓沧浪亭也。白斋云。

唐子畏葬于横山,祝允明有墓志,可证宋牧仲所修桃花坞唐墓不足据。

十二日(11月28日)　李甘来,蒲台人,贡生,顺治中曾为江阴县丞,见《常州府志·职官表》。

黄昏抵吴江,随入城访慧楼,适为吴门之游,不值。长嗣蔚云出晤,并观其近所作设色翎毛花卉画,俱有致。钱范之名,不见于前载,《朱竹垞集》始著之。近贯夫得一新莽时物,其中央合处有阳文凸起一“母”字，乃知此物古名“母”而不名“范”也。

投金濑在溧阳县西四十里地，名南渡。太白有《濑江贞义女碑》，载《唐文粹》。此碑不著于《金石录》，不知何人所书。孙克宏《碑帖目》及于奕正《天下金石志》俱载此碑在溧阳县，而不著书者姓名。

十三日(11月29日) 禺中至硖，过应和兄弟。是夕子修来，小饮舟次。

十四日(11月30日) 抵家。

十六日(12月2日) 仲嫂沈氏六十生朝，戚友俱来会。忆先子若在，今日恰百龄初度矣，不禁泫然。嫂称未亡人，亦三十有七年矣。

十一月朔(12月17日) 入城访松霭。

长至日(1790年2月5日) 至槜李。

《清波杂志》云：“煇自四十以后，凡有行役，虽数日程道路倥偬之际，亦有日记。以先人晚苦重听，如干盅次叙，旅泊淹速，亲旧安否，书之特详，用代缕缕之问。记向年货田句金未遂，取途三茅，得新刊山图而归。濡滞良久，殊失倚门之望，因思昔渊材久出，其家日望其归，归必携一布囊，人谓其间必珍货也。后数日会亲戚，启囊乃欧阳公《新修五代史稿》数帙、李廷珪墨一笏而已。煇用此书于日记后，先人为之一笑。”按：煇自四十后始著日记，用省亲问。予作《日谱》，亦在四十后，而先人弃养久矣，可胜恨哉！书之以示后生云尔。

《庄子·达生》篇：“单豹张毅。”宋郑景望谓：“单当读如丹朱之丹。张毅、单豹，皆寓言也。”详《蒙斋笔谈》。

杜诗：“东阁官梅动诗兴，还如何逊在扬州。”今人作梅诗，动以扬州为口实。按《墨庄漫录》云：“东晋、宋、齐、梁、陈，皆以建业为扬州。则[1]逊所在之扬州，实建业，非今之广陵也。”

余有佃户何姓，豢豕，生数子而死。家有犬，代乳豕子，至能自食而后止。乌呼！谓畜类无知可乎！何居在横涨桥先大父墓侧。

---

① 底本“则”上衍一“然”字，据《墨庄漫录》删。

初六日(12月22日) 晨过鸳湖。

慧山泉水久留不败,宋时尝入贡。《墨庄漫录》载:"政和甲午,赵霆始贡至,靖康丙午启封,而水味不变。"吾郡临平安平泉为远近所推,但留之数日辄败。东坡赏之,有"近揖虎跑,远交慧锡"之语,虎跑即吾不知,若慧锡则恐非耐久交矣。

初七日(12月23日) 自鸳湖返棹,停午至硖石北关访吴应和,不值,始知子修北行之信,为之感叹。时子修姊婿张致高,以事被急征,童仆星散,独子修慨然送其北行,此谊亦世所难也。

十三日(12月29日) 率儿照至吴阊,是夕泊由巷。

十四日(12月30日) 薄晚抵吴江,晤慧楼。

东坡于关中驿舍壁间见一诗云:"欲挂衣冠神武门,先寻水竹渭南村。却将旧斩楼兰剑,买得黄牛教子孙。"或云姚嗣宗诗,见《侯鲭录》。

望日(12月31日) 访陆贯夫于周五郎巷,见颜平原印章,甚古。

十六日(1790年1月1日) 同贯夫过毕秋帆直指第,晤江处士声、张文学止原。处士家葑门,喜古篆,时在毕第辑《尚书郑氏注》,皆古字书之。止原,金陵人也。

夜明砂出南翔,大佛寺净因堂僧所收者最佳。

予在陆氏,见有持《播芳文粹目录》数十叶示贯夫,宋椠颇精,云:"向有不全《文粹》卖时,撤去此目,使人无可质对。"书估狡狯,往往如此。此书世传多抄本,朱竹垞尝在昆山徐氏见宋椠本,以为风中落叶,为之顿清,不知即此本否。

十八日(1月3日) 抵家。

廿四日(1月9日) 至青堆访以文,不值而回。

廿六日(1月11日) 以文偕禹新过访。禹新从云间来,携宋拓《圣教序》,后钱士升跋。

十二月初二日(1月16日) 黄昏后解舟游武林。

初四日(1月18日) 晨刻入城,过擘斋学士,诒余新刻。

初五日(1月19日) 谒窦东皋先生于学使署。

过赵禄生斋,见宋忠州团练印,柱纽背有“乾道三年文思院造”,篆法粗俗,视予所藏十都虞候印,相去千里矣。

初八日(1月22日) 抵家。

十四日(1月28日) 是夕月色甚佳,二愚兄来山馆同赏,云每岁惟此夕正当天中。昔人诗云:“一年几过月当头。”盖非十二月十四之月[①]不能当头也,验之良然。

十五日(1月29日) 为荆南之游。周虞嘉以《关帝征信编》赠行。

十六日(1月30日) 晤子修,出观明缪忠节公、黄石斋先生手书诗卷、祝开美先生家书。子修以开美家书索跋。

《韩非子》曰:“婴儿不剔首则腹痛,不揊痤则寖。盖剔首、揊痤女一人抱之,慈母治之,然已犹啼呼不已。婴儿子不知抱其所小苦,致其所大利也。”《礼》曰:“择日剪发为鬌。”周勤补云:“剔首即剪发。”

十七日(1月31日) 薄暝抵吴门。

《杂记》“泄柳之母死”,“泄”,唐石经作“世”。周勤补曰:“《汉艺文志》有《世子》二十一篇,盖世为姓。世子名硕,周人,尝作《养书》一篇,见《论衡·本性篇》。”

十八日(2月1日) 晨起访贯夫,知芑堂前日在吴。

禺中过虎瞟。

祝月隐先生与弟书云:“日来痰血不止,加之背胁作痛,不能侧左,不能仰卧,苦不可言。徐虞翁所以施于我者厚矣,《礼》云:‘君子不竭人之懽[②]。’况虞翁清介之守,求之或允,未必[③]受所酬,此我之所以再三疑也。今势已迫,不得已,作一字与徐显老商之,探虞翁有公

① 稿本“月”作“日”。

② 据《礼记·曲记》“懽”当作“忠”。

③ 稿本“必”作“如”。

牍甚妙,若显老有难色,再与于贞瑕兄走云间一路,亦佳。三弟南京之行,甚是可已,年甚少,当埋头筑基,即使侥幸科举,亦复何益。此意亦宜与四五弟说知之。近来病体虽进,自觉理义悦心,极世间荣华富贵,总不如我本地风光。弟同诸弟,亦须理会得此一段光景,便是生不虚生。凡有待于外来者,都不是我实身受用处。为名为利,其丧失本心一也。兄某字。付二弟览入。"按:书所云徐虞老,当即嘉兴徐襄愍公。中多见道真切[①]语,学者宜书一通,置之座右,岂直为先生之家书已哉?聂崇义作《三礼图》,前有窦俨序,今通志堂刊本误作聂自序。予尝于姑苏见宋刊本,其首系衔云:"翰林学士正议大夫礼部尚书知制诰兼修国史赐紫金鱼袋窦俨序。"

窦俨,当考《宋史》。按《宋元通鉴》,建隆三年,崇义进《三礼图》,尹拙驳正,崇义复引经释之,诏令尚书窦仪裁定[②]。

十九日(2月2日) 清晨过锡山。

勤补谓:作《书传》之孔安国,非汉之孔安国,乃晋孔愉之弟六子。此据《续晋阳秋》,《晋书·愉传》作三子。

汪安国[③]安国,字安国,以儒素显,武帝甚见礼遇,其作《书传》,本传虽不言,但其从祖丹阳太守冲为许孜所师事,受《诗》《书》《易》及《孝经》《论语》,则孔氏之明于《书》,乃其家学云。

偶从吴市买得小菱花镜,背有蟠龙,青丝极深。以示贯夫,云六朝时物也。予因效六朝体作小乐府云:"买得菱花镜,清光比月多。妾心当自照,君意定如何?""绣带双龙结,香奁百宝装。早知少圆理,懊恼不成方。"方镜,六朝制也。

二十日立春(2月3日) 晚次宜兴,乡人王宏远招引春酒。

世以《灵飞经》为锺可大书,此因董文敏所定也。金坛王蒻林云

---

① 稿本无"切"字。

② "窦俨……裁定"一段,稿本为眉批。

③ "汪安国"三字,稿本为小字。

是唐经生手笔，其言曰："《灵飞经》自宋元来不著，至有明万历中始有名于时。董思白深爱此书，以为锺可大每欲写《法华经》，必纵观许时，而后书之。余按：后款称'大洞三景弟子玉真长公主'，可大生平未有斯号，则知非可大书。余得唐经书《三弥底论》于淮阴，与此书字形笔法，无[1]毫发异，其非可大书无疑。可大人固无取，思白位高名重，妄以己意题署，百余年来，无敢有异论，故特正其伪。"据蒻林所谓唐经生书，虽出于臆度之辞，然吾乡陈氏刻渤海藏真帖中《灵飞经》，直刻"锺绍京书"，则亦乖阙疑之道矣。

二十一日(2月4日) 蒻林《跋怀仁集右军书圣教序》云："文皇之序，降于贞观廿二年八月。文皇以是年二月幸玉华宫，十月乃还，则此序自玉华宫出也。又塔铭称天皇大帝居春宫，以廿二年夏六月制《述圣记》，则亦当以八月同降自玉华宫，故于《述圣记》之末总而记之曰，'贞观廿二年八月三日内出'也。"予见近日流传《圣教序》，多至八月三日止，并无"内出"二字，惟魏禹新所示本有此二字。其他佳处尚多，不能悉记。

李廷相字梦弼[2]，锦衣卫籍，濮州人，弘治壬戌进士，累官户部尚书兼太子宾客赠太子太保，谥文敏，有《南铨稿》二卷，《联句》一卷，见《千顷堂书目》。文敏双桧堂藏书甚富，予收得宋椠《王梅溪注苏诗》，文敏旧藏也，有其收藏图记。

阻风涧北。

二十二日(2月5日) 晨抵桃溪。

足上乳肉用黄糖实龙眼壳内，面糁樟脑少许，合乳肉上，以绳缚定，夜卧则治之，昼起可不用，久而乳肉自去。黄糖须用湿者。

二十六日(2月9日) 夜大雪雨。宜兴丰义震死一不孝子。

二十七日(2月10日) 夜雪。

---

① 底本无"无"字，据《竹云题跋》及文意补。

② 底本"梦弼"二字为空格，据《皇明贡举考》等补。

乾隆五十五年(1790)岁在上章阉茂[1]

元日壬午(2月14日) 晴。

人日(2月18日) 蕺山先生云:"学者今日见得道理是这般,明日见得道理又是这般,大约只是意兴所到。意兴者,浮气也,浮气耐得几许时,故所见屡迁,终无实得。如今第一划除浮气,浮气既除,才可言自得之学。'有恒为入圣之基',只是无浮气。"又曰:"大凡作事,发于意气。意气所到便勃然,意气既衰便索然,纵强自支持,决不能久。此等人虽小道必无成,况为学乎?断其病原于不诚,故曰:'有所见便是妄也。'还问主人,即此二则话是偶然见得如此,是实落体认得如此,若是偶然见得,未免仍属意气,莫于病上加病。"

以上并见《祝月隐先生遗书》。

上元日(2月28日) 吴起楼居宜兴西门,有仆夫连顺尝偕侪辈六七樵于铜官山,时正月中也。行至一处,忽闻桂花香气甚烈,异而迹之,果得老桂七八树,大皆合抱,金粟离离方满枝,竞以樵斧伐之,各抱数枝以归,见者无不惊怪。时抵家已醺黑[2],诘朝率众复往,竟迷,不复得路,遂怅然而返。其花养之瓶中,又数日始谢。此溪南族

---

① 此年底本、夏斋本日记前有"日谱起庚戌正月。兔床子"题记两行。

② 夏斋本"黑"作"昏"。

人芳池为予道之，闻连顺今尚在云[①]。

二十二日(3月7日)　千仲侄至桃溪，时以西氿失风，行装尽濡[②]。

二十九日(3月14日)　宋鄞袁文作《瓮牖闲评》中驳洪庆善解《论语》云："鲁人为长府。闵子骞曰：'仍旧贯，如之何？何为改作？'"谓鲁因子骞一言，遂不作长府，以《春秋》不书知之也。然《左传》昭公二十五年，鲁欲逐季氏，而昭公居于长府，则是鲁已作长府矣，非因子骞一言而不作，庆善失之。"予谓鲁人作长府，盖鲁人见长府偶有倾颓，遂欲彻而更新，闵子以其劳民伤财，故劝其不若就现在规模稍为修治，所谓"缮室葺墙"而已，鲁人亦未尝因闵子一言而竟弃长府于不顾，又安见昭公仓卒避乱，而居改作之长府，而不居仍旧贯之长府耶？又按：长府本鲁藏名，鲁虽空乏，当不至并府藏之所皆无之，闵子之告以"何必改作"，亦是贵德而贱货之意，袁氏云云，殊昧本旨。[③]

晦日[④](3月15日)　自桃溪南归，午至虾虎城，过万瑱为小兰山房。是日[⑤]作诗寄示千仲。

陈简斋晚居青墩，尝教人云[⑥]："本朝诗人之诗，有慎不可读者，梅圣俞；有不可不读者，陈无已。"见《却扫编》。

---

① 本段稿本又系于人日之下，作"吴起娄居宜兴西门，有仆连顺尝偕侪辈数人入铜官山采樵，时正月中。偶至一处，忽见岩桂七八株，花丛满林，香气触鼻，与秋桂无异。诸人竞前攀折，各执数枝以归。日既暮，相约明早再往，及次日复入山，再寻昨路，了不可得，竟无一人能记识者，遂怅然而返。其桂花养于家，又数日而落。西溪南族人汉逵芳池说，云连顺今无恙云。"

② 稿本作"时以西氿被风处舟，行李尽溺"。

③ 底本无此条，据稿本补。

④ 稿本"晦日"作"二十八日"。

⑤ "自桃溪南归……小兰山房"一句稿本作"自桃溪解舟，至宜兴万茂才瑱为亦宜舫"，"是日"作"舟中"。

⑥ 稿本作"陈简斋晚岁卜居青堆，常语人云"。

二月朔日壬子(3月16日) 朝发宜兴,晚至无锡,宿江尖。

初四日(3月19日) 过吴门。予目赏梁溪秦梧园画,至是有为予购得之。蓬窗颇有卧游之适。

初六日(3月21日) 午后至槜李,邂逅陈奉峨、丁诚之两秀才,复与奉峨渡南湖,至鳖古任氏馆而别。

初七日(3月22日) 已刻经硖石,晤应和,以荆南酒寄钱坤一侍郎。薄暮抵家。

予旧藏《浙西水利书》十卷,乃季苍[①]苇家钞本。宋宜兴单锷著《水利书》,极为东坡所赏,其书今不可得见。《浙西水利书》为元任仁发著。考仁发字子明,号月山,年十八举于乡官水监。元时为水议者,皆仁发主之。工绘事,其画马[②]学赵松雪。见《庚子销夏记》。予尝谓饭不用下物,只淡咀细嚼有至味。偶见《横渠先生书》云"读《孝经》如食米稻,欲下盐豉者,且看《西铭》",乃知古人先得我心。然予不知《孝经》,亦不知《西铭》,徒能吃饭而已。

十五日(3月30日) 入城过著书斋。时《杜诗双叠谱》将入梓,松霭以样本出视。

十九日(4月3日) 随伯兄率侄辈杨村扫墓。

二十日清明节(4月4日) 姚心嘉大令自蜀中走人致书,并得云士抵成都后第一信。

二十一日(4月5日) 率两儿之吴中。

二十三日(4月7日) 访秦梧园于虎邱,不值。

二十四日(4月8日) 至松山。山在虎邱西北,入无锡县境。山不甚高,松林一带与残桃相掩映,远近如画。昔王叔明有《松山书屋图》,见《庚子销夏记》。惜予身入图中,而不逢叔明其人也。晚泊方桥。

二十五日(4月9日) 晨过山塘。

---

① "苍"当作"沧"。

② "工绘事,其画马",夏斋本作"工绘马"。

沈埈字峙公，钱塘人，博学工诗文，帅学使念祖荐举鸿博，汤西厓诗文往往倩其捉刀。姬[①]人陈结之亦能诗，《厉樊榭集》有和沈峙公鬻书诗，结之亦自题一诗于卷后，项水村尝见之。

章继泳，绮堂太史子也，坐罪远戍。妇汤[②]氏，年三十余，走数千里寻其夫，同卒于戍所，无后。绮堂有庶孙珮玖，少留于杭，娶妻生一子，今夫妇皆死，惟一妾尚存，抚其孤。绮堂一脉，惟此而已。继泳号信园，杭大宗先生有《送许贻丰之广西序》，即其事也。

妇汤氏，陈仲鱼与之为中表姊妹，言妇寻夫始末甚详，云妇随一老苍头间关寻夫，未抵戍所。去久之，忽苍头还报妇至中途而殁[③]。

二十七日(4月11日)　禺中抵吴江，与寿旸过杨慧楼。

二十九日(4月13日)　过硖石，与应和同游紫薇山而别，黄昏抵家。

三月朔日辛巳(4月14日)[④]　《礼记·檀弓》"梁木其坏"下，谢叠山曰："刘尚书美家藏《礼记》，有'则吾将安仗'五字"。任钓台作《礼记章句》，以为今《家语》亦此句，遂取以补入。

初六日(4月19日)　新旧二盐仓，各有海神英济侯庙，年例赛会，今岁特盛，亦太平景象也。

《东医宝鉴》有治狐术，见《子不语》第十九卷。

十三日(4月26日)　午后登舟，为荆南之游。

十五日(4月28日)　晤秦梧园于虎邱。

古"是"、"寔"字通，《大学》"寔能容之"，《秦誓》作"是能容之"，其实一也。陈目耕昔为予锓藏书铭曰"昔贤诒厥之名言，是可为拜经楼藏书之雅则"，或疑此是并用，不知"是"即"寔"也。

---

① 稿本"姬"上有"樊"字。

② 底本"汤"作"某"，据夏斋本及文意改。

③ "妇汤氏……中途而殁"一段，稿本为眉批。

④ 稿本有眉批："入《桃误客语续编》。"

十九日(5月2日) 抵桃溪。

二十二日(5月5日) 复从桃溪至宜兴。

五德之说,见于《易·乾凿度》。《后汉书·郎凯传》:"凯条便宜对曰:'孔子云三百四岁为一德,五德千五百二十岁,五行更用。'"《汉志》只言一代一德。

二十五日(5月8日) 晡时抵吴门,时值赛会,街衢填咽。

二十七日(5月10日) 泊垂虹亭,同千仲侄过杨立欧,出见其孙越郎,抱经学士所名震祥,而予为作诗者也。

二十九日(5月12日) 至硖石晤应和、子修,记观三相:一《朱子早朝图》,明何焯写。朱子执笏端冕,神采奕奕,使人肃然生敬。其貌苍而臞,与书籍中所刻者绝不同也。

一《项子京抚琴图》,首行小篆题"墨林先生小像",后有陈眉公及醒神题字。醒神未审何人。又有周延儒题七律一首,诗字颇佳。

一《赵文度像》,头顶僧帽,身着褐衣,露两胫,足系草履,作行脚状,背负小轴,楷书"西方公据"四字。像为曾波臣笔,文度自为之赞,董文敏为书其上。赞末句云"急走急走,日将到西",盖其临终之遗偈,而文敏即以追题其上方也。

右三轴皆神品,惟墨林乃嘉靖时人,当非鹅笼生所及见也,是可疑耳。

是晚抵家。

四月朔日辛亥(5月14日) 孛兰肹《元大一统志》"威州"下载:"风俗:人衣羯,羊皮草[①]鞋,妇人多戴[②]金花,家以琴瑟,穿悬珠以为饰。《元和志》云[③]。"案:今所传《元和郡国志》,未尝有"风俗"一门,

---

① 底本"草"误作"革",据稿本改。

② 底本"戴"误作"载",据稿本、夏斋本改。

③ 《太平寰宇记》卷七十八作"衣褐,羊皮辂。鞑,妇人多戴金花,串以瑟瑟,而穿悬珠为饰。"

而《元一统志》引之，岂古本有之耶？威州即唐维州。

初六日(5月19日) 至槜李。

宇内鼎鼻山有二处。《太平御览》引《十道记》曰："鼎鼻山，周道衰微，九鼎沦一于此山之下，其水澄清，今民又获其鼎耳。此山盖在伊洛之间也。"又《元一统志》云："鼎鼻山在彭山县东北二里，一名平盖山，以山形曲如鼎鼻，故名。"

二十日(6月2日) 至武林。

二十五日(6月7日) 寓褚堂真武庙，宋琼花园故址也。

五月朔日辛巳(6月13日) 魏小洲来问目疾。

初四日(6月16日) 鲍绿饮自青堆至杭，以夕阳诗见视，予为序而刻之。

闻吴山书肆有宋刊《琬琰集》，不得一见。

初七日(6月19日) 吴东台自硖石来，同寓。

初八日(6月20日) 雨中绿饮来道别。

十七日(6月29日) 目疾渐愈。午后登舟东归。

十八日(6月30日) 晨雨过长河堰，午抵家。

廿一日(7月3日) 先慈讳日。

廿二日(7月4日) 河庄归自都中，是日始晤。

六月朔日庚戌(7月12日) 入城过著书斋，松霭旧藏黄石斋二迹，时方刊其所辑《杜诗双声叠韵谱》，拟售二迹，以佐剞劂。而绿饮适欲求石斋书画，予因代以二十四金购之。二迹一为《孝经赞义》，乃先生在狱中所书者，末题"崇祯辛巳秋某又识"。书法精楷，有钟王遗意。闻《赞义》曾有刻本，而予实未之见。其一乃写其游历所见奇松，或三或五，离奇诡怪，上方各记其所在。开卷题"云海来朋"四大字，又云"壬申阳月廿九日集诸髯朋为寿"，皆八分书。跋云："仆自天放栖迟云水，遂逾夏秋乃抵里舍，入门解装，为十月廿八日。亲朋集聚，醵韵举觞。明日□九其初度也，仆固蒯缑□矣。集兰茝余芬，无复足佩；莕裳荷衣，贻赠为难。循览旁皇，无可供诸君佐其觞咏者。唯忆自涉江以来,百卉凄腓,千秋之缘,孤存松文,令川岳有灵,乌鹿俱倒仆,与□尚留数尺,得支撑无□也。因录自夏秋以来所见,南都而下,如黄山、天目、洞庭、天台诸髯翁,□□□数十□,蹁足褰裳,戏弄笔□,□□毋谓是谷城顽物,复假赤松玩人也。十月廿九中[①]夜,觅火书于石人桥头,天放石人□□黄道周顿首。”

其[②]卷高八寸,长一丈八寸。按先生生于万历乙酉,至崇祯壬申,乃四十八岁。然则初度非齐年,而亲朋集聚称觞,先生又手写此图,以寓自寿意,洵一时佳话哉!二迹并纸本。

二十七日立秋(8月7日) 龙九子,见《潜确类书》:蒲牢好鸣,形钟纽上。囚牛好音,形胡琴上。蚩吻好水,形桥梁上。嘲风好险,形殿角上。赑屃好文,形碑碣上。霸下好负重,形碑座上。狴犴好讼,形狱门上。狻猊好坐,形佛座上。睚眦好杀,形刀柄上。

二十九日(8月9日) 至硖石晤二吴。应和卧病,子修出,见新装各书画。《吴贞肃公尺牍》一本予家所藏,先妣程太孺人从外族携来。戊申冬,予分一赠应和兄弟为世守,仍自藏其二。

文待诏山水设色立轴一纸本,色稍闇。项易庵《三招隐》卷绢本设色,前有金书篆字“三招隐图”,后自书诗甚多。其手跋谓:“甲申之变,为一仆窃去。阅数年,忽于武塘梅花庵追得之。”

马阮二札。左良玉札谕时在崇祯□□年,此殆当日吏胥所书。然书法颇端楷,前后钤“平贼将军”,印甚大。黄九烟字册。

是日绿饮过访,赠予古剑一,长一尺二寸,土花绀碧,惜未知何代物。

《柚堂笔谈》:“陆丽京有女名莘行,嫁袁花祝氏。按祝名裴[③],字龙自,贡生。父沆,字二陶,省过会中人也。莘行字缵任,攻文词。”

---

① 底本无“中”字,据稿本、夏斋本补。

② 底本“其”作“具”,据稿本、夏斋本改。

③ 夏斋本“裴”作“棐”。

沈韶字尔调，嘉善人，工画。朱宋梅云："予有沈临石田相。"

七月朔日己卯(8月10日)　绿饮携石斋二迹归青堆。

新安程文宪公文海《题渊明图》云："当其时，或交臂而不之识，亦既远矣，乃共以笔墨追求之。"聊代渊明一笑。

初三日(8月12日)　宋新安罗劼字端翔，为彭泽令，尝新渊明祠堂。劼弟愿作记，见《罗鄂州集》。

初五日(8月14日)　偕胡圣木、泰符侄之槜李。禺中风作，泊舟新塘桥侧。

初六日(8月15日)　风雨大至，系舟新塘竟日，几不能举火。至暮，风雨转甚，竟夕不能成寐。

曝衣日(8月16日)　晨霁。移舟至马王塘桥，水势汪洋，民家俱被浸。舟人鼓棹，多从桥面而过。午刻抵槜李，夜宿阶升从孙角里街寓中。

初八日(8月17日)　同圣木、泰符游东塔寺，因过朱耕可处士居。晚仍宿角里寓舍。

初九日(8月18日)　晨起登舟归里，夜三鼓抵家。

十五日(8月24日)　过沈吕黄孝廉受宜堂。

二十七日(9月5日)　伯氏七十初度。是夕家宴罢，予归内室，忽作一跌，眉下微伤，因笑谓伯氏："《诗》曰'眉寿无有艾①'，今忽伤其眉，意不能觊兄之寿也。"相与輾然而已。

三十日(9月8日)　魏叔子、禹新自青堆来，以王蓬心画龙井茶见遗。王名宸，西庐五世孙也。

八月初一日己酉(9月9日)　子修将有广灵之游，诗以送之，并附书朱介裴大令。

初六日(9月14日)　送体行茂才父子入蜀，并附书心嘉、云士。

---

①《诗经·　宫》"艾"作"害"。

初八日(9月16日) 偕侄衡照上杭。晚雨[①],更余抵修川。

初九日(9月17日) 雨。午刻抵郡。

十二日(9月20日) 连日淫雨积阴,是日雨霁见明。

十三日(9月21日) 皇上八旬万寿,阖城欢庆。大街自白马庙至武林[②]门,连旬灯火,百戏俱集,真千古盛事也。

十四日(9月22日) 晴。偕友人大街观灯。

中秋日(9月23日) 晴。过卢学士抱经堂。

十九日(9月27日) 重过檗斋话别,遂解缆东归。

二十日(9月28日) 薄暮抵家。

二十四日(10月2日) 连夕儿辈治具,为内子称觞。

二十五日(10月3日) 内子六十初度。

二十七日(10月5日) 至海盐寻芑堂、以方、一征、选岩,俱不值,惟徐蟾客初自台湾归,相见于舟次。一别二十年,路经数千里,一旦会面;而咫尺者反不得一晤,事之不可料如此。

苏黄孝子向坚,万里寻亲,事盛称于时。间读黄梨洲《书钱美恭寻亲事》,其父以贤书为知县,同其宦游之地,同其困厄病苦,几于不能达,得其门下士指引同[③]。所不同者,其父一存一亡耳。

二十八日(10月6日) 晨自武原解舟至通元,游胡氏穰园。园在菱角尖,懋哉茂才所创,大不数亩,颇有野趣。忆十年前偕芑堂来此,稚桐新植,裁与肩[④]齐,今则大如斗矣。薄暮抵家。

九月初一日戊寅(10月8日) 晴。

初二日(10月9日) 先子忌日。

初五日(10月12日) 率次儿为荆南之游。午风,停硖石。路

① 稿本“晚雨”作“雨晚”。

② 稿本“武林”作“凤山”。

③ “几于”句,稿本作“先为小婢所见同。”

④ 夏斋本“肩”作“眉”。

遇钱广伯，同游西山，过翠岩僧房。晚宿新塘桥。

初七日（10月14日） 吴江访杨立欧，严豹人适至。

九日（10月16日） 至梁溪。午后风阻微雨，小泊黄埠，与寿旸登高观音阁，凭阑肆眺，惠锡诸峰，参差出没，亦穷途一奇观也。

十一日（10月18日） 晓至蛟桥寻万瑱为，不值。晡时抵桃溪。

金蔡正甫尝著《补正水经》三卷，元苏天爵曾得其本而梓之，惜今不可见。据柳贯[①]、欧阳玄序谓："观正甫之博洽多识，其见于它著作，盖有刘原父、郑渔仲之风，中州士之巨擘也。是编虽因宇文氏之感发，而有以正蜀板迁就之失。其于赵、代间水，此固景纯之所难。若江自寻阳以北，吴松以东，则又能使道元之[②]无遗恨者也。"按：正甫，《金史》有传。观元功此序，其著作元时犹存，而今多无考矣。

十四日（10月21日） 太湖三万六千顷，渔人出没于其中，渔舟之大者，可容千斛。风帆四五道，四面可以帆风。今年七月初六夜，风雨大作，有二舟为龙风[③]摄至半空，俱堕于湖汉野田中。合二舟凡百许人，多无恙，其什物则一舟皆毁[④]碎，一舟皆全。顾此地去太湖甚辽，大费始得出。

立欧云："徐虹亭子湛园未尝注玉溪诗，而冯氏云云，未审何据。"

十六日（10月23日） 晨发桃溪，禺中抵宜兴。

十九日（10月26日）[⑤] 雨。抵吴门。

查伊璜《淳化阁帖记》云："淳化妙本，佚不多见。茅鹿门先生家藏本称良，计十帖。万历末年，留其一以质陈氏，示必复。吾宁陈氏书法都也，甚珍秘，吾安得以九致其一为全宝，付其所爱惠姬收藏。

---

① 夏斋本"贯"下有"序"字。

② 稿本"无"上有"能"字。

③ 夏斋本"风"和"凤"。

④ 夏斋本无"毁"字。

⑤ 有眉批"《尖阳丛笔》"。

姬通文墨,亦省抚玩,数年主人物故,盖惟阁帖与姬存也。里有慕阁帖,愿劝姬再嫁,而从姬得帖百通,勤以礼取之。既至,语姬曰:‘吾非慕姬,勿敢近,幸展箧得纵观淳化旧帖耳,吾必有以安姬。’姬骇其不得托终身,而更惋此帖之从仓猝,其仆某攫而去,去不售,质数金于市,而仆不知何之也。得姬者大失望,曰:‘姬不以身随帖,甚误事。’于是善嫁姬笑谓姬:‘彼但慕姬,姬往自安。’后徐道力谓余:‘其一可得也,惜九不可复。’不知犹有人抚九而思一否? 遂相嗟叹,天下难得之物,当厄如此。”按:万历中,陈隅阳太常收藏法帖、书画最富,厥后董文敏以海岳所装宋拓《兰亭》质于其家,亦挚留数行,以示必复,盖仍[①]鹿门之故智与?

二十日(10月27日) 雨。在吴门。

二十二日(10月29日) 晓自梅里解舟,暮抵家。知寿照卧病恰旬,目眚增剧,为之食不下咽。

冯孟亭《注玉溪生诗发凡》云:“集中双声、叠韵、属对精细。”至评《镜槛》诗:“骑襜侵鞯卷,车帷约幰锟”,谓此十字以故犯声病为戏,然则其于双声叠韵之理,究茫如也。此与昔人谓东坡集中有吃语诗何异。

十月朔日戊申(11月7日) 率儿侄辈横涨桥玉方公墓焚黄。

初二日(11月8日) 至杨村焚黄。

十一月朔日丁丑(12月6日)

二十日(12月25日) 率次儿入吴,送许懋堇婿之阜阳。

二十三日(12月28日) 由吴门归里。

十二月朔日丁未(1791年1月5日)

初九日(1月13日) 仲鱼自魏塘归,携新得书画见视,有太白山人手书《寻[②]阳歌》十首、王雅宜草书《楞伽山寺古迹诗》四首、文与

---

① 稿本将“仍”字涂去。

② 据《太白山人漫稿》卷八,“寻”当作“浔”。

也山水立轴、王奉常廉州合画山水册，并真迹。而最佳者为马湘兰双钩兰竹，可称铭心绝品。旁右自题云："联吟犹忆竹窗寒，相送秦淮怅别难。竹可凌霄兰可佩，图来莫作等闲看。壬申二月写寄云岫大词台清粲，湘兰马守真。"

雪。云士归自白下，得姚心嘉吴趋道中书。

十一日(1月15日)　著《南唐书》者三人：胡恢、马令、陆游。马、陆有传本，而胡书失传。昔人记其逸事及诗，有"建业关山千里远，长安风雪一人寒"之句。恢亦工书，茅山有王钦若《五[1]云观碑》，晏殊撰文，雷平胡恢书丹。

十七日(1月21日)　雨。夜半雷雨，海盐丰山下震死一人，乃夺棺中人衣者。忆去腊廿六之夕，宜兴丰义雷击一不孝子，盖稔恶之徒，虽在蛰藏之际，亦不肯少事姑容天之示儆切矣。

十九日(1月23日)　夜雨复雷。

除夕(2月2日)　大雪。自望后至除夕，冰雪沍寒，为数十年来所未有。鸟雀食尽，至有食其子者。徐州一带，雪深丈余，自袁花至海盐，雪中有巨人足迹。

---

① 底本衍一"五"字，据稿本、夏斋本删。

乾隆五十六年(1791)岁次重光大渊献辛亥[①]

元日丙子(2月3日) 晴。

人日(2月7日) 阴。祝厚承来贺岁。

十三日(2月15日) 次儿授室，娶海盐张东谷先生次孙女。

刘道真《钱塘记》云："明圣湖在县南二百步，父老相传湖中尝有金牛见，遂以明圣为名。""又仁和县东十八里，亦有明圣湖。"并载《咸淳临安志》。今人皆以西湖为即明圣湖，以为金牛所出，而不知有后一[②]说也。

上元日(2月17日) 晴。晚风颇峭，夜微月。

《咸淳志》载："盐官县湖旧有而今废者四，曰竹浦湖、在县东北六十里，周六里。曰高湖、在县东北一十七里，东西二十八里，南北一里三步。曰谷湖、在县东北四十六里，周四里。曰建兴湖。在县西北二十五里，东西十里，南北九里，吴建兴中开，故名。"

"宋时鄜州田氏工作泥孩等物名天下。泥孩一对，至直十缣。一床十千，或五或七，小者二三寸，大者尺余而止。"见《老学庵笔记》。明季宜兴沙壶，自供春时大彬始，一具直至数十金，盖亦鄜州泥孩之等乎？

二月初一日丙午(3月5日)

初二日(3月6日) 东谷先生来视孙女。积月阴雨，是日始晴。

---

① 稿本、夏斋本无"辛亥"二字。

② 底本"一"误作"二"，据夏斋本改。

东谷藏旧玉印，文曰“昨日凡夫”，旁又有款曰“浪枝人印”，可未审何人所作。

初八日(3月12日) 佛书云：“不乱取，手香；不淫色，体香；不妄语，口香；不淫害，心香。”耕烟山馆后拟以四香名楼，取此。

拙巢兄没后，室中常闻异香，殆所谓不淫色之应与[1]？丙辰秋日注。

二十四日(3月28日) 与星垣侄之武林，小洲以金涂塔拓本来示。

二十八日(4月1日) 阻雨赵禄生茂才家，际晚始归横河舟次。

三月朔日乙亥(4月3日) 自武林东归。是日始晴，微有日色。由东新关至甘墩村，桃李盛放，可三十里，望之若锦绣，惜游舫尚稀耳。

上巳日清明(4月5日) 率子侄辈至麻泾扫墓。

初十日(4月12日) 遭长兄之变。予以卧病不能起一诀，伏枕恸绝而已。

十二日(4月14日) 力疾视长兄含，兄既没，拙巢及卧室中，时有芳气若芝兰，拂拂袭人，弥月不歇。昔王新城尝记其兄西樵考功身后有此异，以今准之，殆匪谬矣。

十六日(4月18日) 晚登舟，为毗陵之游。

十九日(4月21日) 雨中抵松陵，过杨立欧，小饮运南堂，薄暮而别。

二十八日(4月30日) 阻风梁溪，偕友游惠山，饮第二泉。

二十九日(5月1日) 登虎邱试第三泉。泉自来在山下，荆榛翳之，未有赏者。明时有长洲尹高某，开石疏泉，而亭于其上。王文恪公尝为之记与诗，比之于洞庭之悟道泉云。

复与客观剑池，时久雨初霁，四山一碧，水清可鉴眉发。剑池虽

---

① “拙巢兄……之应与”，夏斋本作小字注。

大旱不竭,惟明正德中水忽涸。有人潜入,遇巨石谽谺若墓门状,窥其中荧荧然,如漆灯之将灭。昔云三千宝剑,岂神物已化而池亦枯耶?事见王守溪《吊阖闾赋》。

四月朔日(5月3日) 成化丁酉六月,京师大雨雨钱,钱皆侧倚瓦际。王守溪尝纪以诗。

董令升文章颇罕传,尝见其《跋渊明集》,在绍兴年中,自署"广川董弅"。弅,逌子也。

二十八日(5月30日) 得卢学士晋陵书并新刊《补宋辽金元艺文志》及《锺山札记》。

明怀宗太子慈烺,生于崇祯己巳二月四日,月日皆逢寅,五星家以为是虎坐中堂,推者忌之。见王世德《遗录》。

六月朔日(7月1日) 复四明范凤劼孝廉诗札。

东坡《洞仙歌序》:"仆七岁时见眉州老尼,姓朱,忘其名。年九十余,自言尝随其师入蜀主孟昶宫中。一日大热,主与花蕊夫人夜起避暑摩诃池上,作一词。朱能记之。今四十余年,朱已死,人无知此词者。独记其首两句。"云云。按:孟昶此一段情境,正与唐玄宗长生殿与太真私誓无异,但词人艳称长生殿,而罕述摩诃池者,岂花蕊之名为太真所掩耶?东坡足成《洞仙歌》,云:"冰肌玉骨,自清凉无汗。水殿风来暗香满。绣帘开,一点明月窥人。人未寝,欹枕钗横鬓乱。起来携素手,庭户无声,时见疏星渡河汉。试问夜如何?夜已三更金波淡。玉绳低转,但屈指西风几时来,又不道,流年暗中偷换。"此词音调绝佳,正使原作全存,恐未必能过之。后人有剪截东坡此词为《玉楼春》者,亦托名孟昶,然意味短促,令读者索然。顾竹垞《词综》反信以为真而采之,却谓东坡有点金成铁之憾,是何言与?

初六日(7月6日) 武林出小梨,大如弹丸,卖着呼苏梨,盖樝[1]之类也。按《尔雅翼》:"香柤子小于榅桲而相似,北土无之,中土则

---

① 夏斋本"樝"作"楂"。

有，惟可生食，甚香，熟则苏而不涩，盖别是一类。”《述异记》曰“江淮南人至北，见榅桲香，以为柤子”，谓此也。

初八日(7月8日) 后魏崔鸿取二赵、五凉、四燕、一蜀、三秦、一夏君臣始末，著《十六国春秋》。朱近修云：“当时尚有冉闵称魏，慕容泓称西燕，实十八国，当改定之。”

十八日(7月18日) 河庄相访，因论及音切之讹，如“鸎”字，《广韵》“羊水切”，《集韵》“愈水切”，并音唯。后人误书“水”为“小”，遂有音“渼”；并或作“以沼”、“以绍切”者。又“牝”，《说文》：“从牛匕声”，《集韵》“补履切，音牲。”按《道德经》云：“谷神不死，是谓玄牝。”正当如此叶。今本牝作牡[①]者非。《周易》：“利牝马。”“牝”，《释文》徐邈：“扶忍反，又扶死反。”明万历本作“扶允反”者，山井氏尝言其非。

二十一日(7月21日) 次儿海盐回，从吾竹房借得王文恪公《荆溪杂兴》，卷首有陆五湖《荆溪图》。按《姑苏名贤小记》：“陆师道字子传，号五湖，长洲人。嘉靖戊戌进士，拜都水主事，改仪部入直内阁，以母老乞归，起，为尚宝少卿。师事待诏，刻意为文章及书画，皆入能品。其弟安道，亦善书。”见《弇州续稿》。

高云本句骊之支庶，慕容宝以为义，赐姓慕容氏，封夕阳公。友人鲍绿饮赋夕阳诗，遍征故实，惜未及之。

《湘山录》：“丁晋公自称化鹤之裔，以为印记，时谓鹤相。”

七月初一日(7月31日)[②] 蟂矶在芜湖县，前临大江，矶畔有灵泽夫人庙，相传即昭烈孙夫人。其说不知起于何时。自毛宗冈[③]为《演义》，后人皆信以为真。说部则朱平涵著之《涌幢小品》，诗则王渔洋，楹帖则朱欠庵，举无异词。惟顾亭林《日知录》中疑其未的，然亦无确证也。顷见明闺秀徐媛《孙夫人颂》云：“英英夫人，维邦之桢。

---

① 底本“牝作牡”作“作□”，据夏斋本改。

② 眉批“入《诗话》”。

③ “冈”当作“岗”。

琢相云邃,构宇龙津。玄珪执琭,翚翟垂珍。泥金写幙,标额涂银。章悬紫凤,腰玉红麟。矫焉行祠,土人是湮。疑禋。赫赫威灵,所求必臻。假令夫人,佐刘秉钧。母仪天下,炎祚用焞。胡天不造,鼎足遽沦。金牛为马,闰位居宸。群雄崩裂,帝业颓湮。吴宫草莽,蜀地迷尘。孰是夫人,千载犹新。"见仁和赵世杰《古今女史》。媛字小淑,吴人范长倩先生室,其诗有《络纬吟》,盛传于时。

初二日(8月1日) 明天启间,华亭朱氏与当湖陆氏以玉碗构衅,致累世相雠,多为好事者传播。延陵姜二酉《韵石斋笔谈》与平湖赵无声《焚余稿》并载其事,亦互有详略。

中元日(8月14日)[①] 《通志·金石略》载唐崇徽公主手痕灵石及李山甫诗在汾州。《明一统志》不载,不知今尚存否。按:公主,仆固怀恩女也,怀恩以叛入回纥,其家没入后宫。大历四年,封其女为崇徽公主,下嫁可汗。道汾州,以手掌托石壁,遂有手痕。今灵石有崇徽公主手痕碑。右详《广川书跋》。然山甫诗《唐诗纪事》中未见著录。

十八日(8月17日) 接四明范凤颉诗札,因和《集兰亭序诗》。

十九日(8月18日) 偕大侄至就李。

廿二日(8月21日) 过硖石,以府君墓志托应和。是日归小桐溪。

八月初一日(8月29日) 欧阳公亦有《崇徽公主手痕诗》。所谓"玉颜自古为身累,肉食何人为国谋。"

初二日(8月30日) 夜大雷雨,平地涌数尺,市可行舟,亦数十年中所仅见也[②]。李山甫《阴地关崇徽公主手迹》诗:"一拓纤痕更不收,翠微苍藓几经秋。谁陈帝子和番策,我是男儿为国羞。寒雨洗来香已尽,澹烟笼处恨长留。可怜汾水知人意,旁与吞声未忍休。"又

---

① 眉批"亦入《诗话》"。

② 稿本有眉批:"入《诗话》。"

《代崇徽公主意》云："金钗坠地鬓堆云，自别昭阳帝岂闻。遣妾一身安社稷，不知何处用将军。"

中秋日(9月12日) 《论语》"七十而从心所欲"，皇侃读"从"去声，盖音与"纵"同。按：柳子厚《与杨诲之书》引《论语》，"从"字作去声。渊明《阻风规林诗》："当年讵有已，纵心复何疑。"是晋宋六朝人并如此读，又不独唐也。宋苏子由亦读为"纵"，见《栾城集》。惟朱子《集注》作平声。至《重问伯谏诗》，则又云"阙里当年语从心"，与《集注》互异，诚不可解。

是夕朦胧微月，登舟为会城之游。

潮生日(9月15日) 晨起走访沈仲芬，复过丁希曾、倪建中。予与二君别皆十年所矣。希曾老而无子，依女家以居；建中双目失明，见余皆依依不能别。

仲芬云："近任君某欲重注靖节诗，至'章山有奇歌'句，章山奇歌，竟不知所出。"按此乃《蜡日诗》也。宋汤文清亦无注。

二十日(9月17日)①　任昉《寄到溉诗》云："铁钱两当一，百易代名实。为惠须及时，无待凉秋日。"溉时为建安太守，昉与求二彩段，故寄此诗。《隋·食货志》谓梁②铸铁钱至为恶薄，民间贸易至以车论，而任诗云"两当一"，盖以车论者乃私铸，而官钱则仍两当一也。

二十一日(9月18日)　归自武林。

二十四日(9月21日)　至硖川。

二十五日(9月22日)　暮抵松陵。

二十六日(9月23日)　过山塘桥，嘉定李宝函以其室人印《幽谷诗集》见赠。幽谷名白兰，亦嘉定人，诗多警句，而七绝犹佳，有晚唐风格，实近日闺秀之杰出者。

二十九日(9月26日)　午至桃溪。

---

① 稿本有眉批"入《诗话》，又收《桃溪》"。

② 底本无"梁"字，据夏斋本补。

九月朔日癸酉(9月28日) 谢少连《歙志》三十卷,成于万历己酉。此书未久即毁,故世尠传本。顾玉峰《日知录》尝引之。

初二日(9月29日) 先子讳日。

《歙志》之修,先告于城隍神,其文附刻卷末。然其书成之日,时论哗然,故不久即毁其板。观其体例,较他邑志颇简略,至列仇鸾于《国憝》,而于其过恶皆直书,不少回护,居然有斧钺在笔端,宜为乡里所侧目矣。

唐咸通中,大芦禅师住锡大芦院,李玭招之入善卷,不赴,居大芦以终。

谢少连谓:"志之体实史,史之要在劝惩。"故《歙志》于《载记》后著《巢寇》、《宋寇》、《岛寇》;《列女》后著《妒妇》;《人物》后著《货殖》,皆创例也。

初三日(9月30日) 过义兴,晚泊邑东十里。夜色甚清,此乐天所谓"露似珍珠月似弓"者也。

初七日(10月4日) 《谗书》五卷,唐罗隐撰。《书录解题》云:"已亡。今仅存第五卷,末有方虚谷跋,不知前四卷世犹有全者否。"是日在南枝楼观。

《洪范》:"月之从星,则以风雨。"孔《传》:"月经于箕则多风,离于毕则多雨。"《正义》述:"郑康成以为'箕星好风者,箕东方木宿,风中央土气,木克土为妻,从妻所好,故好风也。毕星好雨者,毕西方金宿,雨东方木气,金克木为妻,从妻所好,故好雨也。推此则南宫好旸,北宫好燠,中宫四季好寒,以各尚妻之所好故也。'"世俗第知箕为木星,木能生风;毕为金星,金能生水,而不究及五方之气,为从妻所好之故者。

孔子在卫,将西见赵简子。闻杀窦铭犊、舜华,乃援琴而歌曰:"狄之水兮风扬波。"《水经注》同。"狄"一作"秋",《韩文考异》谓:"自卫西至晋,疑不必经狄水。"钱塘丁希曾引《庄子·秋水篇》,以为"狄"是"秋"之证。又云:"孔子复反于卫,他日灵公与孔子语,见蜚雁,仰视之，色不在孔子。以为见雁蜚，是亦秋之证。”予按：《孔子世家》：“灵公仰视蜚雁，色不在孔子，孔子遂行，复如陈。夏，卫灵公卒。”《索隐》谓是鲁哀公之二年。然则灵公之所见者，或是春雁，未可即断为秋也。

九日（10月6日） 经硖石，以翰墨香一罂诒应和兄弟而别，际晚到[①]家。

松霭以《豆腐诗》四首索和，予诗有云：“谁家茅店添新设，一桁晴莎又远空。”盖乡村粥腐肆多缚莎草，以竿标识耳。或献疑曰：“豆腐标类以车板，非莎也。”予猝无以应，适坐有一苕上书估曰：“乡中各肆，缚草如帚状，自一至三，俱有口号以为识，秩然不紊也。”予亟叩之，云：“一个帚，只卖豆腐不卖酒；两个帚，豆腐也有酒也有；三个帚，各样货‘只要’二字作乡音，并为一字读[②]。开口。”予为之抚掌大笑，或者腆腮而退[③]。

高邮露筋祠，查初白云：“本名鹿筋，[④]梁相传有鹿至此，一夕为白鸟所嘬，至晓[⑤]见筋，故名。”事见《酉阳杂俎》及江德藻《聘北道记》，不知何时始讹为女郎祠也。初白诗云：“古驿碑残[⑥]幼妇词，飞蚊争聚水边祠。人间多少讹传事，河伯年年娶拾遗。”见《春帆集》，今删。

十六日（10月13日） 《老学庵笔记》：“靖康丙午，临邛夹门镇山险处得瓦棺，长七尺，厚几二寸，与今木棺略同，但盖底相反，骨犹不坏。”仁和丁诚之尝属予作宜兴瓦棺，故记之。

十月朔日壬寅（10月27日） 至武林。

---

① 夏斋本“到”作“抵”。

② 底本“只要”在小注内，据夏斋本及文意归入正文。

③ 稿本有眉批“《诗话》。”

④ 底本“梁”字为空格，据夏斋本及《拜经楼诗话》等补。

⑤ 底本“晓”误作“睡”，据夏斋本及《拜经楼诗话》等改。

⑥ 夏斋本“碑残”作“残碑”。

十六日(11月11日) 万季野《纪元汇考》:汉冲帝有"永嘉"纪元。按《宋史》:"庆[①]长以邛蒲江县发地,得石刻,有'永憙',定为'永喜'之讹。"考在《雄传》中,有"迄于永憙,察选清平"之文。则"永嘉"为"永喜"之讹明矣。

二十一日(11月16日) 晴。是日为予县弧之辰,鹿鹿五十九年,回念母氏之劬劳,涕流何已。

徐兢《高丽图经》云:"白折扇编竹为骨,而裁藤纸鞔之,用银铜钉饰,以竹数多者为贵,供给趍事之人,藏于怀袖之间,其用甚便。"此似即今世白纸扇。

十一月初一日(11月26日) 明郑麟趾《高丽史》一百三十九卷,近少全本。予所藏者:世家、阙三十卷至三十三卷,四十三卷至四十六卷。志、阙一卷至九卷,十七卷至三十九卷。传。阙一卷至五十卷。共阙八十有九卷。考竹垞为跋时,未尝云有阙佚,不知藏书家犹有足本否。

初七日(12月2日) 长至节。风日晴和。

初九日(12月4日) 天气严寒,午后朔风陡峭。内子忽得疾,语期期不能出于口,偏左半身不遂。此《灵枢》所谓痱也。

十二日(12月7日) 十一月二十六日奉上谕:"懋勤殿旧贮蒋衡所书十三经,因镌刻石板,藏诸太学,以垂永久。着派金简、彭元瑞、金士松、沈初专司办理,并着阮元、瑚图礼、那彦成随同校勘,俾臻完善,钦此。"

十二月朔日(12月25日) 闻云士在炉城军营。

十一日(1792年1月4日) 至海盐送惺莽赴台州教授。

---

① 夏斋本"庆"作"康"。

乾隆五十七年(1792)岁次元黓困敦壬子[①]

元日辛未(1月24日)　晴。周慎斋书治妇人白崩,用棉花子炒焦,取仁为粉,好酒送下,数服即愈。或用荞麦麫、好酒和丸,亦佳。注云:"白崩即白淫、白带之疾也。"

又曰:"仲景以弦脉为阴,叔和以弦脉为阳,然须辨其迟速,而后阴阳始定。弦迟为阴,弦速为阳,弦滑为痰饮。"

人日(1月29日)　天一阁主人范懋敏字逊斋,家藏有北宋拓本石鼓文、宋拓《国山碑》。

元夕(2月7日)　接许甥舒城书。

十九日(2月11日)　钱绿窗来,时初自石冢访严君元照回。

廿四日(2月16日)　张文鱼挈其子及郑茂才羹和见过。羹和名,端简公后人也。

阎百诗云:"《子虚赋》久不传,《文选》所载乃《天子游猎赋》,昭明误分之而标名耳。"

二月朔日(2月22日)　至武林,过燃圃学舍。

王昭平先生谥节愍,故居在荐桥街金芝麻巷口,门前有旌干尚存,俗称焦旗干是也。王氏祖墓在蕉石,鸣琴先生子均,有一孙,客死楚黄,无后。并蒋秀三云。

初二日(2月23日)　汉瓦当有曰"高安万世"者,相传是董贤赐第瓦。

---

① 稿本无"壬子"二字。

初三日(2月24日)　过何梦华斋，观新拓汉武梁祠像足本。梦华自言与黄小松在嘉祥县入□山中，同掘土得之。

复过抱经堂。

初四日(2月25日)　孔融为北海相，郡人甄子然、临孝存并知名，早卒，融恨不及之，乃命配食县社，见《融本传》。此所谓乡先生没而可祭于社者也，见《潜邱札记》。

东壁图书府，西园翰墨林。潜邱谓“西园”乃“西垣”园垣音同之伪。西垣在丽正殿，与东壁正对。

鲍绿饮有二子，字其长曰志祖，次曰懈祖。人皆意懈祖乃昔人怀祖愍孙之等耳，予揣君命字之意，盖自有取。昔崔懈祖好学，聚书至万卷，邻里少年好事者来从假借，日数十帙。懈祖亲自取与，未尝为辞。

初五日(2月26日)　宋人小说谓：洪文敏在翰林问[①]，一老吏谓其甚似东坡，但坡公作文章，未尝检书求出处。文敏内愧其言。予按：《潜邱札记》载焦弱侯之言曰：“往苏子容闻人语故事，必检出处。坡老每有撰著，虽目前事率，令少章、叔党诸人检视而后出，其精审乃尔。”据此，则坡公亦未尝不检视故籍，老吏之言，盖特假以折洪耳。

望日(3月7日)　入宁城，偶得明太仓王文肃公手书《闻召偶成》诗云：“凤书遥下五云衢，题柱当年事已徂。顿使秋萤生腐草，虚疑老马识长途。皇情自解求遗履，身计惟凭据槁梧。何日黄粱[②]炊罢后，扁舟江上隐菰芦。”按：文肃万历十八年以母老乞归，二十一年正月有诏，趣召还朝，此诗盖作于是时。迨后引疾而归，晚年屡诏不起，竟卒于家，差亦不负其言者与？

廿八日(3月20日)　禺中解棹为云溪之游，晚至硖石，雨，不及登岸。

---

① “问”疑当作“间”。

② 底本“粱”误作“梁”，据文意改。

晦日(3月22日) 过慧楼,复访三高祠于垂虹亭侧,祠极庳狭。

三月朔日(3月23日)[①] 晨抵姑苏,访竹汀宫詹于紫阳书院。别,与客游沧浪亭,过沈文恪公祠。问公塑像,引入一矮屋中,衣冠尘委,凄凉可掬。

初二日(3月24日) 夜泊梁溪,黄昏微雨,而雷声殷殷,在慧山麓。是夕吾乡雨雹,大者如盎,禽兽多击毙。

初四日(3月26日) 抵桃溪。墨阳楼前海棠初放。

十六日(4月7日) 偕侄易畴从桃溪解舟。

十九日(4月10日) 同人游虎邱,欲登小吴轩,以主僧出,不果。

二十日(4月11日) 禺中自虎阜移舟至葑门,访竹汀宫詹,知前一夕已往西湖。

廿三日(4月14日) 归小桐溪。

四月朔日(4月21日) 《世说》:"蔡伯喈睹睐笛椽[②],孙兴公听伎[③],振且摆折。王右军闻,大嗔曰:'三祖寿乐器,虺瓦吊,孙家儿打折。'""寿"一作"台","虺瓦"一作"尪凡",然二语终不可解。谢灵运《山居赋》云:"两眢通沼。"眢,字书无考,竹汀尝举问河庄。

闰月朔日(5月21日) 至武林,闻马清湖刊所作《抱山堂集》成。

初四日(5月25日) 偕绿窗访清湖于江氏馆,不值。

五月朔日(6月19日) 书寄目耕东川。

二十五日(7月13日) 三圩雨雹甚大。

《皇定图书集成》总目:汇考六,典三十二,部六千一百零九,共一万卷。

---

① 底本无"三月朔日"四字,据稿本、夏斋本补。

② "椽"当作"椽"。

③ "伎"当作"妓"。

六月朔日(7月19日) 宋椠《汉书》,较今所行明板者,夐然不同。其"师古注",明板删去甚多,如《金日磾传》:"捽胡投何罗殿下。"孟康曰:"捽胡,若今相僻卧轮之类。"宋祁曰:"'卧轮'改作'卧输'。""及上病,属霍光以辅少主。"宋祁曰:"'及上'下当添'疾'字,南北监本皆无之。"余不可悉举,姑书其一二。

二十日(8月7日) 德清徐舍人以坤性爱洁,尤畏风日及蚊蝇,夏日作大帐以居。却喜功名,居京师需次者数十年,终不能得。生平服用极豪侈,死后家藏熟地黄,值万余金。昔元载有胡椒八百斛,可与相埒。

五月十三日,国史馆奏《贰臣传》编成拟夺谥及撤祀乡贤[1]:冯铨文敏、龚鼎孳毅马光远诚顺、谢陞清义、金之俊文通、房可壮安恪、王永吉文通、王铎文安、左梦庚庄敏、梁云构康僖,并撤祀。乙编谢光启僖敏、乙编下:未投诚前曾从贼或本贼党,五人。卫周祚文清,并撤祀。刘昌勤僖、高尔俨文端、张端文安、孙可望恪顺。

七月朔日(8月18日) 连日病,不及入城观齐丰香市。

中元日(9月1日) 武进汤纬堂《炙砚琐谈》云:"金坛蒋衡字湘帆,别号江南拙老,以书法名于时。维扬富商某属书十三经进呈,时年已六十三矣。合计字数,自揣须十年卒业,慨然诺之。即静扫一室,濡烟腐毫,小不逮意,辄复弃去。竟如期告成,得正副本各一。少陵云:'人生七十古来稀。'不有天黍,其能藏事乎?"

八月朔日(9月16日) 次儿赴秋试,予以目病家居。

初五日(9月20日) 目病少间,之武林送儿侄试。寓梧桐子巷黄氏。

中秋日(9月30日) 晚招应和、子修,寓斋小饮。黄昏雨。

十八日(10月3日) 偕万近蓬、陈仲鱼、钱广伯、倪谷民及犹子

---

① 此处有眉批:"《梅村集》有《永吉神道碑》。"

昂驹、次儿寿旸至南屏，谒张忠烈公墓。过罄庵寻僧破迷[1]，不值，复至丁家山访王昭平先生墓。

十九日(10月4日) 陈馨泉洛兰与石门一友同寓贡院前，友头场出闱，备述夜来邻号一举子，夜深犹与人语，细听之，则妇人也，乃大惊，知其必冤鬼，悚怵不敢出。比天明，其声始寂，急邀他号同闻者，疑其人已死。披其帷，则此生怡然端坐，神色自若，观其卷，真草俱全，略无损污。众因告以夕间所闻，生知不能讳，始以实告曰："某昔尝眷一邻婢，颇有姿，欲买为妾。既而不果，遂他适，不得志自缢而死有年矣。昨忽现于灯下，自言'思君久之，终不得一见，因忆今秋必在棘闱，故寻君一叙契阔。'"并非索冤，故某亦无所怖。天将明，遂潜然辞去，不意累诸君为之竟夕不寐。"乃相与交卷而出。

午后过东谷张丈郡博斋。

廿二日(10月7日) 率儿侄辈归小桐溪。

九月朔日(10月16日) 篱菊初放，命寿旸赍《石鼓亭诗》之武原。

重阳日(10月24日) 招二愚兄、胡秋读小饮。

二十五日(11月9日) 之武林。

二十八日(11月12日) 黎明肩舆出清波门，至南屏山张苍水司马墓立碑。设祭二席，中一席祀司马，以参军罗子木配享；旁一席则侍者杨冠玉与舟子也。同会者：海盐张柯东谷、鄞万福近蓬、仁和张凯云胜、朱文藻朗斋、卢文弨弨庐、关洲南河、邵志焜秋倚、邵志纯右庵、王丞虎石、海宁陈鳣河庄、钱馥绿窗、与骞凡十二人。是日宿雨初霁，山翠欲滴。祀既讫，相与饮墓下，日西时始各散去。

十月朔日(11月14日) 吴中书肆有宋椠《画一元龟》二十四册，乃南宋太学中人所辑，诸家部录中多未见。

十七日(11月30日) 为龙山之游。是夕查南庐饮于舟中，观

---

[1] 各本皆"迷"字皆作空格，据文意补。

予所得宋椠《汉书》,溦浦陈氏物也。

十八日(12月1日) 是夕南庐复饮舟中。

十九日(12月2日) 清晨由花溪解缆至硖石,晚至海昌城北宿。

二十一日(12月4日) 六十初度。晨过著书斋,午后复解舟至花溪。

二十三日(12月6日) 偕四侄至邵湾。

二十七日(12月10日) 晚登舟为阳羡之游。

三十日(12月13日) 过吴江访慧楼。是日江南吴江地名。民家豕产一象,献之官,至长桥而死。

十一月初一日(12月14日) 至吴门,过竹汀宫詹于紫阳书院。

初三日(12月16日) 《汉书·东方朔传》:郭舍人谐朔"伊优亚,狋吽牙。"盖是时谐谑已用双声矣。

初七日(12月20日) 至义兴晤万瑱为,出张文敏书册二见视。其一奉命题《通草笺画诗》,文敏有手跋。一乃临苏、黄、米、赵四家书,盖尊甫甘来大令在文敏家掌书记时,所书以赠也。《通草笺》未详。

腊月朔日(1793年1月12日) 雨。薄暮河庄来,约为武林之游。忆自庚子偕河庄游虎林,至今盖十二年矣。黄昏登舟,雨竟夜。

初二日(1月13日) 犁明过修川,东风颇利。晡时入城,即过卢学士抱经堂。

初三日(1月14日) 偕河庄过东谷先生学舍。复访无轩于织造府幕,出闺秀倪仁吉手稿索题。仁吉字心惠,金华人,义乌吴之艺室,有《凝香阁集》。

除夕(2月10日) 雨雪竟日。今岁三冬暖,少雪,得此数寸,犹足占丰兆也。颂椒筵上以家酿赏之。

乾隆五十八年(1793)岁次昭阳赤奋若癸丑[1]

元日乙未(2月11日) 晴。随二愚兄率子侄辈行香兴福庙。此岁时旧例也。

初六日至初八日(2月16日—2月18日) 连日至各祖墓及先茔拜扫。

十一日(2月21日) 入城。天气骤暖,如三四月[2]。《通鉴》开元十一年十一月戊寅:帝祀南郊。松霭以历法推之,戊寅当为丙寅之讹。按:下文十二月有甲午,则十一月为丙寅而非戊寅,明矣。惜《考异》亦未之正也。

十三日(2月23日) 孙之颐生。

元夕(2月25日) 大雨。

二月朔日甲子(3月12日)

望日(3月26日) 与毓春游当湖,雨中登弄珠楼,复过毓春桑柘庐,为秀水蒋春雨明经题额。登小楼观东湖,中烟帆沙鸟,出没往来,极缥缈之致。

二十日(3月31日) 自当湖至武原,过芑堂冰玉堂、张选岩涉园。晚宿朱甥容叔斋。

二十一日(4月1日) 抵家。

---

① 稿本无“乾隆”、“癸丑”四字。

② 稿本有眉批“《尖》”。

三十日(4月10日) 复至当湖。

三月朔日[①]甲午(4月11日) 顾姝至。

初五日(4月15日) 游武林。

初八日(4月18日) 以王父讳日抵家。是晚韩姨至,平湖严巷人也,年一十九岁。

《文选》潘安仁《闲居赋》"祁祁生徒",下注引安革猛诗曰:"祁祁我徒。"汲古阁本。钱竹汀宫詹谓"安革猛"三字不可解。予按:何义门七校本改"革猛"为"韦孟[②]",然发首"安"字终不可解,当更改之。

二十九日(5月9日) 至杭过卢学士,时疾初愈。

讳字盖起于后世。孙皓字元[③]宗,孟宗改名以避之。

四月朔日癸亥(5月10日) 过邵右庵曼陀罗室。

初五日(5月14日) 自武林归。

五月朔日壬辰(6月8日) 《饮曹竹虚尚书王父志》:周翁少倜傥豪俊,耽于卢雉,不事家人生产。年及知命,生二子二女,俱已长,亦弗与计昏嫁事。岁暮,家无儋石之储,妇孙泣谓之曰:"邻里纷纷俱为卒岁计,独君日与博徒为伍,致一贫如洗,几无以自存,何吾命之穷耶?"翁笑曰:"吾开岁行年五十,意欲别图生活,第此日尚思从君假一物,以为卒岁之需,何如?"孙曰:"室如县罄,别无长物,惟余头上一钗,所欲假者岂此乎?"翁笑而不答。及拔与之,翁携钗入市,易酒脯为度岁计。孙谓翁曰:"一钗仅支度岁,开岁竟何如矣?"翁曰:"吾熟筹之,此事尚不能无望助于君也。"孙询以故,曰:"君昆弟拥有厚赀,理河南数郡禺筴,吾为筦其牢盆,必使利市三倍。自今谢绝博徒,犹可不失为陶朱公也。"孙不得已,以贺岁至母家,情诉于昆弟。试用之,凡经其谋画,皆出人意表,倚为腹心。未几,孙昆弟俱早世,家业

---

① 底本无"日"字,据稿本补。

② 底本"孟"作"猛",据稿本、夏斋本改。

③ 底本"元"作"符",据稿本改。

并托之，翁业遂大振，至八十余始终。

六月朔日壬戌(7月8日) 泛舟至海盐。

初二日(7月9日) 至平湖。晚过东湖望弄珠楼，不及登。

初四日(7月11日) 归里。

七月朔日壬辰(8月7日)

中元日(8月21日) 疽发于左肩，沈绵者三月。生平未尝受此苦也。忆先兄亦曾患此，正六十一岁。

八月朔日辛酉(9月5日) 肩疽初发，仅如蚊嘬，痒而不痛，迨创溃时，大几如掌。医书谓凡疽初起，外如粟，内如桃，洵不谬[①]也。

唐荆川《与杨椒山公书》云："执事，豪杰士也。忘身许国，不回不挠，使满世间脂韦洪涊、全躯保禄之士，闻风缩颈，羞愧不暇。执事之志则然，而才足济之，自丹阳奉晤，令人叹羡不已。然窃有少致爱助于执事者：颇觉慷慨激烈之气太胜，而含蓄沈几之力或不及焉。'施为欲似千钧弩，磨砺当如百炼金'，愿盖留意，则不朽之业，终当在执事。且夫直前太锐，近于'用壮'；取必太过，近于'浚恒'，在《易》固有戒矣。惟几也，能通天下之志；惟深也，能成天下之务。自古欲以成务而复偾焉者，未必尽是庸人，或豪杰与有责焉耳。仆少颇负意气，屏废以来，槁形灰心之余，化为绕指柔焉久矣。以此自量，乃欲以此量豪杰，固知必且为笑。然以[②]敬慕执事之至也，故不敢不尽其愚。"见眉公《见闻录》。

中秋日(9月19日) 疽势甚剧，困卧一榻，呻吟中夜，竟不成寐。忆拙巢昔患此，亦在中秋时，予于是夕买小舟，伴兄之梧桐乡就医。事同昨日，而兄下世已三载矣。人琴之感，痛何如耶？

九月朔日辛卯(10月5日) 疾少间。仲鱼杭归，以山舟太史书并所写先人墓碣来。

---

① 夏斋本"谬"作"诬"。

② 底本"以"作"亦"，据稿本改。

十月朔日辛酉(11月4日) 始扶筇至书斋看菊。闻祝大兴之丧昨已归里。

十九日(11月12日) 为三侄晁宛毕姻。

十一月朔日庚寅(12月3日) 顾姝许字巨鹿,有成言。

初三日(12月5日) 西邻汪僖凤家火,焚死一十八人,小桐溪未有之灾也。

十二日(12月14日) 率昂驹、衡照两侄之虎林。

十六日(12月18日) 侄衡照就姻武林朱氏。

十二月朔日庚申(1794年1月2日) 从孙女五姑适僖凤次子某,平日寡伉俪之情,往往为夫所陵,姑一受之。至火烈时,汪生方病,不能步梯桄。姑欲负夫下楼,奋身入火,遂俱死。呜呼烈矣!文人多为诗以述其事。

初七日(1月8日) 义女顾姝归巨鹿,戚友皆来称贺。见所具装送,曰:"锺离公瑜复见于今日。"其父及姑俱感激泣下。

隋卢思道撰《知己传》二卷,上自伊吕,下至六代,由君相、父兄、妻子、朋友以及鬼神、禽畜,于知己者皆录。第诸葛孔明与先主最相知,以为"有君自取之"一语为大不知己,不录。此书惟《隋志》有之,自唐以下,不复有也。见胡元瑞——《甲乙剩言》,云得此书于都下。

腊八日(1月9日) 袁容庵将出山,与故知作别,谓之曰:"今与容庵约,他日却仍要还我一副袁容庵面目来。"

《太平清话》云:"湖州天圣寺东西壁二垛,有管夫人画竹。"余二十余时入寺,其西壁画竹,犹存上方宋荔裳书"琅玕清影"四字。今壁亦久颓,画亡矣。

二十二日(1月23日) 偕千仲侄为云溪之游。

二十三日(1月24日) 薄暝至吴江,过运南堂,慧楼留饮南楼。暮雨。

二十七日(1月28日) 晨过义兴访万瑱为,不值。未刻抵桃溪。

除夕(1月30日) 薄暮微雨。

乾隆五十九年(1794)岁在阏逢摄提格甲寅

元日己丑(1月31日) 晨雨。

初三日(2月2日) 晚雪。

初四日(2月3日) 立春,雪竟日。钱塘李子日升,以家藏九世祖子阳少宰遗迹卷示予。展玩明时诸名公赠诗真迹,循环三复,不知门外雪深几寸也。

人日(2月4日) 晴。卢子蟾桂来名华。

谷日(2月7日) 晴,暖甚。蜂蚋俱出。

《学古编》云:"《古文尚书》是后人不知篆者,以夏悚韵集成,亦有不合古处。若言古今篇次、文法异同姑存之,言字画则去之。"今通志堂所刊《古文尚书训》,岂即子行所见者耶?

初十日(2月9日) 《云烟过眼录》载张受益古斋所藏商甗,又有细文大壶,颈有雕戈一月字。吾家所藏商鸟篆戈,内一"戈"字,外作一"○",即月字,或是日字,盖日中有鸟,故作鸟篆。古人取义尚象多如此。

上元日(2月14日) 微雪。至长堽里。晚霁,观灯前河埯。

十六日(2月15日) 寅初月蚀。

十七日(2月16日) "牛"字,古音当读若"仪"。《左传》成十七年,韩厥曰:"古人有言:'杀老牛,莫之敢尸。'"是也。

十八日(2月17日) 晚登舟南还,千仲留桃溪。

二十一日(2月20日) 抵宜兴,过万香南话别。午后至西门外程氏松龄观书画,有邵半江珪书东坡《南行杂诗》,甚佳,邑人吴上翰卫宝跋。卫宝亦居西门,工书。

二十二日(2月21日) 至吴门访段懋堂大令,不值。段,金坛人,侨家于吴下津桥,时适归籍。

归安严氏得宋板《鳌隅子》二卷,绿饮取刻入《知不足斋丛书》弟十五集。周松霭谓旧志《鳌隅子》十卷,而此止二卷,疑原书已亡,此后人依托为之。然予观黄东发《日抄》所引,及宋潜溪所见举,无出此二卷者,似不可谓之伪撰。惟《升庵外集》引《鳌隅子》三条,首条论韩非、庄生,已见《战克篇》;其二条云"韩康伯捋肘无风骨",范启又云:"似肉鸭。"三条云:"谢安慕竺旷风流,殷浩惮支公才俊。"二条未见于今本。"康伯"二条,并见《世说》及注,非《鳌隅子》之文。下一条亦似《世说》。

二十五日(2月24日) 薄暮抵家,见同孙疮疾转甚,意颇忧之。

二月朔日己未(3月2日) 同孙殇。

十八日(3月19日) 率寿旸至海盐。

十九日(3月20日)[①] 同张文渔、鸥舫、吾竹房、李作梅同游拙宜园,兼订上巳涉园修禊之约。

到溉酬任昉《求双丝段诗》云:"予衣自百结,闽乡空八蚕。假令金如粟,讵使廉者贪。"《金罍子》。

二十日(3月21日) 过竹房观所收禊帖至五十余种,内邢子愿旧藏二十余种,皆精,有其手跋。

今城门初昏,起鼓后先阖其一,迨人尽方全闭。许浑诗云:"鼓绝山城掩半扉。"盖自古已然矣。

廿三日(3月24日) 归里。

三月初一日戊子(3月31日) 晚率次儿之海盐。

初三日(4月2日) 同人修禊于城南张选岩之涉园。同会者为黄曾若仙根、张芑堂燕昌、黄品咸运亨、张侍尧□□、张选岩鹤征、吾以方进、董均叔彬、李一征聘、孙赓良师锡、李谦吉济光、郑羹和鼎铜、黄晋

---

① 稿本有眉批:"《诗话》、《桃溪》。"

康锡蕃、朱兰臣焕云、张芑堂子、次儿寿旸，凡十六人。

初五日(4月4日) 清明。归小桐溪。

初九日(4月8日) 晴。至杨村扫墓。

十八日(4月17日) 之省。过卢学士抱经堂。

二十日(4月19日) 过山舟太史山舟。

二十四日(4月23日) 偕绿饮、绿窗父子游湖上，时绿饮将为楚游。

二十五日(4月24日) 山舟至横河送别。

四月朔日(4月29日) 用水银钱许，嚼细茶叶吐出同捣，再用黑枣去核和同捣烂为丸薰衣，候冷衣之，永无虱。

治脚蛀，用梓树叶煎汤洗之，效。

浴佛日(5月6日) 陈守臣，江西新城人，官浙江宁台道。尝买一妾，询知为良家女，择婿嫁之，后成进士，惜不详其姓氏。朱和鸣云。

十二日(5月10日) 至镇海庙观青蛙。蛙大于常蛙可七八倍，色青翠如瓜，肤皆有金丝二条。庙濒海，素未尝产蛙。十一日晨，庙僧启户，忽见蛙在佛座中，遂以柈承之。蛙终日凝坐，了不跳掷，俗称"青蛙将军"。少陵诗所谓"坡陀青蛙蟆[①]"，亦此类也。

十三日(5月11日) 游武林。

十五日(5月13日) 山舟述其犹子处素之言，以为今府学宋石经实全本，非有阙失，不过石有错乱耳。惜处素往矣，未能细扣之耳。

得朗斋沛宁书。

十八日(5月16日) 归小桐溪。

五月朔日丁亥(5月29日) 入城，过著书斋。

十六日(6月13日) 泛舟由金粟至邵湾山寻槜李，未熟。复游永安湖堤而还。

---

① 据《奉同郭给事汤东灵湫作》，当作"坡陀金蛤蟆"。

廿一日(6月18日)　先慈讳日。计自壬午大故以来，三十有三年矣。

六月朔日(6月27日)　前月廿六之夕，有偷儿从竹下书堂枇杷树下穴垣而入至内楼，窃去衣物，盖即壬寅冬之旧贼。是日入城过著书斋，始知松霭数年来凡十遭窃，而所藏唐周府君墓志砖亦失去，相与浩叹。

廿二日(7月18日)　曾大母胡孺人讳日。

廿五日(7月21日)　鲍绿饮见过。

七月朔日(7月27日)　杨吉努《徐健庵集》作"养汲努"，一作"叶赫国"——倪雅汉《徐》作"倪迓韩"

——明珠——性德原名成德——富尔敦性德子

　　　　└——揆叙

——郑军一作"车"——堪泰——郑兴祖堪泰子。

右纳兰世系。周松霭以《八旗通志·登科录》等考。

初七日(8月2日)　大风雨。

曾大父麻泾阡吹折合抱大松柏十株，先考杨村阡拔起松树四株。此数十年来所未有者，风木之痛，如何可言！

八月朔日(8月25日)　谢本号野臣，自言先世河南人，为将，从孙公传庭征流寇，徙家义兴。野臣父早卒，及长始知其先实不姓谢，然莫可追溯，因改姓身。钱塘丁鲁斋，野臣弟子，受天文历算之学，以野臣自作先墓记示予。

初二日(8月26日)　同次儿至杭秋试。

初四日(8月28日)　过抱经堂，邂[①]逅段懋堂太令。

全[②]绍衣庶常既馆选，侍郎春台爱其才，以女妻之。杭堇浦尝改唐人诗以谑之，有"倚炕[③]立时风细细，拖鞋行处响腾腾。最怜一醉

---

① 稿本"邂"作"解"。

② 底本"全"误作"金"，据夏斋本改。

③ 底本"炕"字为空格，据夏斋本补。

烧刀后，敲断烟筒唤不应。”闻者多为之绝倒。

十二日(9月5日) 为我亭题倪文贞、张忠烈二公诗画卷。

中秋日(9月8日) 在贡院西买得王昭平先生书扇。扇金面，上小书《鹪鹩赋》最精。先生谥节愍，所书《心经》刻石灵隐，今尚存。

十八日(9月11日) 偕子侄归里。

九月朔日(9月24日)

廿五日(10月18日) 同三侄为阳羡之游。

廿八日(10月21日) 过竹汀宫詹紫阳书院。

十月朔日(10月24日) 至宜兴，过唐明府仲冕玉鉴亭。

十一日(11月3日) 归小桐溪。

十六日(11月8日) 二侄女归洛溪周氏。

廿五日(11月17日) 至武林。

廿六日(11月18日) 同绿饮、小洲至葛林访汪容夫，不值。容夫名钟，江都人，丁酉拔贡。

西湖文澜阁藏御定《四库全书》，书用白绵纸，每页画朱丝阑，每面各八行。第一页用“古稀天子”，后一叶用“乾隆御定之宝”。前后俱用看页，后看页下署“臣某某恭校，某恭录。”外五色纺绸为部面，四周掐边，两面里转，不用线钉。绸色：经月白，史大红，子蓝，集绿。每匣或六册，或七册。第一册夹签一条，书“钦定四库全书第几千几百函”，为一行，书名为一行。每一函内之书总用楠木板二，广狭如书，上下夹定书册，再用细带一条，约广五分，长二尺余，一头有铜圈，以一头穿圈内，纵放书前抽紧，使书不动摇，然后推入匣内，而垂其带一头于外，以便抽取。匣亦楠木，高约三寸余，五面皆镶笋，惟一头用抽盖，外刻“钦定四库全书弟[1]几匣某部某书”。书面签每册亦如此，墨笔楷书外，墨画签式即在书面，不另用纸。

陈髯河庄藏阳明尺牍，前有引首小印“弄瓦一笑”四字，殊不可

① 稿本“弟”作“第”。

解。按:山谷《秘书省冬夜宿直寄怀李德素》诗云:“姮娥携青女,一笑粲万瓦。”宋景文《笔记》云:“粲,明也。如万众皆启齿。”王印岂此意乎?

廿七日(11月19日) 善卷小水洞以癸丑元日子初崩塌,声震远尔,鸡犬俱惊逸。

十(一)月朔日(11月23日) 吾乡陈谢浮墓祠中有萧梅种最佳,实脆甚,坠地即碎。按黄山谷有《戏答晁深道乞消梅》诗,疑“萧”即“消”音之讹也。元遗山次女为女冠,见郝文忠为遗山墓志。

廿一日(12月13日) 之武林访耕厓,不值。

廿七日(12月19日) 归小桐溪。

廿九日冬至(12月21日) 小雨。晚雪。

十二月朔日(12月22日) 《尉缭子》二十九篇,见《汉艺文志》杂家类,凡五卷。明初宋潜溪所见只二十四篇,盖已失五篇。尉缭子不知何时[①]人,或云魏人,以《天官篇》有“梁魏王问”知之。或云齐人。宋元丰中,是书与《孙》《吴》《司马兵法》、黄石公《三略》、吕望《六韬》、《李卫公问对》颁武学,为《七书》。《史记·秦始皇本纪》有梁人尉缭说秦王,《汉志》别有《尉缭》三十一篇。

二十六日(1795年1月16日) 夜微雷。

小除日(1月19日) 晴。寒甚。

除夕(1月20日) 晴。

---

① 底本无“时”字,据夏斋本补。

乾隆六十年(1795)岁次旃蒙单阏乙卯

元旦(1月21日) 晴。日有食之。是日天气颇暄和。

人日(1月25日) 晴。偕侄辈麻泾省墓。

上元日(2月4日) 月蚀。

明郑世子上《历书》,礼官议云:"岁差之法,上古无闻,始于晋洛下闳、唐虞喜。元许衡、郭守敬始于六十六年差一度。"

廿二日(2月11日) 嘉靖间禾人谈相号术泉者,以微贱得上宠眷,至侍郎,骄奢不法,坐罪论辟。受法日正值杨忠愍公赴义,谈号呼称冤。忠愍厉声曰:"咄!奴辈得伴我死,可谓生荣,尚感声冤耶?"见《野获编》。张承之《笔记》谓:"忠愍寔绞而非斩。"①

二月朔日(2月19日) 至邵湾。

十一日(3月1日) 耕烟馆绿萼盛开,偕秋读、河庄、梅史小饮。时松霭大令适寄咏梅诗索和,余与河庄、梅史、次儿各和四首。是夕桃溪墨阳楼灾。

二十五日(3月15日) 拟率子侄辈休宁展谒祖墓,以墨阳之灾未果,不胜怅然。

闰月朔日(3月21日) 时以岁歉,约里中同志为粥饲饿者。是日为始,每日自辰迄申,凡大小二千余口。于兴福庵按票给筹,第三带盐贩给粥。

《左氏传》:"卫侯赐北宫喜谥曰贞子,赐析朱巨谥曰成子。"杜注

---

① 小字内容原为眉批,底本、稿本同,夏斋本无。

云:“皆未死而赐谥及墓田,传终而言之。”何义门评《困学纪闻》云:“近得不全宋本,作‘皆死而赐谥及墓田,传终言之。’少二字,而义允协,意尤明,似胜王氏所据之本。”予谓宋本亦尽有不足为据者,二子盖以未死而赐谥,故特著之以见例。若死而赐谥,极寻常事,左氏书之则不胜其书矣。近予反,钱绿窗以此言为非,惟竹汀宫詹极是予说。

初二日(3月22日) 上一夜以煮粥不成,于三带设灶口一坛。是日粥颇香稠,领者无不欢抃。

初三日(3月23日) 晚登舟为阳羡之游。

初五日(3月25日) 阻风射襄城。

初七日(3月27日) 至吴江,过运南堂,午饭于慧楼。楼前玉兰盛放,主客相对,如坐冰壶瑶岛中也。下午解维从瓜泾渡湖,风甚利。际晚抵胥门。

下津周漪塘有宋刻《司马相如传》,与予藏《汉书》无异。①

初九日(3月29日) 访竹汀宫詹于紫阳书院,复至顾市巷,与冯补亭、鲍选堂游拙政园。园在齐女门内,今归蒋氏,更名复园。沈文悫公有《复园记》,王次山书,刻石于壁。问宝珠山,查已不知所在矣。

十二日(4月1日) 晓抵桃溪。

十五日寒食(4月4日) 夜雨雪。

周玉绳故园在宜兴南门外,今所谓白粮邦一带皆是。有清晖阁、片野堂,皆废。相传家有窖簿,悉志其金穴所在。其孙某屡发不得,乃延道士设坛,召窖神而诘之。窖神者,盖每封一藏,则杀其一僮,令鬼守之,终不去。道士设醮至五昼夜,忽有窖神呵曰:“金穴实有数处,但皆卢忠烈公主之,非周氏所得而窥。若不速退,且遭严殛。”即叱之退,自是此念遂绝。周设坛斋醮,约费数十金,窖神告以某废墙下有白金一笏,用偿汝费。如所指寻之,果得醮费。外仅余数金。

十七日(4月6日) 自桃溪之宜兴。

---

① 底本无此句,据夏斋本补。

十九日(4月8日) 雨。至常州晤唐荆溪于舟次。

二十日(4月9日) 仍至宜兴。

廿三日(4月12日) 过陶山玉鉴亭,偕胡沧门亦作亶、王梦泽、胥燕亭游显亲寺。于寺南荒址中得虞集、柯九思、唐顺之、王问、马顾泽石刻诗五块。复读正统丙寅石碣。

廿五日(4月14日) 晨至徐舍,以国山亭事属景辰陈生。

陈景文云:"宜兴三里桥观音殿侧有唐石幢,下半字多灭漶。"晚抵桃溪。

三月朔日(4月19日) 重建墨阳楼于桃溪,是日上梁。晚偕大侄南还。

初二日(4月20日) 过陶山,与沧门、梦泽、燕亭饮迤轩。时陶山新为沧门纳姬于迤轩,令歌儿亭亭唱《贺新郎》词。亭亭名玉鉴,姓吴氏,秀慧绝伦,陶山尤爱之。歌既阕,燕亭复演予题《玉鉴亭》,联句为《鹧鸪天》,令歌之。应声按拍,无不合度,真此日之云郎也。

初三日(4月21日) 与万瑱为、徐颖贤至湛渎,修禊于蒋声依斋。晚至静山庵,拓唐开元石幢。

初四日(4月22日) 陶山招饮,复至舟。夜话而别。

初六日(4月24日) 陶山治具,招同人集周氏杜鹃花下,兼为流觞曲水故事。是日适丁巳,盖楚俗以六日为上巳也。

初七日(4月25日) 万香南、胥燕亭、陈景文至舟送别。

初八日(4月26日) 过湛渎,别蒋声依。

初十日(4月28日) 至吴门访竹汀先生于紫阳书院。复冲雨访段懋堂大令,不值。

十二日(4月30日) 雨。午后过慧楼。

十三日(5月1日) 晚[1]至檇李。

十四日(5月2日) 晨雨抵硖石,午刻至家。

---

① 夏斋本"晚"作"晓"。

廿三日(5月11日)　之武林。

廿六日(5月14日)　抱经学士招集新桥里第。

廿七日(5月15日)　至西湖访绿饮于醉茶轩书局。

廿八日(5月16日)　山舟太史至舟次,晚集东谷小如舟学舍。

四月朔日(5月18日)　放舟出城,访何春渚于枯树湾。

五月朔日(6月17日)　至槜李。晚甚热,与许婿懋堇饮烟雨楼,夜分而别。

六月朔日(7月16日)

天贶日(7月21日)　暑气甚烈。

十五日(7月30日)　大雨,微凉。

七月朔日(8月15日)　过花溪。

十六日(8月30日)　连日暑热,午后雷雨。予侄日华一煎盐丁为震雷击死,年二十余。同时五人共处,内一人方持饭而食,惊堕碗于地,而饭仍盈碗平放,无一粒狼藉,真异事也。闻震死者曾放火烧毙一人六家。

八月朔日(9月13日)　海盐马青上少府过访。青上名之琰,工长短句。妇陈筠,一字翠君,亦工词,多警句,如"郎似东风侬似絮,天涯辛苦相随处,之句尤佳。

九月朔日(10月13日)　周松霭大令寄所著《古文尚书冤词补正》索序,大旨左袒古文,谓朱子但疑《孔传》,未尝疑经。然予考《朱子语录》,首虽疑传,至末云:"况孔书至东晋方出,前此诸儒皆不曾见,可疑之甚。"据此语①,盖即所谓疑经矣。

初八日(10月20日)　闻朱甥瑞榕秋闱获隽,本房为淳安令巩,名懿修。

十四日(10月26日)　之武林。

十月朔日(11月11日)　同诸侄麻泾省墓。

---

①　底本无"语"字,据稿本、夏斋本补。

十五日(11月25日)　宋高宗御书《礼部韵》五卷。

中陈汶尝刊石，置湖州墨妙亭，而锓本世罕见之。海宁陈氏玉箴堂有此书，今亦散出。予得寓目，录其跋于左：

> 臣仰惟：
>
> 高宗皇帝释去万几，游戏翰墨，朝夕不倦。圣心冲澹，不累于物，合于道矣。宜其超妙入神，不可摹拟。御书《礼部韵》，真草兼备，凡二万二千一百九十六字。臣与勤得而秘藏之，臣汶刊，置墨妙亭，以为万世之宝。承议郎权发遣湖州军州兼管内劝农事借紫臣陈汶谨识。宣议郎签书召庆军节度判官厅事臣赵与勤监刊。

骞按：书中凡“垣”“洹”字皆不缺笔。“平声上二十六桓”作“二十欢”，韵中亦但有“欢”而无“桓”。此盖避徽宗韵[1]，但总目仍作“二十六　”，仅缺一笔，殊不可解。

十一月朔日(12月11日)　至梅会里吴氏，观竹垞先生《烟雨归耕图》及其子昆田《月波吹笛图》二卷。《烟雨归耕》，武林戴苍作。《吹笛图》，禹之鼎作。二卷俱有题跋，前卷二十余跋，后卷五十跋。

初二日(12月12日)　花溪祝子宝田过耕烟山馆，亡友诜兮子也。时寒雨初霁，美人茶方试花，因作开炉小酌。回忆二十年前，杯酒论文，真不胜山阳邻笛之痛。

十二日己未(12月22日)　冬至。晴。是日钦颁嘉庆元年时宪书。

十三日(12月23日)　晴暖。申刻得一孙。

十六日(12月26日)　黄昏买舟，乘月为垂虹之游。

宋末有工拓碑者葛朴，字子溪。《王兰泉诗注》。

---

① “徽宗”当作“钦宗”，“韵”疑当作“讳”。

许雪林过访,出示唐刘蜕砚。砚紫色,长二寸余,广半之,厚得广之半而杀焉。背平面微隆起,而中受墨已凹。上有方池,池中刻一花如海棠,旁镌籀书“蜕”字。沈房仲得于吴中,定以为刘蜕砚。其弟椒园《隐拙斋集》中有《刘蜕小砚联句》十八韵。房仲早卒,砚椒园没又归鹤桥查氏,查复售于雪林。按:刘蜕见《唐书》,字复愚,少与孙樵齐名,著《文泉子》,盛称于时。沈以为刘蜕者,盖亦砚旁“蜕”字也。然予按唐人名蜕者,尚有陈蜕,见《唐诗纪事》。

十二月朔日(1796 年 1 月 10 日) 小字孙男曰瑞麟。

十三日(1 月 22 日) 瑞麟弥月。

十六日(1 月 25 日) 四侄夫妇及五侄自武林归,始知抱经学士讣。

除夕(2 月 8 日) 雨。

嘉庆元年(1796)岁次柔兆执徐丙辰

正月元日戊申(2月9日) 晴。

初五日(2月13日) 至万苍山规营生圹。

初八日(2月16日) 偕平湖宗人毓春至邵湾。是夕雪,浦道人亦拏舟自海宁至[①]。

“绿杨动影风吹日,红药留香蝶护春。”王守溪“三年弟子行丧礼,千雨乡人送葬车。”欧公挽苏明允诗句。[②]

初九日(2月17日) 寅刻令次儿[③]随毓春入万苍启土,犁明风雪交作。

初十日(2月18日) 大雪祁寒,溪流尽冻,大树皆死。至民家,酒罋鸡卵,无不碎裂,真目所仅觏也。

十一日(2月19日) 始晴,因入山定向。午后解舟西还,一路击冰,至茶院始通棹,沽酒于金粟山下。乘微月抵园花,雪浦别去。是夕宿花边埯东,积冰复合。

十二日(2月20日) 午后自花边埯击冰而归。

十三日(2月21日) 广伯至。

上元日(2月23日) 晴。是夕月甚佳。

十八日(2月26日) 重至邵湾。开金井,贮长兴梗子石灰一百

---

① “亦拏舟自海宁至”,稿本作“亦来会”。

② “绿杨……苏明允诗句”,底本无,据稿本补。

③ 底本“儿”误作“兄”,据稿本改。

担于吴山小筑,以待用。既而复益二十担。

二十日(2月28日) 清晨筑三合土起。其法:凡椁底先筑二皮,每皮先铺三合土二寸半,以足践平,次以木椎筑实。二皮约厚三寸,次安木椁二座,定乾山巽向。戌辰分金,坐奎七度,向轸十三度。毓春氏以此地为辛龙,盖阴龙阴向也。椁既定,复铺三合土,每皮松土三寸,如前践平。加椎三遍,至筑实,得一寸五分。每日自晨至莫,约筑四皮,昼作夜息,通用三十九人。凡穴内践筑十人,筛灰和土八人,断乌樟叶一人。所谓三合土者,凡细石灰三箕,和净山黄泥三箕,乌樟汁二拗斗半。亦有加太湖沙者,今不用。椁分左右,各高三尺四寸五分,广二尺九寸一分,长八尺四寸,厚二寸二分。横盖四前第一块视余三独狭,以便开穴时抽其前。和[①]两椁中间相去八寸。谓之夹梁。三合土四周凡一尺六寸,独前一面但灰土,不和乌樟汁,不筑实。

二十六日(3月5日) 子时封椁。每椁内安瓷寿星一,香炉一,木烛台一副,谷一瓶,油一钵,约十两,用草柎燃灯心二茎,甑三。是日丑初三刻惊蛰,封椁后雨,达曙旋霁。

二十八日(3月7日) 海盐胡茂哉茂才、张芑堂明经由通元挐棹过访,顾林泉而悦之。予请题名石上,因送之谈仙岭下而别。芑堂临去以书盝属题,予为铭,曰:"文房之友,藏诸无咎。"陈则梁原名昌应,慕狄梁公为人,更名梁。晚筑海月庵,自为生圹其中,范长倩、董思白诸公多为题额。海月庵在海盐城北十五里梁浦庙之仓桥。

二十九日(3月8日) 于山上凿一泉,在穴左,去穴可二丈余。长二丈,广半之,深约广之半。凿甫下,清泉瀵出,昼夜不竭,而味尤甘洌,人皆异之。午后游悟空寺。

二月朔日丁丑(3月9日) 明杨忠愍公《劾严嵩十罪五奸疏》手稿尚藏其家。宋牧仲为忠愍鼎新祠宇,其裔装潢,将以遗牧仲,于驴背上失之。见汪钝翁《题跋》。

---

① 底本"和"字在小注中,据文意归入正文。

命工锓寿藏铭于泉左石上，凡四十字："郁郁新阡，右林左泉。豳卿已事，景彼先贤。象图石室，语勒云烟。庶几它日，全而归焉。嘉庆丙辰吴骞自铭。"

是日三合土甫平，椁拟更筑二日止。

偕毓春游澉浦，进□□门。予自七龄随吾母程太孺人至澉浦规营外祖父母窀穸于罗汉湾，迄今匆匆余五十年。回忆昔时，假馆吕质先姨丈家，今其居已易主，而故旧都零落。缅想音容，恍焉如昨，不自知其涕泗之交颐也。

初三日(3 月 11 日)　三合土过其椁可三尺余，遂封以黄土，四周聚乱山为罗城，薄暮撤筑。夜雷雨。

初四日(3 月 12 日)　晨雨，命次儿遍谢诸山人。午后解缆西归。是役也，壹切买地兴作及昼夜襄事，张君静伦之力为多。

张承之先生云："《禹贡》'三江既入。'《蔡氏传》引庾仲初《吴都赋》注云云。《吴都赋》疑即左太冲所作，然庾注今世不传，并仲初亦不知何时人。求之《隋》、《唐·经籍志》，亦无其书。而胡朏明《禹贡锥指》忽云：'仲初名杲之，南齐人。'按：《南史》本传，杲之字景行，亦不言其有所注《吴都赋》。朏明之言，未知何据。"

初五日(3 月 13 日)　张承之先生《虫获轩笔记》凡四册，起于乾隆戊午十二月二十六日立春，迄于庚申五月三十日。每日晴阴风雨，以及人事应酬，并日夕所业。大抵论经最多，亦最善。此书从其从孙显文借观，显文言庚申五月晦后尚有一册，惜已散佚。

初七日(3 月 15 日)　夜五鼓大雷雨。

初八日(3 月 16 日)　复至万苍山。

二十七日(4 月 4 日)　清明节。

二十九日(4 月 6 日)　黄焜《四书珍珠船》引《广文选》曰："鲁平公与齐宣王会于凫绎山下，乐正克备道。孟子于平公曰：'孟子私淑仲尼，其德辅世长民，其道发政施仁，君何为不见乎？'"骞按：此段亦见《云麓漫抄》第十四卷述六一先生之语。

三月朔日丁未(4月8日) 卢素公先生尝语同邑张洋言曰:"予初薄游京师时,赵恒夫先生方为给谏。恒夫素好客,一时能文之士皆辐辏其门,希其援引。予亦心动,念有一同社旧游,方以文字受知于赵,依其庑下,即往见之,托为介绍。此君初亦唯唯,但云酬应匆忙,姑俟异日。至异日往,则云给谏此时又他出矣,更请展期。至第三次,予乃怀刺以往,期于必得。此君忽嚄唶相向曰:'子以此见为有益邪?不知给谏近方厌客,徒谒,无为也。'即取刺投于几。予遂怏怏而归。寒士投足无门之苦,少年辈犹未及知也。未几,君家侍御以计偕入都,一见握手,道寒烜外即曰:'赵给谏为声气之宗,君此来曾谒见否?'予答以:'未也。'侍御曰:'幸与一面,此时方欲展敬,即与兄同乘可乎?'予于是始得见恒夫先生于邸中。侍御交友之诚,视人犹己,贤乎世之媢嫉者远矣。"右载《虫获轩笔记》。侍御名曾裕,字昆诏,康熙戊辰进士。

初五日(4月12日) 率次儿入吴。

初七日(4月14日) 至吴江,过慧楼。

初八日(4月15日) 抵吴门。河庄约晤无轩于胥门舟次。夜雨。是日为大父讳日,夜中听雨,不禁凄然。

初九日(4月16日) 访竹汀宫詹于紫阳书院。

初十日(4月17日) 复至吴江,过陶山大令。

十一日(4月18日) 暮还,抵槜李。

十二日(4月19日) 抵里。

二十八日(5月5日) 为阳羡之游。是夕雨。

二十九日(5月6日) 游硖石西山。

四月朔日丙子(5月7日) 禺中至吴江,过运南堂。慧楼进士留饮,夜分始别。

初二日(5月8日) 至吴胥门,访钱竹汀宫詹于紫阳书院。

初三日(5月9日) 晨起放舟出虎疁,暮抵无锡。

初四日(5月10日) 阻风锡山,作长歌寄胥燕亭大令。

初五日(5月11日) 晚至宜兴。

初六日(5月12日) 过燕亭于学宫志局。复访蒋声依、万香南两茂才。

初七日(5月13日) 任安上茂才过访舟次。

初八日(5月14日) 别燕亭,之张渚。

初十日(5月16日) 卢子蟾桂来。

十八日(5月24日) 陈子景辰至。

二十日(5月26日) 燕亭自邑城至,与蟾桂、景辰集墨阳楼。

二十二日(5月28日) 偕燕亭、景辰游善权寺,登董山,观国山碑亭并吴自立大石。

二十三日(5月29日) 偕燕亭、景辰游龙池山。是夕二君俱别去。

二十九日(6月4日) 复至宜兴,与燕亭为张公洞之游。午后过罨溪。禺中抵蜀山,同游东坡祠及三夫人庙。晚宿山下。

五月朔日乙巳(6月5日) 旧目"韩康伯将肘无风骨",刘孝标注《说林》曰:"范启云:'韩康伯似肉鸭。'"右见《世说·轻诋篇》。《升庵外集》误以为《謦隅子》。

犁明解舟至湖㳇,与燕亭早饭后,觅笋舆至天申宫。茶罢,至会仙岩,遍录唐宋以来题名。复游张公洞,自后洞秉炬而入,从前洞出。是夕宿丁山观剧。

初二日(6月6日) 复还宜邑。

初三日(6月7日) 别诸同好南还。燕亭至西关送别。是夕宿和桥。

初四日(6月8日) 日中过浒墅,雨,泊。

重午日(6月9日) 晨雨。停午至虎邱。

初六日(6月10日) 访竹汀宫詹于紫阳书院。

初九日(6月13日) 由嘉禾抵家。是役也,往返几四旬,遇诸友挽留,恐病妇在家悬望,急归。妇执手泫然曰:"盼君几目断矣!"

十五日(6月19日) 暑暍渐盛,妇痒加剧。

十六日(6月20日) 袁陶轩、汪小海见过。

二十九日(7月3日) 连旬酷暑,为十余年来所未见。连殇二女孙。

六月朔日乙亥(7月5日)

七月朔日甲辰(8月3日) 之武林。是日郭溪遇雨,晚凉。

初八日(8月10日) 归里。

十一日(8月13日) 炎暑复盛。内子病益惫,渐不能进食矣。

二十日(8月22日) 申刻,瑞麟以暑毒殇。

二十三日(8月25日) 至邵湾。

二十四日(8月26日) 晨起,室人谓予曰:"吾夜梦翁谓曰:'尔病良苦,盍归乎?'殆与君永别矣!"自是遂不复言。

八月朔日癸酉(9月1日) 两广总督朱珪奏:"雷州雷神庙,雷神裔孙监生陈士珍等呈谢加封赐额,称士珍四十一世祖陈文玉生于五代,官于唐朝,受职刺史,功德著于从前;镇庇一方,威灵显于殁后"云云。

初二日(9月2日) 温州玉环大风,房室尽倾,伤人不可胜计。

初十日(9月10日) 张诚[①]之《虫获轩笔记》:"《说苑·越人歌》所云'鄂君'者,不知何人。考春秋战国时并无鄂国,惟《史记·萧相国世家》有关内侯鄂君。索隐曰:'鄂君乃鄂千秋,封安平侯。'疑即《越人歌》所谓鄂君也。此歌气体确系汉诗,不似秦以前所作,向来选诗者多置之春秋时,误。"

十三日(9月13日) 禹新自震泽过访,遗方孏儒《松壑泉声图》。

中秋日(9月15日) 以内子疾亟,罢家燕。

二十日(9月20日) 午刻内子昏晕,良久始甦。是夕夜将半,

---

① "诚"当作"承"。

竟淹然长逝。

二十二日(9 月 22 日) 内子大殓。

二十七日(9 月 27 日) 《水经注》:“巫山在平阴东北,山上有石室,耆老相传郭巨葬母处,世谓之孝子堂。”

九月朔日癸卯(10 月 1 日) 得云士留川信。

初九日(10 月 9 日) 赋《遣怀诗》十首。是日外舅悬弧之辰也。回思往日,挈内子携酒称觞之乐,倍觉黯然。得《遣怀诗》十首。

十二日(10 月 12 日) 内子三七,作祭文哭而焚之。

十月朔日癸酉(10 月 31 日) 孟冬。家祭。

初九日(11 月 8 日) 为亡妇领吊。

十六日(11 月 15 日) 愚斋公降生之日也。内子在日,必焚香家庙。

二十一日(11 月 20 日) 晴。是日为予悬弧之辰。黪素竟日而已。

二十七日(11 月 26 日) 孙女阿禄以痘殇。阿禄自幼最慧,从姑殁后,日常悲泣号慕,时年止六岁,家人无不怜之。是日际晚雷电大雨如夏月。

二十八日(11 月 27 日) 大风。晚雨霰交下。

二十九日(11 月 28 日) 雨雪。暮霁,见星。

十一月朔日壬寅(11 月 29 日) 寒。得松霭书,知绿窗疾甚。

初二日(11 月 30 日) 至路仲里问绿窗疾。

初三日(12 月 1 日) 自路仲还。申刻五孙女复殇于痘。

初四日(12 月 2 日) 敛五孙女与禄孙女,同权厝江家埯沈氏地。

初九日(12 月 7 日) 夜二鼓,为阿禄招魂。

初十日(12 月 8 日) 映堦侄招集桐溪书屋。

十三日(12 月 11 日) 洛溪人来,始闻广伯之赴。晚年心绪劣劣,又复失此良友,倍觉怅然。

十四日(12月12日) 巳刻七孙女复殇于痘。是夕登舟,为武林之游。

十五日(12月13日) 晚抵杭城。

十六日(12月14日) 过小如舟室,晤东谷学博。出城访绿饮,不值。是夕漏下二十刻月蚀,三鼓卢师山大火,沿及四条巷,际晓始熄。焚数千家,死伤不计其数。故老云:“数十年目所未见。”

十九日(12月17日) 出城,至醉茶轩。

二十日(12月18日) 东归小桐溪。

二十七日(12月25日) 黄昏登舟,为当湖之游。

十二月朔日(12月29日) 午后自平湖归里。是日为内子百日。

初二日(12月30日) 辰刻登舟,之武林送抱经学士葬。

初六日(1797年1月3日) 同仲鱼出城送卢学士葬。墓在艮山门外五里,乙山辛向。学士偕其配三恭人同穴。

初七日(1月4日) 解舟东归。

十三日(1月10日) 再游当湖。

《虫获轩笔记》,乡先辈张诚之先生为儒撰,从其从孙显文谟借阅。书凡四册,第一册起乾隆戊午十二月廿六日立春,止己未五月三十日。第二册起六月初一日,止八月三十日。第三册起九月初一日,止十二月三十日。第四册起庚申正月初一日,止五月三十日。

十六日(1月13日) 自东湖归。宾初侄妇以产后病危,越二日卒。

二十六日(1月23日) 夜有偷入竹下书堂,典籍悉为污损,至明方觉。

除夕(1月27日) 罢家宴。余杭县重建李忠定、朱考亭二公祠堂。右庵属构榜联,予为拟一联:“艰难社稷中兴相,党锢儒林百代师。”

嘉庆二年(1797)岁次强圉大荒落丁巳

元日壬寅(1月28日) 晴。

初二日(1月29日) 雨。

初三日(1月30日) 晨雪。长媳四十初度。媳自二十结缡至予家,盖二十年矣。

人日(2月1日) 阴。

十四日(2月10日) 晨雪,晚晴,见月。

上元日(2月11日) 晨雨晚晦。

二十二日(2月18日) 文鱼偕郑羹和及长嗣开福见过,出新刻石鼓文拓本见示。读诸公题跋,惟石君先生七古一首尤佳。

二十四日(2月20日) 至花溪,黄昏泛舟入城。

二十五日(2月21日) 晤秦小岘观察于北门舟次。

二十六日(2月22日) 午后微雪,复晤小岘于北门舟次。夜二鼓归至小桐溪。

二月朔日壬申(2月27日) 晴。

初八日(3月6日) 晨微雨。

初九日(3月7日) 之武林。黄昏过长安堰。

初十日(3月8日) 入城,知内子遗像为裱家所毁,怅恨久之。盖此像乃病中所绘,颇得神理也。

十二日(3月10日) 至醉茶轩,偕丁鲁斋、赵宽夫泛湖,至葛林访孔崇伯、何梦华。

十五日(3月13日) 过山舟。

十七日(3月15日) 午刻解维东归。

二十五日(3月23日) 黄昏地震。

廿七日(3月25日)[①]

三月初一日辛丑(3月28日) 复至武林。

初五日(4月1日) 偕少施氏归小桐[②]溪。

初八日(4月4日) 运德海潮王赛会。

初九日(4月5日) 赛会益盛,适小岘观察自乍浦观兵回。观于茶尖营,在廿里亭东。

初十日(4月6日) 复以少施氏归于杭而助之嫁。

十二日(4月8日) 少施氏归周氏,为继室。

十三日(4月9日) 犁明解舟,出城东归。

东海防同知司马骕死。初九日与小岘同观会于廿里亭,越日以暴疾卒,人谓慢神故也。西湖圣因寺灾,惟石刻贯休罗汉幸存。

四月朔日辛未(4月27日) 查梅史尝言:"人不可作名士气。"予独以为吾辈外貌不可作名士气,胸中不可无名士心。盖貌有名士气,便倨傲可厌;胸无名士心,则与俗为伍,有江河日下之势,可不畏哉!

至杨村丙舍,立先处士墓碣。

初五日(5月1日) 偕二愚兄至园花。是日赛会。

初六日(5月2日) 与二愚同登万苍山观穴向,甚击赏。

十四日(5月10日) 始闻唐陶山罢官之信。

十八日(5月14日) 之槜李。

十九日(5月15日) 午刻过闻川访宋金庭,不值。晚宿平望。

二十日(5月16日) 早抵吴江,时陶山已入郡,不晤。过慧楼运南堂小饮,复解舟渡太湖。暮抵吴门。

---

① 底本无"廿七日"三字,据稿本补。

② 底本"桐"误作"洞",据稿本,夏斋本改。

二十一日(5月17日) 补祝竹汀宫詹七十初度。

二十二日(5月18日) 访顾涧萍于春申君庙巷王[①]荛圃孝廉家。时袁右凯将移居枫桥,不晤。

二十四日(5月20日) 复至吴江。

二十五日(5月21日) 还至硖石,过应和。

五月朔日庚子(5月26日) 忆去岁是日,始与燕亭诸友别,意甚怅怅原本无友字,怅怅作根根[②],转瞬一载矣。电光石火之喻,良非过也。

是日倬田得一子。

初二日(5月27日) 同人集,耕烟为汤饼会。

午日(5月30日) 晴。午刻千仲又举一女。家人泛蒲觞后,招盲人为鼓儿词。

初六日(5月31日) 晨雨。偕映塔至篁垷,邀仲鱼联舫之花溪。与既常谋徐忠懿[③]公墓立碑事。

十四日(6月8日) 之武林,映塔同舫。

十八日(6月12日) 过醉茶轩,与绿饮、鄂岩同游昭庆,观王昭平先生楷书《金刚经》石刻。是日新铸铜钟成,又观黄原本作金,旁注黄字[④]。节妇施手绣五百应真佛幢。节妇金原本作黄,复点去,旁注金字[⑤]。氏名星月,未婚守志,凡十三年始绣成。

十九日(6月13日) 访小岘观察。

二十日(6月14日) 偕映塔及殷南侄东归。

二十三日(6月17日) 大雨雷。

---

① “王”当作“黄”。

② 此乃底本眉批。

③ 底本懿字为空格,据后文嘉庆六年六月二十二日日记补。

④ 小字内容原为底本眉批。

⑤ 小字内容原为底本眉批。

二十六日(6月20日) 之当湖,大雨,游北寺。禺中解舟出城,晚宿城南。

二十七日(6月21日) 巳后抵海盐,午后同容叔游朴园。

二十八日(6月22日) 午后抵家。

二十九日(6月23日) 雨。

三十日(6月24日) 雨。

六月朔日(6月25日) 晴。

初二日(6月26日) 未刻晤小岘观察于海上,时观察自尖山阅塘回。晚大雨。

初十日(7月4日) 自初三至是日,淫雨兼旬,川流横溢,舟楫不通。是日暴风忽起,发屋拔木,远近树木吹折者无算。麻泾曾大父墓宰树已百者,连根拔起十九株,真可痛也。

十八日(7月12日) 晴。寿照四十生日。阿荀之海盐。

《毗陵志》:"洪迈绍兴中与弟适、遵读书外家沈氏,成茅山坟屋,墓有二松,结球盛盖。既而兄弟举博学宏词。"予家尔鸣公墓昔年一松亦结球,大如筛,未几为人所侵,并松亦枯。不就侄日照没,而大儿既领荐,竟以瞽废。何三洪之盛,而予家之不幸也!

十九日(7月13日) 遣涌轮侄至麻泾省墓。

二十日(7月14日) 同蓉江婿入城。

二十一日(7月15日) 《白蛇传》载《小窗清纪》。又按《樵书》引《纪略》云:"吴延爽建保所塔,屡[①]复屡毁。弘治中,僧可胜重建,一夕大雷击死游僧三人、大蛇一条重五十斤,腹中白子数十枚。"

闰月朔日(7月24日) 晴。

初二日(7月25日) 过园花白衣庵,就凌医针臂。

十九日(8月11日) 偕映堦过花溪晤梅史,同访徐尚书墓。

二十六日(8月18日) 复与秋读、映堦之花溪,偕梅史、采山小

---

① 稿本"复"上有"遭雷击"三字。

饮西林庵。

明大理右评事夏公墓在西林庵，前有碣，高三尺，书："永乐六年大理。"不知其名，邑志亦无考。僧云："墓共有三冢，一在墓碣之前、一在化纸炉下，此两冢并在庵门外。一在庵内韦驮堂佛座下。"三冢皆平没土中，将来恐不可考矣，为之怃然。按金《志》夏名子谦，永乐六年以县吏举官大理左评事。许《志》：官广州同知，今据墓碑及《备考》改正。予疑墓碑刻永乐六年，则子谦必非永乐六年以县吏举官，恐许、赵、金三志均尚有讹，当更考之。

七月朔日(8月22日) "玉颜自古为身累，肉食何人与国谋。"欧公《崇徽公主手痕》[①]诗。

初七日(8月28日) 夜月甚凉。

十六日(9月6日) 黄昏登舟，为武林之游。

十八日(9月8日) 风雨大作，至五更始息。

二十七日(9月17日) 之当湖。

八月朔日(9月20日) 观灯于当湖。

初三日(9月22日) 偕徐姬归小桐溪，时年一十有九，字之曰兰贞。映堦为赋《一萼红》，甚佳。

初四日(9月23日) 古《幽兰操》，尹吉甫子伯奇作，其词"考不明其心兮信谗言"，是古人父在亦可以"考"称者。

十三日(10月2日) 之武林。

中秋日(10月4日) 招魏叔子至横河观月，不至。是日三女产一女。

十六日(10月5日) 闻山舟太史书予题李朱二公祠堂联，以授张道士。晤小岘观察。

午后至醉茶轩访绿饮、鄂岩、嬾儒，并不值。

十七日(10月6日) 解维东归。

---

① 底本"手痕"二字为空格，据稿本、夏斋本补。

二十一日(10月10日) 内子小祥。

二十五日(10月14日) 内子悬帨之辰,率家人哭奠。

九月朔日(10月20日) 晴。

初五日(10月24日) 之会城。

重九日(10月28日) 与侄辈吴山登高,闻小岘观察独游西湖,却寄一律。

十五日(11月3日) 归小桐溪。

二十五日(11月13日) 复之会城。

十月朔日(11月18日) 晴。

初五日(11月22日) 秦观察招集衙斋,同集者:塘西宋茗香大樽[①]、仁和邵右庵志纯、慈溪郑涧香勋。

初七日(11月24日) 偕二三两兄子归小桐溪。

十一日(11月28日) 小岘有小像,铁生为补《春江垂钓图》。右庵赞云:"其心佛,其行儒,其貌臞。其祖也,秦龙图;其师也,眉山苏。"

二十一日(12月8日) 晴。是日为予悬弧之辰。

十一月朔日(12月18日)

二十日(1798年1月6日) 仲兄暨嫂归孺人安葬邵湾山之汤家垷。侄日萱祔,酉刻封定。兄之殁已四十有四年矣,旧厝于横涨桥玉方公穴旁,岁月既久,榇下已微蚀。斫木而为之托,始能施绋,此古人所以戒缓葬也。是日大风,薄莫方息,即解维至槜李送小岘观察。

二十一日(1月7日) 凌晨抵西水驿,眄观察不至。午后与仲鱼同至角里街闵氏宅观腊梅。

二十二日(1月8日) 汪小海亦至舟中,以所制容成台墨二挺见遗。复读其游黄山近作。午后知观察北行改期,相与各散去。

十二月朔日(1月17日)

---

① 底本"大樽"二字为空格,据夏斋本补。

初二日(1月18日) 知小岘以二十九日辞杭,初一日已过禾矣。

二十三日(2月8日) 以容成台墨属梦唐寄祝陆少白四十初度,并佐长歌。次儿往桃溪度岁。

除夕(2月15日) 予以容成台墨寄少白,查梅史邀得之,用东坡答王晋卿借仇池石韵诗来索和。即夕酬和,兼慰少白。

郑羹和茂才复以杨忠愍与郑端简尺牍册寄视。

黄昏微雨。

嘉庆三年(1798)岁次著雍敦牂戊午

元日丙寅(2月16日) 东风。晴。

初二日(2月17日) 晴。

初三日(2月18日) 晴。

初四日(2月19日) 大风严寒。暮雪。

初五日(2月20日) 晨晦大风严寒。

人日(2月22日) 晴。

谷日(2月23日) 晴。

初九日(2月24日) 晴。率诸侄辈至芦葭桥拜玉方公墓。

上元日(3月2日) 晴。是晚朦胧月。

二月朔日乙未(3月17日) 阴。

初二日(3月18日) 入城偕潜山至学宫,谒东山兄所创孝子祠,并观忠义祠遗址。嘅然得诗二首。

十二日(3月28日) 阴雨。俗占谓"花朝遇雨,则当有十二连夜雨"之说。五侄科试入泮,第九名。

十九日(4月4日) 清明节。与二侄至卢家桥,泊舟祖墓侧。夜雷雨,是日为叔父母槥底加垫。

二十日(4月5日) 晨大雨雷电,祭扫祖墓而归。

二十一日(4月6日) 午刻天阴曀,室中几不能辨指数。雷电霹雳大雨,移时始定。

三月朔日乙丑(4月16日) 武侯木牛流马法,详《通典·食货志》注。

初五日谷雨(4月20日) 同朱巢饮、胡秋读、家二愚兄小集。时山馆鼠姑初放,其蕃较逊往年。

初八日(4月23日) 游金牛山。

四月朔日乙未(5月16日) 始拟束装为阳羡之游,以初四人定后,偕三侄登舟。

初五日(5月20日) 犁明至花溪,梅史过舟中,茶话而别。是夕宿硖石西南湖。

初七日(5月22日) 清晨访宋金庭于闻川。金庭与梦唐交好,工诗,尝有赠梦唐句云:“杜律须于垂老细,江花莫遣等闲开。”真药石之言也。禺中抵松陵,过慧楼运南堂。

浴佛日(5月23日) 访竹汀宫詹,复至陶山沧浪亭寓,晤其长嗣,知陶山解甘肃饷,已出潼关矣。

吕毖,吴中道士,自号卢城赤隐。康熙中,尝著《明朝宫史》,皆掇拾《酌中志》之言。近人刻文集,有为作传者,予见于慧楼斋中。

宫詹云:近得董令升永州摩厓拓本,乃篆书。盖令升为广川子,其工篆书[①]宜也。

初十日(5月25日) 抵桃溪。

《吕氏春秋·直谏篇》:“荆文王得茹黄之狗,宛路之矰,丹之姬,荒淫不听政。其臣葆申承先王之令,以荆令王伏而笞背五十。”今杂剧有所谓《监王鞭》者,殆出于此。

十二日(5月27日) 景辰过墨阳楼。

十八日(6月2日) 午后自桃溪解緈南还。

十九日(6月3日) 任礼堂过陶舫剧谈,移时始去。予于是亦解舟而南,晚泊锺溪。

二十三日(6月7日) 雨。抵吴门,晚泊八尺,盖即《越绝》之“百尺渎”也。吴以达粮。

---

① 底本无“书”字,据稿本补。

二十四日(6月8日) 至嘉兴,夜宿由拳。

二十五日(6月9日) 抵小桐溪。

五月朔日甲子(6月14日) 晴。

初二日(6月15日) 至洛溪。

初六日(6月19日) 偕映堦之硖石,适遇梅史。是夕饮于陶舫。

初七日(6月20日) 同映堦、梅史至横山张氏,邀半圭同寻顾况读书台遗址。还,次硖石。

初八日(6月21日) 同诸子游东西二山。归饮应和居易居。

初九日(6月22日) 归里。

十二日(6月25日) 入城晤小岘观察于隅园。

六月朔日癸巳(7月13日) 晴。始热。

三十日(8月11日) 自月初不雨,至于月晦,河流尽涸。兼旬酷热,旱暮,日色如血。旱暵郁烈,为数十年来所仅有也。海宁安国寺千手千眼木刻大士,无故自隳。考寺志,千手观音乃宋熙宁八年[①]。

七月朔日癸亥(8月12日) 小雨稍凉。

初二日(8月13日) 有云无雨。夜微雨。

初三日(8月14日) 晓晴。午后雷雨。夜复雨,颇凉。因忆朱梓庐诗云"明朝官弛屠门禁,休笑贫家割肉廉",为之一笑。

初四日(8月15日) 晨雨甚大,河流渐有通意。

二十九日(9月9日) 江家埯胡子瑾怀以瘵卒,妇哭之恸,誓以死殉。家人劝慰不从,乃环守之。至夜半,伺守者稍倦,即奔投门外池中。守者趋救获免。妇,高陈氏之女也。

八月朔日壬辰(9月10日) "杖头邻店酒,枕上隔江山",栖水宋左彝典籍句也。吴山有丐者,披发行吟,尝诵此二句。人不知其里

① 下疑阙文。

居姓氏，叩之左彝，亦不识其人也。

初四日(9月13日) 入郡送诸侄秋试。夜泊许村，热甚，几不成寐。

初五日(9月14日) 午后入杭城，寓三角荡卢氏馆。

十一日(9月20日) 访宋芝山于桐庐公馆，别十九年矣。

偕榕园访宋左彝典籍于玛瑙寺，不值。

十二日(9月21日) 晤小岘廉使于旧府。

十四日(9月23日) 复与榕园至西湖，晤左彝。欲访新创东坡祠，以风大，不果。

中秋日(9月24日) 夜月甚佳，招榕园集旅馆。适族人奎文自休宁省祖墓归，盛谈九华、白岳、黄山诸胜，恍然坐我于光明之顶也。

十六日(9月25日) 诸侄以次出场，余束装先归。

九月朔日辛酉(10月9日) 晴。时久不雨而颇热。

初二日(10月10日) 先子讳日。

初七日(10月15日) 晨起得四侄捷音。

九日(10月17日) 黎明小雨即止。晚晴，与巢饮、秋读及子侄山馆小集，月色不异中秋。

"檇李"之"檇"，竹垞《赋》依《说文》，音遵为切。按《经典释文》音"醉"，则二字平去两声俱可读。

十一日(10月19日) 之武林。

十四日(10月22日) 过醉茶轩。

十六日(10月24日) 偕四侄抵家祀祖。

二十九日(11月6日) 率四侄告祭各祖先墓，焚黄。

十月朔日辛卯(11月8日) 日有食之。

十二日(11月19日) 内子葬日，筮于十三日子初下定，前一夕发引，由小桐溪登舟过园花市河。是日比明抵邵湾，雨午后稍止，即登岸。予觅肩舆送至万苍山新阡，仍还舟中。子侄及送葬舅甥等皆留宿山舍。

十三日(11月20日)　五鼓雨不止，子侄辈俱登山扶柩入椁。定向为乾山巽向中盘，庚辰庚戌分金，坐于七[①]度，向轸十五度，宗人毓春定。是时即封圹，圹内颇燥，初启时，暖气自内出，似可无水蚁之虑矣。

十四日(11月21日)　晴。从邵湾唐家浜肩舆入山，观工人筑坟土。

十五日(11月22日)　复至新茔封冢，毕，仍还舟次。解綷西还，夜漏下二十刻抵家。

十六日(11月23日)　夜月蚀。

二十九日(12月6日)　夜晴见星。

十一月朔日庚申(12月7日)　晴。入东邵湾，谋营季父龄庵窀穸于第一山之阳。

初七日(12月13日)　至邵湾第一山，启土穿穴，筑三合土，依古灰格法。

十二日(12月18日)　率昂驹至芦葭桥当作卢家桥，盖以初白翁芦塘放鸭，而改此名，扶龄庵公暨孙孺人柩登舟，至新营安窆。是夕更余抵邵湾。

十三日(12月19日)　犁明扶柩入山。辰初定向，县棺而定小桃源。朱跛仙所选日。

十五日(12月21日)　冬至。晴。在山中。

十六日(12月22日)　封龄庵公墓毕，复至万苍山加坟土三日。第一山下有古冢，为往来行径，砖椁皆露，恐将及棺，急募人培土，别改行路，以避践毁。且书冢铭四句以揭道旁，云："荒草川走，多头唧口。枯木旁凋，莫欺土偶。"

十七日(12月23日)　复至万苍山封土。

---

① "于七"二字底本为小注，据文意归入正文，夏斋本作"参七"，亦为小字注。

十二月朔日庚寅(1799年1月6日)　晴。

初四日(1月9日)　入城候小岘观察,不至。

十四日(1月19日)　入城祝松霭七十寿。

二十五日(1月30日)　买地石板路西,葬无后亲[①]戚项九皋孺人及族侄亲万。

二十七日(2月1日)　送四侄由杭入都。至凤岘送仲鱼北上。

二十九日(2月3日)　晨雨。

除夕立春(2月4日)　晴。夜有星。

① 底本无“亲”字,据稿本补。

嘉庆四年(1799)岁在屠维协洽己未

元日庚寅[1]**(2 月 5 日)** 晴。晓登文昌阁望紫硖。

初二日(2 月 6 日) 晴暖。午后命寿旸往送河庄。

初三日(2 月 7 日) 阴。谢少连尝言:“《新安文献志》最淹贯,若王元美《四部稿》,其前后自相矛盾者甚多。”见周晖《金陵琐事》。

初六日(2 月 10 日) 率寿旸、之鼎谒愚斋公墓。晚过小桃源,雨。

人日(2 月 11 日) 晨阴。

十一日(2 月 15 日) 同半圭、梦唐、少白、梅史登妙果山,谒徐宝摩尚书墓,送梅史为四明之游。夜还山馆小饮。

十四日(2 月 18 日) 偕半圭、梦唐访陈乾初先生墓,盖先生所为族葬之规也。墓在沈家石桥之西,有祠在其[2]墓侧。

十五日(2 月 19 日) 晴。

二十二日(2 月 26 日) 始除红。

二十五日(3 月 1 日) 夜雪达旦。

二十七日(3 月 3 日) 黄昏雨中登舟,为虎林之游。

二十九日(3 月 5 日) 晨雨,午后晴。皋亭梅花盛放,晚泊许村舟中,香气达旦。

二月朔日(3 月 6 日) 雨竟日。

---

① 据《中国史历日和中西历日对照表》,“庚寅”当作“庚申”。

② 底本无“其”字,据稿本补。

初三日(3月8日) “父老轩前话不休,蒲轮又下召封侯。碑思诏奖千千语,一字添君岁一筹。”右倪文正公行书单条,其诗未知书赠何人,后无年月,只署“元璐”二字。是日以赠小岘观察,旧为郑羹和见遗也。

偕华秋槎、金鄂岩游孤山新建苏文忠公祠,复至栖霞岭下拜岳祠,观武穆及其子云遗像。又宋高宗手敕二道,其一似后人临本。时鄂岩欲以所得岳倦翁铜爵贮庙。

初四日(3月9日) 陈乾初先生《示儿帖》:“甲午冬,以《辨学稿》质沈朗斯。朗斯云:‘精圈文稿甚俗气,且乖虚受之理。’自后凡稿总不敢自下圈点。”近日友人中亦有喜自加圈点者,惜无朗斯其人。

十七日(3月22日) 午后雷雨大作。六十里塘南有马姓,方手桶于檐下承溜,忽见一小儿,遍体皆绿色,雨中疾驰入内。正惊怪间,即闻霹雳声自内而作,震毁一墙及梁柱,皆焦烂。按《岳阳风土记》:何仙姑谓雷神夫妇仅长三尺,此所见绿衣小儿,当即雷神。衣绿衣者,东方震之色也。

《老子》:“五色令人目盲,五音令人耳聋,五味令人口爽,驰骋畋猎,人心发狂。”据老氏之言,口爽似失其真味之意。今俗有爽口之说,作得味解,失其旨矣。爽若叶香叶下一字原本模糊,非香字①,②当作平声。

二十日(3月25日) 率子侄辈东山扫墓。暮归,大雨。

二十五日(3月30日) 大雨连日。纪君侄婿以其尊人避名录见示。

二十九日(4月3日) 之武原看季女病。

晦日(4月4日) 过文鱼新居小饮,试时壶武夷茶。

三月朔日(4月5日) 晴。同文鱼百可园观绉云石,高可丈余,

---

① “香”疑是盲字,夏斋本作“音”。
② “叶下一字……非香字”十一字为底本眉批,稿本、夏斋本无。

奇瘦。

初二日(4月6日) 晴。肩舆出南台,登土塘,过蓝田庙,至姜家桥展外舅魏公墓。遂沿海陟秦山。山有始皇庙,甚庳陋。始皇塑像冠冕旒傍有女像,欲寻美人葬处及驰道俱不可得。时午潮方至,银涛击山足,与怪石相战,声震山谷。下视吴越,但青空浩淼,千里一气,烟帆驰槛外,真隙中之野马也。有失风人十余栖于庑下,远望败舟出没于洪涛中。《水经注》:"谷水又东为澉浦。太康中有毛民三人来,盖泛于风。"正此类也。僧供茶甚清洌,云是上龙池水,岁旱祷雨,必至于此。茶罢,复循旧径下山,走沙壖十余里。

初九日(4月13日) 长女以疾剧归洛溪。

十一日(4月15日) 至武原看季女痢疾。

十三日(4月17日) 季女疾减,遂西还。

十五日(4月19日) 之洛溪探长女,午后还小桐溪。

二十二日(4月26日) 午刻长女讣至,时年四十有四。

二十五日(4月29日) 奉上谕:"现在会试届期,士子文艺诗策内,于朕名自当敬避。如遇上一字,着将页字偏傍缺写一撇一点书作顒,下一字将右傍第二火字改写又字,书作琰字。其单用禺字、页字、炎字,俱无庸缺笔。至乾隆六十年以前所刊书籍,凡遇朕名字样,不必更改。自嘉庆元年后,所刊书籍着照此缺笔改写。钦此。"

二十七日(5月1日) 重至武原舟中,读耕厓《客皖录》。

二十八日(5月2日) 奉上谕:"向来大逆缘坐人犯,按律办理,原以其实犯叛逆,自应申明宪典,用示惩创。至比照大逆缘坐人犯,则与实犯者不同。即如从前徐述夔、王锡侯,皆因其著作狂悖,将家属子孙遂比照大逆缘坐定拟,殊不知文字诗句,原可意为轩轾,况此等人犯生长本朝,自其祖父、高、曾,仰沐深仁厚泽,已过数十年,岂复系怀胜国;而挟仇抵隙者遂不免藉词挟制,指摘疵瑕。是偶以笔墨之不检,至与叛逆同科,既开告讦之端,复失情法之当。着交刑部:除实犯大逆,应行缘坐,无庸查办外,凡比照大逆人犯,其家属子孙或已经发遣，或尚禁图圄，即详晰查明，注写案由，开单具奏，候朕核夺降旨。钦此。”

四月朔日(5月5日)　晴。以季女病复至海盐。

十五日(5月19日)　复至海盐游一笑山。本张方洲故迹，屡易其主，今为曹氏所居，仅庭前一隅耳。复偕友游城南书屋，即所称小园也。林水翳如，极有幽致。主人汤姓，甚好客。

五月朔日(6月3日)　自鄞乡归，过竹房，观项易盦临韩滉《五牛图》。

初四日(6月6日)　复至武原。是日舟中甚热。

午日(6月7日)　过文渔，观竹如意，返饮顺思堂。时舟泊南城濠下，与容叔兰台观剧。际晚解缆，还小桐溪已四鼓。

十一日(6月13日)　清晨将复之武原，适四侄自北归。

二十四日(6月26日)　游硖川。雨中过西山清荫房。

二十六日(6月28日)　河庄自北归。

读予友周孝廉《客皖录》，云：“释氏教有三，曰禅，曰讲，曰瑜珈。而禅之中又有五，曰临济，曰沩仰，曰云门，曰曹洞，曰法眼。今之僧，借资衣食而已不知也。”

六月朔日(7月3日)　乾隆二十三年六月廿七，有凤集于衢州学宫。移时向南飞去，不知所之。时武林翟晴江为教授，未及申闻，有诗云：“纪岁在戊寅，六月二十七，晨光初熹微。门童叩闼述：横霞坪上梧桐枝，有鸟集止超凡仪。雄鸡冠绥鹦鹉喙，颈蛇颔燕尾鵔鸃。其高六尺横倍之，体间黑白章，首具五彩姿，鸠鹑鹊鸮千选相追随。初来未[1]知自何所，但闻群翼鼓风雨。开门遥见兀不鸣，众鸟列侍如环堵。”见梁耀北《瞥记》。

初六日(7月8日)　彭龟年《读书吟示子》云：“吾闻读书人，惜气胜惜金。累累如贯珠，其声和且平。忽然低复昂，似绝反可听。有

---

① 底本无“未”字，据夏斋本补。

时静以嘿,想见紬绎深。心潜与理会,不觉咏叹淫。昨夕汝读书,厉响惊四邻。方其气盛时,声能乱狂霖。倏忽气已渴,口亦遂绝吟。体疲神自昏,思虑那得清。安能更隽永,温更而知新。永歌诗有味,三复意转精。勉汝讽诵余,且学思深湛。”诗不甚工,而其教子读书之法甚可取。

初十日(7 月 12 日) 偶阅梁耀北《瞥记》,有取梁《徐勉传》“常恐时人谓我宅”,或对:“何可一日无此君。”亦未见其工。予谓,何不云“不知今夕是何年。”

十五日(7 月 17 日) 汪圣锡与喻玉泉书:“王晋老不待按脉而知人病。”

七月朔日丁巳(8 月 1 日) 晚大雨雷电。

初三日(8 月 3 日) 大风雨。黄昏三侄得一子。是夕大雨达旦,如风潮。

初四日(8 月 4 日) 风雨不止。夜雷。

初六日(8 月 6 日) 夜雨如注。黄昏震电霹雳,至半夜方止。是夕沈家石桥腐店击死一驴,硖石高阳桥击死一僵尸。

有人从杭州归,云六月二十七日薄暮,杭州大风,六和塔顶有铁索飞入城中,真诧异事。

七夕(8 月 7 日) 晚晴有月。沈家石桥腐店买驴磨豆有年矣。一日店主忽谓其邻曰:“将卖此驴。”叩其故,曰:“夜梦驴欲食我。”邻笑曰:“此乱梦,无足介意。”越数日,复梦如前,又以告邻,亦解之如前。至初六日夜分,驴忽震死,其理真不可解也。

八月朔日(8 月 31 日) 陶叟至萧山寄新刻诸种至。

十三日(9 月 12 日) 以哭女诗寄洛溪。

中秋日(9 月 14 日) 夜月有云。

二十一日(9 月 20 日) 内子讳日。盖下世已三年矣。

九月朔日(9 月 29 日) 晴。至西湖。

初二日(9 月 30 日) 华秋槎郡丞招集望湖楼。予以南宋方炉归东坡先生祠，为祭器。是日小岘观察亦来观，属即席赋《方炉歌》。时同集者为：仁和宋大樽茗香、武康徐飞熊雪庐、京口杨□□、姑苏石钧远梅、桐乡汪淮、宜兴吴德旋仲伦。

初三日(10月1日) 过山舟太史。

初四日(10月2日) 小海拉游江上，遂同访小方诸山人。

黄振，会稽人，轻财好施，尝建一楼，隆冬[1]盛暑必登之。有日中未举炊者，往遗之米。乡人德之，名其楼曰“望烟楼”。海宁陈氏，相传其先亦有是举，不知前人已有之。见篁村《广会稽风俗赋》注。

初六日(10月4日) 由杭旋里。

重九日(10月7日) 晨雨，午后晴。

十月朔日(10月29日) 吴云字玉松，乾隆癸丑进士。祖贯休宁晋公，支名玉堂。自左台至玉松四十一世。今官编修，入籍长洲。

十二日(11月9日) 休宁宗人象涛元灉、乾若□至象玉堂支、乾岭后支。

十三日(11月10日) 去冬是丙子葬日，山中苦雨，今日颇晴。黄昏率次儿至杭，寓于莱园。

十八日(11月15日) 长孙女芸归于张氏。

二十三日(11月20日) 归小桐溪。

二十七日(11月24日) 送象涛、乾若两宗人还休宁。

尝拟于万苍山树梅百，本筑万雪庵于墓侧，仿佛陈则梁水月故事。偶观秀水吴淡川诗云：“愿为乌鸟依慈母，要种梅花当子孙。”不禁怃然。

十一月朔日(11月27日) 阴。

初三日(11月29日) 黄昏宿陶舫，为云溪之游。

初四日(11月30日) 薄暮抵由拳，北风殊厉。

初五日(12月1日) 吴江南境见舳舻衔尾而过，盖海宁某抚军

---

① 夏斋本“冬”作“寒”。

枞阳之归丧也。

初六日(12月2日) 晨至松陵访杨立欧进士。

午后抵姑苏。

初七日(12月3日) 吕毖字贞九,号桴庵,苏州人。弱冠补娄县庠生。甲申后弃家学道士,号赤隐子,习符箓。卒年五十四,康熙三年也。李果为作传。

初八日(12月4日) 晨出虎畷。

初十日(12月6日) 晓抵阳羡,走访任礼堂于思子轩,际晚而别。

十一日(12月7日) 昧爽解缆入桃溪。

十三日(12月9日) 景辰至桃溪,晤于墨阳楼。

十六日(12月12日) 复至宜城。偕礼堂、瑱为、景辰、湘筠游巽阁,即宋通真观也。东坡尝寓于□□□家,今尚称。观,巷阁亲创,凡三层,颇极雄览。诸君复过陶舫,观石田画卷。

是夕复与诸君玩月于蛟桥,夜分而别。

十七日(12月13日) 晨至钟溪,访仲伦茂才,并晤其父名兆。时年八十一,矍铄如少年。

十八日(12月14日) 晚[①]至望亭棚南宿。

十九日(12月15日) 晨抵吴门,即过河庄上津桥寓小饮。是夕颇寒。

二十日(12月16日) 偕河庄访唐吴县。

二十一日(12月17日) 犁明自吴门解舟,暮泊平望。

二十二日(12月18日) 至醉里访澹川于南野堂。是夕宿由拳。

二十三日(12月19日) 薄暝抵家。

十二月朔日(12月26日) 晴。长侄女以初八日适苏氏,是日

① 底本无"晚"字,据稿本、夏斋本补。

受纳征礼。

十九日(1800 年 1 月 13 日) 至万苍山植冢树,凡松、柏、樟、杉、桐计二百五十余株。是夕宿守冢朱广文宅,明日乃还。

二十五日(1 月 19 日) 魏小洲自吴中来。

除夕(1 月 24 日) 自入冬来天气温和,亦少雨雪,暄暖若二月候。岁既丰稔,而蔬菜亦大熟。海宁桥司里萝卜一百斤价二十文,予目所未见也。是日颇寒,以暖碗饯岁。

嘉庆五年(1800)岁在上章涒滩庚申

元日甲寅(1月25日) 晓微雪,旋霁见日。偕子侄出行兴福庵,登文昌阁,下观放生池皆冰冻。

初二日(1月26日) 晴而冷。夜雪祁寒,不减元年正月。

初三日(1月27日) 晓起见积雪盈阶,午后稍暄。

人日(1月31日) 晴暖如昨冬。陈德孚来,盛谈川中兵事。

谷日(2月1日) 阴。

九日(2月2日) 雨竟日。五女于是日四十生日。是夕亥时,大侄举一子。

十一日立春(2月4日) 晴。农占有甲子丰年之说。是日甲子,又值立春,岁稔可知也。

十二日(2月5日) 雨。薄暮朱甥瑞榕至。

十三日(2月6日) 雨竟日。

十四日(2月7日) 雨。夜不见月。

上元日(2月8日) 阴夜颇寒,村灯颇盛,李作舟见过。

十六日(2月9日) 阴曀竟日。夜大雪。

十七日(2月10日) 大雪深丈,途径俱没,予目所未睹也。是日盼兄女归宁,竟以港断冰冻,漏下四十刻始至。

十八日(2月11日) 午后雪少止,寒甚。途径不见行人,为之罢市。

十九日(2月12日) 始见日色。望孙女归宁不至。

二十日(2月13日) 冻稍解,舟楫渐通。

松霭书来，谓乾隆癸亥正月，大雪更甚于今年。是岁初十立春，大雪在十五十六；今年十一立春，大雪在十六十七，尤奇。吾乡有周篦头，母年九十有五，言康熙庚子十二月大雪，自二十始，至廿四日转密，至不能送灶，人家仅于廊下焚拜而已。既而大冻，迨次年正月二十后始解。

二十六日(2 月 19 日) 芸孙女夫妇始至。

东方朔尝作《七谏》。

二月朔日甲申(2 月 24 日) 晴。

十一日(3 月 6 日) 惊蛰节。平明大雨雷鸣。

十二日(3 月 7 日) 雨。

十三日(3 月 8 日) 至武林，吊东谷丈于学舍。

十四日(3 月 9 日) 过万松书院，晤王兰泉少寇。

十八日(3 月 13 日) 小岘观察招集望湖楼，同会凡十有四人。时孙渊如廉使将适越，秋槎司马携方炉至，同修东坡先生春祀。

十九日(3 月 14 日) 犁明雨中解舟出城，东还皋亭。两岸桃李方蕊。

二十日(3 月 15 日) 清晨抵家。

二十八日(3 月 23 日) 午刻偕四侄登舟至虎林，为海阳之行。晚过长河。

二十九日(3 月 24 日) 雨晴，过皋亭，与四侄登半山观桃花。未刻入城。夜大雨。

三月朔日癸丑(3 月 25 日) 晴。至梅庄访陈花南。

上巳日(3 月 27 日) 晴。独游湖上。

初五日(3 月 29 日) 与四侄雨中出城，至何氏山楼晤敦与、申锡，登江船晚饭。是夕风雨达旦。

初六日(3 月 30 日) 北风甚利。平明挂帆，暮抵富阳宿，计程百二十里。

初七日(3 月 31 日) 自富春经桐君山，暮抵泷口，计程七十里。

桐君尤秀绝,盖南来诸山重峰叠嶂,至此尽折而西矣。

初八日(4月1日)　晓入泷中,停午登钓台,遍览子陵祠堂诸碑刻。见壁有小海题诗,因次其韵。暮宿泷中七十里。舟子八,是日又雇挽人四。

初九日(4月2日)　晨自乌石滩启行,午抵严州,游建昌山庙,祀金元人[①]总管神古封利济侯。山门有弘治、万历二碑。庙枕乌龙山,殿宇新整,西偏有亭榭、朱栏、碧槛,槛外夭桃与苍松古柏相掩映,远望江流一线,绕山足曲抱而西,风帆沙鸟,极缥缈之致,真严陵第一胜处也。宿十里铺六十里。

初十日(4月3日)　犁明解舟至猢狲淇,为淳安界六十五里。

十一日(4月4日)　昧爽由胡孙淇早发,巳刻过茶园,晚泊遂安港口。夜雨六十五里。

十二日清明(4月5日)　雨。自港口启行,巳刻过淳安,暮至□□三十五里。是日风雨竟日,忆甲午清明日在浦口过节,途中作诗寄内,忽忽二十有七年,而妇亡已五载矣,可胜存没之感。

十三日(4月6日)　晴。晨抵淳安,风景如昔,惟县前浮桥已断,故迹无存矣。约行四十里。

十四日(4月7日)　晓晴。午刻过威平,晚泊五十里。

十五日(4月8日)　晨雨。抵街口。午过深渡,溪山绝胜,三十五里。

十六日(4月9日)　晨雨。过雄村。午后稍晴,经浯村,仰望层岸,楼阁映带,如入画图。晚泊篁墩三十五里。

十七日(4月10日)　晨雨。巳刻至屯溪换船,禺中过隆阜,晚雨转大,暮泊前阜二十五里,夜雨达曙。

十八日(4月11日)　晓雨稍止。自前阜发舟,巳刻过古城岩,午经万安街,未刻至休宁南门外,假装入城,寓南街晋公祠内。自前

---

① 底本"人"字阙,据稿本补。

阜至下汶溪二十五里。

十九日(4月12日) 率衡照、申锡出钟秀门,拜祖墓于茅司徒岭,墓未山丑向。英达以疾不预。

二十日(4月13日) 雨。延医视英达疾。

二十一日(4月14日) 晴。复率衡照、申锡出钟秀门,至思顺家。还,入城游崇寿观,阒无一人。

二十二日(4月15日) 英达病甚,作书遣人报家。

二十三日(4月16日) 至宗人维翰家,晤其子道仁。晚雨。

二十四日(4月17日) 雨止。同衡照、申锡游竹泉,亭馆甚幽,即东山也。

二十五日(4月18日) 左台公祠春祭,到者七十二支。巳刻先至石舌山墓祭,衡照为主祭。午后堂祭,衡照为陪祭。晚饮福,不受胙。夜雨。

二十六日(4月19日) 莲塘祠春祭,到者四十六支。巳刻至凤山墓祭,衡照祀后土,忠孝支之熙主祭。午刻堂祭,清流支族名有度者主祭,衡照与忠孝支名之熙者陪祭。礼成,不饮福受胙。筹四筹肉一斤,各支皆受胙而散。

二十七日(4月20日) 晨雨,同衡照、申锡至左台公祠观磁权,相传左台夫人所遗,重十六两,形圆而匾,上有纽,微类北瓜,青花白地,涌起六稜,稜各有一人,或童子,或列仙,制作古雅。凡受胙轻重,率准于磁权。

二十八日(4月21日) 出城游东岳庙。英达疾间,作书遣人报家。

二十九日(4月22日) 同衡照、申锡至祖墓祭扫。毕,复与上门族侄道仁渡下汶溪,至流塘观剧。夜雨。

三十日(4月23日) 雨竟日。

四月朔日癸未(4月24日) 晴,日有食之。凡左台、莲塘二祠,司事者皆一年一交替,或数支共事,或一支独任,俱以春祭后交匣。

初二日(4月25日) 晴。有人舌下忽穿一孔,出血不止。数日后气息绵绵,众医莫知所措。一樵者负薪至其家,自云能治,遂取鲜艾叶捻如珠,塞其孔,三易而愈。乾若云。

初三日(4月26日) 雨。午后英进从孙自小桐溪由陆路来,看其弟病。

初四日(4月27日) 雨。不能出户。

初五日(4月28日) 雨竟日。

初六日(4月29日) 大雨彻夜。

初七日(4月30日) 同英进过敉宁坊寻故居。

初八日(5月1日) 晴。午后率衡照等至祖墓,谋重树墓碣之残缺者,高祖万锺公;欹而重扶者,六世祖意明公;断而重立者,六世祖妣方孺人;旧无今补者,伯祖考奇元公、伯祖妣胡孺人合葬之墓。又于祖墓西北麦陇之上,搜得下门伯祖国英公暨伯祖妣程孺人合葬之墓。墓碣已断没荒土,因为别勒石重树。惜穴傍尚有二冢,稍北有三冢,皆无墓碣可考,不能为之表志,疑并下门所葬,乃其后裔凋落,非我中门支胤为之祭扫,几有若敖之馁,真可痛也。是日道仁侄从□[①]茅司徒岭祖墓之西有丛冢,可数十亩。一石碑高八九尺,大书"义冢"二字,傍书"崇祯癸酉春月,文林郎知休宁县事欧阳□题,为厚田义民吴元琇"。考元琇公乃予曾祖行也。是日重至竹泉观鹦粟,掬东山泉登楼茶话。主人瀹茗,乃本山之雨前,颇为芬烈,殆松萝之支庶矣。归,道仁饷青精飰。

初九日(5月2日) 晴。清晨饭青精飰。与良健、衡照、英进父子同游齐云山,李君实见张躐蹋处也。

初十日(5月3日) 晴。休宁小北门赛关帝会。午后游落石台,率侄孙辈至敉宁坊外观祖居。

十一日(5月4日) 晴。辰刻别宗人,出小南门至下汶溪,登舟

---

① 此处疑有阙文。

还浙。元滗、良健、道仁皆送至溪上而别。午刻抵屯溪易舟，晚泊潘村。

十二日(5月5日)　晴。巳刻自潘村脑解舟，午至雄村，同衡照访桑孝廉庭橒，同游曹氏园而别。晚泊绵潭玩月。

渔梁坝在府城东三里。是日禺中，由浦口觅肩舆而西，一路缘山厓，经麦田七里度紫阳桥，过渔梁，入紫阳门访程学博瑶田不值，晤其孙。

十三日立夏(5月6日)　晴。清晨出街口，午过深渡。

十四日(5月7日)　晴。东南风。挂帆至严州，薄暮登子陵祠，题诗于壁，次小海韵。炳烛返舟，夕风甚利，榜[①]人乘月夜行。

十五日(5月8日)　巳刻过富阳，城垣极低小。晚宿朱桥之内以避潮。东望新月从水出，如金丸，微云抹其上，真奇观也。

十六日(5月9日)　晴。清晨舟抵江干，水可及胫。倩舟子剑负登陆，复雇牛车，载行李至旅中。予与衡照肩舆入城，适陶舫泊横河桥。须臾行李亦至，遂登舟。

十七日(5月10日)　往看孙女，还宿舟次。

十八日(5月11日)　晨出艮山水门。

十九日(5月12日)　清晨过长安堰，午后经郭溪，薄暮至家。

二十日(5月13日)　肆中有鬻一豖，黑骨，颇得其值。

《词林海错》引《左传注》："吴王被犆猊之甲。"犆，字书未见，犆猊疑即棠夷。《渊鉴类函》一百二十八。

闰四月朔日癸丑(5月24日)　晴。晚雨。

初六日(5月29日)　与魏子为武原之行。夜宿瑞榕书斋。

初七日(5月30日)　访鸥舫。同游涉园，良久始别。文渔过饮顺思堂。

初八日(5月31日)　过郑子夔和，观端简公甲胄。又端简侧室

---

① 底本"榜"误作"傍"，据夏斋本改。

□氏诰身一轴,即太常履准生母也。诰,万历六年某月锡。龚和乞予作甲胄铭,因为述《赞》一首。

五月朔日壬午(6月22日)　晴。

午日(6月26日)　晓大雾,巳刻始见日。是日休宁祖墓重树墓碣,午举蒲觞,西望遥拜而已。

明麻城陈进士以闻《登白岳访邋遢仙》诗云:"一道肩摩杂沓游,乱山蒙茸有丹邱。武陵世代何人易,绛邑生年知几周。山为有情偏有累,道惟能嘿始能休。凭师度与超凡诀,笑指终南八百秋。"

初六日(6月27日)　大雨。

初七日(6月28日)　《困学纪闻》:"开元中修五经文字,'我心惨惨'为'懆'元注:七到切。"杨椒山《与郑晓札》正用此字。

初八日(6月29日)　王充《论衡》曰:"凡祭祀之义有二:一曰报功,二曰修先。报功以勉力,修先以崇恩也。"《初学记·祭祀》注。

初九日(6月30日)　出梅□。

《隋志》:"《列女传》曹大家注",今颇少见。《初学记》十三引《列女传》曰:"日中考正叙人事,少采夕月。"曹大家注曰:"少采,降之采也。以秋分祀夕月,以迎阴气也。"

十一日(7月2日)　闻毗陵以禁止龙舟,致诸无籍纠众遍哄,各缙绅家亭馆器物,无不毁败,而当事不能谁何。

十五日(7月6日)　给事中邱庭澍谨奏,为请严禁僭[1]用冠顶以肃等威而靖[2]嚣风事。臣窃惟:"百司列职,仪章显示等差;九品分阶,冠带难容僭越。我国家会典昭垂,官联整肃,内外大小,冠服等差,详明画一,无可假借。凡列在仕籍,自当确守本职,谨遵宪纲。不意初登仕秩,僭冒陛阶,相习成风,虽公所朝端,居之不疑,恬不为怪,莫有过而问者。臣思其流弊所关非浅,谨就现在违制情事为皇上敬

---

① 稿本无"僭"字。

② 稿本"靖"作"静"。

陈之。查《会典》内载：七品官平时冠用素金顶，八品官用起花金顶，九品等官用镂花银顶。详绎例义，原因八品以下官秩微末，理应顾名思义，深自刻励，守其清洁，勉为好官。故内惟编修等官七品者用素金顶，外惟知县等官七品者用素金顶，其八九品以及未入流不得僭用。未[①]仕之进士、举人、贡生素金顶，生员、监生银顶，等级分明，一定不移。臣见每月验看月选官以及新捐分发各省试用人员齐集关门，八品官并不遵用起花金顶，九品及未入流并不遵用镂花银顶，一色僭用素金顶。窃思此项每月分发八品以下人员多至一二□人，经钦派大臣等验看，尚且罔遵功令，则其领照到省，谒见督抚各上司，亦必照样僭用。"云云。

六月朔日壬子(7月22日)　《左传》："命唐叔以《唐诰》，而封于夏虚。"忆昔抱经先生尝言"《唐诰》，偶忘所出"，予一时亦不能记，迄今怃然。

初二日(7月23日)　秦湛字处度，观之子，著《蚕书》，《禹贡锥指》引之。注见《淮海后集》。

初四日(7月25日)　《黄氏日抄》云："《管子》：斥者，薪刍所生之地。卤者乃咸地，于斥不相干。今嘉兴府濒海人呼产[②]之地为斥堑。"予按：斥堑，今嘉兴海地未见有此名，不知究何地也。

十三日(8月3日)　《吴志·虞翻传》注引《翻别传》云："翻奏郑玄解《尚书》违失，云：'古大篆"丣"字读当为"桺"，古丣、桺[③]同字而以为昧。"予疑丣、卯字相似，卯、昧音同，当再考之。

二十三日(8月13日)　海上大风雨，婺女、瓯江等处洪水暴发，人民被灾者不胜计。

七月朔日辛巳(8月20日)　晴。

① 底本"未"误作"朱"，据稿本改。

② 据《黄氏日抄》，底本"产"下阙一"芦"字。

③ 稿本"丣、桺"作"桺、丣"。

二十一日(9月9日) 至郡城晤山舟太史。时太史膺非意之干,自云庭树鹊巢十余年,一旦忽徙去不留迹,恐非佳兆。予谓先生闭门谢客,忽搆此鹊闹鸠喧一番,想自闻清净,所谓"一鸟不鸣,山更幽矣"。太史为之解颐。

二十四日(9月12日) 过梅庄。

二十六日(9月14日) 小岘廉使招饮衙斋。

临平湖旧属盐官,东吴时谣言"此湖开,天下太[①]平",孙皓以为大瑞,纪之国山,封禅刻石。陈后主时此湖又开,见《南史》。今湖并不知所在。

二十九日(9月17日) 侵晨解綷出城。

三十日(9月18日) 黎明抵小桐溪。

八月朔日辛亥(9月19日) 子侄辈入郡秋试。

齐豫章王嶷尝于第作小眠斋,见《南史·高帝诸子传》。宜兴史衎存作《小眠斋词》,岂袭其名乎?

十五日(10月3日) 至武林。黎明大雨,小岘观察亦是时出北新关,登舟入覲。

卯时月蚀。

十六日(10月4日) 同映堦及子侄辈集寓园,补作中秋。酒阑,步月还陶舫宿。

十八日(10月6日) 雨。

二十一日(10月9日) 归小桐溪。

二十五日(10月13日) 偕映堦、既常游邵湾,次日而还。

九月朔日庚辰(10月18日) 晴。

初二日(10月19日) 先子讳日。

十四日(10月31日) 夜以玩月伤风,踡卧十余日。

二十八日(11月14日) 疾始瘥,至楮樌河观剧。

---

① 据《三国志》,"太"字为衍文。

二十九日(11月15日) 登万花塘观红叶。

十月朔日庚戌(11月17日)

初六日(11月22日) 以病初愈,不能至先墓焚黄。

初九日(11月25日) 之桐乡吊金云庄比部。

十一日(11月27日) 之武林。

十三日(11月29日) 偕禹新游西湖。

十四日(11月30日) 访兰泉司寇于万松书院。

十八日(12月3日) 晚登舟为桃溪之游。

十九日(12月5日) 夜宿金桥。

二十一日(12月7日) 至吴门。河庄招饮于郭家园。

二十四日(12月10日) 暮抵宜兴。

二十五日(12月11日) 与任澧塘同过潘梦吉,晚泊涧北。

宜兴南门外周抑斋废园侧,民家一豕生子十二,末又产一象,初长八九寸,俄至二尺。翼日未晡,或谓剖其腹乃能食,遂剖而死。此本月十一日事也,澧塘目击之。

二十六日(12月12日) 清晨泊舟濲里,访张霁青,午抵桃溪。

常州僧皓月善治目疾,云:"目有七空窍,一窍不空即有病。"其治每令其不窒塞。凡人曾患目者,忌一切蛋终身,余食一概不禁。性喜云游,无定在,尝侨居宜兴半载。万香南久苦此证,他医皆不效,独得僧力,今可以观书。

二十七日(12月13日) 黄奕清、陈景辰来桃溪,霁青后至。

二十八日(12月14日) 三君别去。

二十九日(12月15日) 雨。

十一月朔日己卯(12月16日) 晚宿舟次。

初二日(12月17日) 午晴,渡西丸至长桥泊。香南、湘筠过舟中,夜饮而别。

初三日(12月18日) 澧塘造舟话别,莫宿钟溪。

初四日(12月19日) 夜泊新安,见月。

潘梦吉藏时壶，大仅如拳，形如瓜，小上而大下。土赤色，底有铭云：“筠篮采罢，茗熟常携。清风徐来，沁我心脾。时大彬制。”其式及大小与予旧得孟臣黑砂壶无异。

初六日(12月21日)　由澎山湖击冰至吴江。

初八日(12月23日)　清晨抵家。

十三日(12月28日)　是夕微雨。

十四日(12月29日)　次孙女归徐氏。

十五日(12月30日)　雪竟日。闻小岘廉使移湖南。

二十四日(1801年1月8日)　梅史同舟，之杭送秦廉使。

二十六日(1月10日)　薄暮抵郡。

二十九日(1月13日)　同梅史晤小岘廉使，出新得遂园《禊饮图》共观，为禹尚基鸿胪画，钱湘灵孝廉记。遂园乃徐健庵所筑，在昆山县城中，颇擅林木之胜。健庵与同人修禊饮之会于园中，同人序齿不序爵。与会者：钱湘灵、尤展成、王上藻、秦留仙、禹尚基及健庵弟果亭、子一、孙三、曾孙一，方外僧一人。余不能尽记。共十余人，各有赋咏。

三十日(1月14日)　偕梅史东归。

十二月朔日(1月15日)　晴。

初十日(1月24日)　四侄偕尹伦北上。

王元美未尝游华岳，李于鳞于青柯坪为之牵连题名。见董浦先生《华岳志序》。

嘉庆六年(1801)岁在重光作噩辛酉

元日(2 月 13 日) 晴暖。晨至兴福庵,登文昌阁拜张恶子神归。

初四日(2 月 16 日) 晴。偕奉峨、映堦之花溪,送既常游章安。次探尔修,时目疾未愈。是日先过敬业堂,欲观初白先生像,已收,不及见。

人日(2 月 19 日) 晴。

初八日(2 月 20 日) 至杨村省墓,晚泊横塘桥[①]。

初九日(2 月 21 日) 晨抵邵湾,上皋苏将军庙额,并立神位于后寝。毕,觅笋舆至万苍山,午后还舟。暴风陡作,过包家山雨始集。时久旱之后,蓬牕听雨,直至小桐[②]溪,为新年快事。

上元日(2 月 27 日) 晴暖如三月尾。

十六日(2 月 28 日) 阴。

十七日(3 月 1 日) 五更雷雨达曙。

十八日(3 月 2 日) 雪夜无灯。

十九日(3 月 3 日) 雨。晨起祀先,收遗像。

二月朔日(3 月 14 日) 晴。得四侄元旦次日在旅次寄书。

二十三日清明(4 月 5 日) 晴。家祭毕,与侄辈之麻泾扫墓。

三月朔日(4 月 13 日) 雨。

---

① 底本无“桥”字,据稿本补。

② 底本“桐”误作“洞”,据稿本改。

初二日(4月14日) 晴。率儿媳辈至东山,夜宿落星浜。

初三日(4月15日) 晴。入万苍山省墓竟,复率家人登钱氏湖天海月楼。

初四日(4月16日) 清晨自邵湾泛舟,至角里埯,看赛海神会。

初五日(4月17日) 午刻抵家。

初十日(4月22日) 得松霭大令书,知小岘廉使正月十七在袁州途中寄书闻讯,云廿三四可抵长沙。

十五日(4月27日) 阶陛从孙兰竹山房庆云红初放,同二愚兄、秋读、泰符侄小集。是夕月色尤佳。

十六日(4月28日) 与以黄等山馆赏牡丹,以黄和予韵,有"舞到霓裳熊不忙"之句,予亟赏之。

十八日(4月30日) 入城过著书斋,复至潜山家观商父巳卣。

二十日(5月2日) 至武林,过山舟太史。

二十二日(5月4日) 寄小岘廉使书于秋槎郡丞。再至梅庄,晤陈花南通守。

二十三日(5月5日) 独游天竺。返舟中,大雷雨雹大如鸡卵,逾时始定。予之不受濡袽之困也,文思大士其有以阴翼之与?

二十六日(5月8日) 归舟过郭溪徐生洲士,同舟至家。

四月朔日(5月13日) 晴。夜雨。

初三日(5月15日) 兰贞之疾也,以脚气疗之不能斩如,虑其滋蔓之难图也,则莫若砭针之施。闻吴之光福有金其姓者攻此术,乃相于囊药物,携梳奁,爰方启行,以赋远游。晚抵硖石,夜宿紫微山下。

初四日(5月16日) 晓过梅会里,日中至由拳,雨作。暮泊闻川,闻棹歌与雨声相应。

初五日(5月17日) 禺中抵吴江,过慧楼留饮。

初六日(5月18日) 由石湖径木渎至风浜,医者金廷爵居浜东。

初七日(5月19日) 晴。檥舟光福镇。镇依山,去邓尉香雪海可四五里。土人云:"若泊舟费家河头则不过半里,且催笋舆,甚易。"予忻然,即放棹进大石桥,西望尤湖,风浪甚恶,一舟子又病作,迁延不进,小泊石沚整。有新搆水轩颇幽洁,可以凭眺。予徙倚久之,复谋至司徒庙观清、奇、古、怪四树及毕家园看芍药,竟成虚愿,怅然回舟。真所谓良缘不易遘也。

浴佛日(5月20日) 晨起由风浜解缆,经浒墅出南关,至武邱。同兰贞登千人石,遂由剑池至小吴轩,遍游诸胜。时新绿成阴,梅杏垂实,有玉燕拂钗梁而过,西入青霭中,杳不知其所止也。复至可中亭观昔人题名,闻钟磬出上方,遂取石径下山登舟,日已将暝。夜宿山塘,月色甚朗,时虽夏初,而酒船歌舫中夜不绝。

初九日(5月21日) 入胥门走访李作梅,不值,遂解舟而南,晚泊吴江北郭。有硖石舟二同泊,盖亦将就医者也。

初十日(5月22日) 自吴江晓发,暮抵醉里。

十一日(5月23日) 日中抵梅里。禺中过硖石,望西山暮霭如画,遂沽酒小饮。于平林南漾,人定后抵家,乘月扣门,则家人犹未寝也。

二十八日(6月9日) 长女撤席,命次儿往洛溪送之。

五月朔日(6月11日) 晴。

初八日(6月18日) 晴。山馆蜀葵有殊色。与秋读、梦唐小饮。

初九日(6月19日) 四侄归。自都门接河庄书,云遇朝鲜国使臣,朴姓,齐家名,字修其。官内阁检书,博学,工诗文,家世本新罗王孙。

十九日(6月29日) 兴福庵以神诞演剧连日,至是午始毕。

二十日(6月30日) 登拜经楼,始闻蝉声。

周绍衣,长洲人,忠介公裔,居吴门上津桥,家多藏书。

二十五日(7月5日) 雨。是夕丹阳县大风坏民居,死者无算。

六月朔日丙午(7月11日) 晴。王兰泉少司寇以《刘梁合璧》属小海寄赠。

十一日(7月21日) 姚一如观察从达州军营遣使,以藏香三束、顺绫四疋见遗,并得胡雪方书。

二十二日(8月1日) 自杭州载徐忠懿公墓碑至袁花,权寄于真圣殿。

二十八日(8月7日) 梅史书来,谓舁夫不谨,徐公墓碑至殿门,以索绝,碑断为两。年来予以此事颇费心力,闻之几为之抚膺泣下。

二十九日(8月8日) 俗以六月十九为大士诞辰,惟吾宁安国寺在廿九日。每岁士女云集,香市最盛,每当蕴隆之际,必降阵雨。城外[1]虽赤日,而城中必雨。今岁自六月以来竟无雨,独是日午后城中大雨滂沛,几逾一时,万姓莫不感神惠,而城外及吾乡绝无雨点,真异事也。[2]

七月朔日(8月9日) 晴。热甚。时天久不雨,望之殊渴。

初七日(8月15日) 连日村民望雨甚切。夜间劫盗沿,远近鲜安枕者。

初九日(8月17日) 滨海盐舍三,日中时同被灾。

十一日(8月19日) 亭午大雨数寸,稍凉。

闻京师以六月初一至初五连昼夜大雨,水溢桑乾河,堤岸俱决,数十州县被其灾,殊不知河庄何如也。

中元日(8月23日) 侵晨起祀先,雨颇大。

瑞安江山寺侧有楼曰"浩然",乾隆甲寅,小岘观察易曰"孟楼",

---

① 底本衍一"外"字,据稿本删。

② 底本、稿本此则在十一日下,二十二日上,有注曰"此二十九日,当移廿八日后。"今乙正。

盖以襄阳曾游于此，有“众山遥对酒，孤屿共题诗”①之咏也。邑人赵汉琮谓楼本在文文山祠前，以《正气歌》取义。

二十一日(8月29日) 黄昏登舟。

二十二日(8月30日) 朝至宁城，松霭、潜山偕过舟次。暮宿长河。夜雨。

二十三日(8月31日) 访小海，知数日前入郡。薄暮抵新桥。

二十四日(9月1日) 过湖上。是日寓十五间园王氏。

三十日(9月7日) 偕秋槎至丁家山访昭平先生墓。守冢人赵姓，名大序，为前道。至其祖墓，在立着韦驮之西，有墓碑卧地。水洗而读之，有“名鉴，字克明，号月江”，乃嘉靖二十三年立，邵经济撰文，此殆昭平曾祖行。而其余碑碣俱漫灭，不辨谁为。昭平即询之，大序亦瞢然不能确指，遂怅焉返棹回。过栖霞岭谒岳王庙，观新出土六碑，盖秋槎时董修祠之役，于祠西荒地取土掘得之。一为武穆《送张紫岩先生北伐诗》五言一首，后题“绍兴五年岳某拜”，乃明弘治间得真迹重刻。一为明文征明□□楷书，石已中断。一为王世贞和《满江红》词。一为《吊忠诗》。

八月朔日(9月8日) 晴。山舟太史过访。

敬读上谕，《高宗纯皇帝实录》已纂成十年，计三千六百十二卷。恭计此书告成，当不下二万余卷。

初三日(9月10日) 午刻大雨，僦装登舟还里，晚过临平。

《七修类稿》：“嘉靖二十四年十二月二十以后接连五日，时有黑块，大小不一，往来冲日。二十五年六月二十五日之夕，北京连雨，西山水发，涌入都城数尺，房屋多倒没，死者无算，直入皇城。”

初四日(9月11日) 晨过修川访小海，薄暮抵家。

初八日(9月15日) 犁明大雨，旋止。

十一日(9月18日) 之武原。禺中入南门，至朱婿家，三女出

---

① 底本无“遥”“共”二字，据《孟浩然集》补。

见,抱外孙启焜出见,欢然道旧。时婿痢疾未痊,烛至,三女侍余夕膳。

十四日(9月21日) 还小桐溪。三女云夜来肝气偶发。予谓:“汝旧有此疾,殆因劳而作。”嘱其养静,为疏方而别。是日暝后抵家。

中秋日(9月22日) 晴。颇热。晚月甚晴朗,时享后与家人小饮,夜分始就寝。四更雨,颇大。

十六日(9月23日) 晓凉,偶感痎疟。

十七日(9月24日) 朱婿遣人来,云三女肝痛大作,急望予往视,而予呻吟床第,竟不能以往,徒滋瞀闷而已。

二十二日(9月29日) 朱婿信来,云女疾稍减,而予疟方止。

二十七日(10月4日) 午刻惊闻三女讣音,以昨酉刻卒,几欲自投于地。呜呼伤哉!忆十四日之晨,女留予在盐度中秋,予以时享当归,不谓遂成永诀,哀哉!

《明史》:万历十二年正月,御史范儁陈时政,帝欲重惩之。是夕大雷雨,明日朝门外水三尺余。见《卢洪春传》。

九月朔日(10月8日) 晴。

九日(10月16日) 晴。秋读、半圭、楚畹、梅史集山馆。

十月朔日(11月6日) 晴。遣七侄至麻泾祖墓焚黄。

十七日(11月22日) 率二侄、次儿、七侄杨村省墓。是夕梦有数挽郎,临穴抚榇如往时。既同吟挽歌,一人从旁赞之,唯记其末句云:“诗成不见青山隐,月下归来四面虚。”青山在溆浦,盖吾母旧家于青山之下也。此梦不知何由而作,姑志于右。

二十一日(11月26日) 晴。是日为予悬弧之辰,家人多为称祝。予既衔霜露之思,又忆生止三女,二女死,一女卧病。追前忆后,亦复何以为情邪?

二十三日(11月28日) 晴。率次儿之杭。

二十七日(12月2日) 至临江乡访朗斋、小州,皆不值。

二十九日(12月4日) 魏小洲来舟中,因率次儿同至梅庄访花南，复之德生庵晤华秋槎郡丞。道岳坟，观出土诸碑，惟武穆诗碑颇可疑。

十一月朔日(12月6日) 率寿旸至万松书院，兰泉少司寇出视汉铜雁足镫及赵忠毅铁如意，索诗。雁足镫高六寸有奇，上有盘，径三寸，形制仿佛《考古图》之京兆苏氏镫。但苏氏镫中有丶音主以承膏油，而此镫则盘中凿空，穿如璧羡然。下趺[①]为双雁足形，铜色青如瓜肤，盘下刻铭云："建昭三年，考工工辅为内者造铜雁足镫，重三斤八两，护建佐博啬夫福椽光主右丞宫今疑作令相省中宫内者弟五故家"唇旁刻云："今阳平家画一至三，阳朔元年赐。"足下刻云："后大厨。"通计六十一字，书法秀劲，在篆隶之间。少寇自有长歌八十六韵，载《述庵诗钞》。铁如意及铭与《金石契》所载同。

初三日(12月8日) 归里。

初十日(12月15日) 至梅会里，游暴书亭，晤杨文璞、李作梅。晚抵马疃，候金云庄比部丧，舟夜深始至。

十一日(12月16日) 晴。晨起登比部墓，送其下定。绿饮过舟中。饭罢，绿饮仍还梧桐乡，予亦解舟南归。

十二月朔日(1802年1月4日) 侵晨微雪。

初九日(1月12日) 文渔自武林道经泮江过访，夜分始别。得山舟太史书并所题朴贞蕤字册。

二十一日(1月24日) 夜之海盐，哭三女于顺思堂。

二十三日(1月26日) 过文渔学古堂不值，遂解舟归里。

---

① "趺"当作"趺"。

嘉庆七年(1802)岁次玄黓阉茂壬戌

元日癸酉(2月3日) 晴和。

初二日立春(2月4日) 晴。晨登文昌阁拈香后,率子侄之又匏家拜先容,复至阶陛家拜先容。

初三日(2月5日) 阴。

初四日(2月6日) 雨。

初五日(2月7日) 雨。

初六日(2月8日) 阴。黄昏微雨。

人日(2月9日) 雨。

初八日(2月10日) 雨。

初九日(2月11日) 阴雨。

初十日(2月12日) 雨。

十二日(2月14日) 晴。

十三日(2月15日) 阴。

十四日(2月16日) 晴。至卢家桥扫墓,复至园花。

上元日(2月17日) 晨微阴。

十九日(2月21日) 晴。至石斑路,祝陈大姊九十寿。

二十日(2月22日) 晚雨雪。

二十四日(2月26日) 大雪。午后登舟至长河,晚水甚急,不能上填[1]。

---

① 稿本"填"作"坝"。

二十五日(2月27日)　犁明上埧[1],际晚入城。

二十六日(2月28日)　过山舟太史清勤堂,适遇小海,偕至湖上。

二十七日(2月29日)　至净慈寺,为小岘廉使礼无量寿佛。道场同会者:冯给事培、潘侍御庭筠、宋助教大樽、华郡丞瑞璜、陈别驾韶、项州佐墉、邵太学志锟、杨广文秉初、汪广文嘉谷、邵茂才书稼、公子缃武。时主云上人主方丈。礼成后复游壑庵,访破迷上人,听谈镇海放大龟事,归而作记。

二十八日(3月1日)　同小海至忠正巷省斋大令寓,祝小岘廉使六十初度。

二十九日(3月2日)　省庵过舟中夜话。

二月朔日(3月4日)　晴。

初五日(3月8日)　归小桐溪。

二十三日(3月26日)　至海盐。

二十四日(3月27日)　同张显侯游涉园。

二十五日(3月28日)　薄暮抵家。

三月朔日(4月2日)　晴。

初四日清明(4月5日)　晴。遣儿侄之麻泾扫墓。

初六日(4月7日)　诣杨村扫墓。

二十二日(4月23日)　雨。夜半微雪。

四月朔日(5月2日)　晴。

十二日(5月13日)　午后大雨,夜尤甚。

十八日(5月19日)　雪樵骑尉偕潜山过访,薄晚而别。夜雨。

二十日(5月21日)　微雨。入城与潜山饮骑尉衙斋,观古器书画,略记于左:

《蕺山先生全集》四十卷雪樵手辑,未刻。阳明先生与罗整庵书卷、旧拓《争坐位帖》有箨石、山舟、梦楼跋、旧拓《大观帖》、旧拓右军帖

---

① 稿本"埧"作"坝"。

有簳石、山舟跋。唐蛆血砚、宋坑砚上有篆书铭,不全。蕺山先生注《易》砚背有《太极图》,边有篆书铭。明贤尺牍古铜鬲面有“隃制”二篆字,唇有铭。古尊彝内有铭。赵忠毅公铁如意。

二十一日(5月22日) 晨过著书斋,复之惠康桥访潜山而归。

二十二日(5月23日) 雨。

二十三日(5月24日) 雨。

二十四日(5月25日) 雨连夕。

二十五日(5月26日) 大雨竟日。

二十六日(5月27日) 晴。侄辈往省岁试。

二十九日(5月30日) 宁地育蚕之家,十室而九,故有“蚕丝麦熟”之谚。今岁蚕麦俱歉,而贼盗四起,诚可忧矣。

五月初一日(5月31日) 晴。

午日(6月4日) 阴雨竟日。

初七日(6月6日) 晴。朝鲜使臣朴齐家能文工诗,有《贞蕤稿》。朴姓本新罗之裔,有读为“标”音者。今齐家不知如何。

东坡云:“契嵩禅师多嗔,人未尝见其笑。”嵩有《镡津集》十五卷。

初八日(6月7日) 晴。

初九日(6月8日) 晴。

初十日(6月9日) 雨。四侄自都中回。

十一日(6月10日) 雨。

十二日(6月11日) 大雨雷。

十三日(6月12日) 大雨。

十四日(6月13日) 雨雷。蒸湿尤甚。邵湾山人送杏,殊佳。

十五日(6月14日) 晓大雾,午后雨。

十六日(6月15日) 大雨。

十七日(6月16日) 雨。

十八日(6月17日) 大雨竟日。夜雨达曙。

十九日(6月18日) 雨。

二十日(6月19日) 始霁。

二十三日夏至(6月22日) 晴。午后日西时,天西边有五色云,光采绚烂,逾时始散。

二十四日(6月23日) 晴。移榻竹下书堂。

二十五日(6月24日) 午后雷电大雨,禺中转甚。旧仓许声家老苍头吴见庭前火一团,方指顾间,楼上后垣已为雷轰破,大若车盖,而室中物用丝毫无损。汤家垷震死一人。

二十七日(6月26日) 晴。始闻蝉声。

二十九日(6月28日) 晤梅史于花溪东林庵。

《裨雅》引《禽经》曰:"林鸟以朝嘲,水鸟以夜啄。"啄字见《龙龛手镜》。

三十日(6月29日) 廿五之雷,旧仓朱岳池居许甥西偏,亦震落一鸱尾。雨既过,东壁上大书一"令"字,似淡墨笔,初时显然,后愈淡,二日不见。或云:"此砖落于地,今尚藏其家。"后说似较确。

六月朔日庚子(6月30日) 晴。

初三日(7月2日) 热。无风。

初六日(7月5日) 姚一如观察、胡雪方大令均有书至,即日裁答之。

初八日(7月7日) 晴。是日长妇归宁,自杭归舟,至长安,见龙垂其尾,急维舟近岸。须臾大雨如注,逾时始定。而吾乡竟无点滴,真谚所云"夏雨分牛脊"也。

初九日小暑(7月8日) 申刻雷雨。俗有"小暑闻雷,倒做黄梅"之说,将于是验之。

梁惠王大匏法见《尔雅翼》卷八"匏"条。

十一日(7月10日) "贱生于无所用",见《鹖冠子》。

十四日(7月13日) 大风甚凉。《尔雅》"螺蛅蟴",郭注:"今青州人呼载为蛅蟴。孙叔然云'八角螫虫',失之。"邢疏:"孙谓'八角螫虫'失之者,此即毛虫,何止八角。"按:今有毛虫,毛作五色,能螫人,俗呼“截毛”,其体长而方,合首尾观之,正得八角。故孙氏以为八角螯虫,疑本非误也。

二十八日(7月27日) 天久不雨。是日午后,宁城中有阵雨甚大。每年届齐丰宿山时,城中必有澍雨甘霖,屡验不爽。

七月朔日丁巳(7月29日) 丁兰事见孙盛《逸士传》。《明一统志》:“粤西苍梧县人。”又云“兰又为河内人”。然太平府又有丁兰庙,而不著所自始。按:明程百二《方舆胜略》:“广西梧州府有丁郎山。”注曰:“因孝子丁密得名,俗作丁兰者谬。”

十五日(8月12日) 晴。

十七日(8月14日) 午后大雨。澉浦南门外海滩忽来一大蛇,其身屈蟠,不知若干丈,但昂首向上,如人立,鳞白若雪,两目大于茶杯。海滨人观者日数千,亦不敢逐之。一日大雷雨,遂失所在。

二十九日(8月26日) 小海书至,约宋茗香助教、陈花南通守同游梁溪,访小岘廉使。

三十日(8月27日) 接廉使七月十日手书,约中秋至海昌观潮,嘱予不必至钓鳌矶相迎。

八月朔日(8月28日) 作书致雪樵骑尉。

“成家书满屋,添口鹤生孙。”偶从陈戴溪借阅旧钞《昆山杂咏》,卷首有人书此一联,意有所会,漫录于此。

是日未申日食,九分七杪。有阴云微雨,不及三分而复圆,洵为上瑞,目所未见也。松霭大令有诗纪事,潜山复继二律。

初三日(8月30日) 文渔过访清谈,竟日而别。

中秋日(9月11日) 阴。开雕诗集。设局于汪氏虚受斋。

净相寺在嘉兴县东十里,即生槜李处。又杨未庵《竹垞诗注》云:“梅里北七里东瑶庵亦有槜李。”

十九日(9月15日) 午刻雪樵人来,知小岘廉使移清晨抵城中,即招简庄联舫入城,晤廉使于东防李使君署。同集者:雪樵、骑尉、海宁州牧黄刺史、汪小海明经及其子青崖。席散,夜已二鼓,同廉使解舟游硖石，小海舟亦偕行。

二十日(9月16日)　晓至硖石，泊舟紫微山下。随廉使先诣白公祠拜神像，问主僧以新刻白公祠碑记，犹未树立。僧号瞎漏，具斋茗话。后出小影，乞廉使赞，予亦题诗一首。既竟，同游后阁，眺览久之。时观者益众，乃登舟复游审山，小饮叶锞师房，登山阁观云，薄暮下山。廉使登舟，予辈俱送至六角亭之北，追别去，则双硖明星已灿然可数矣。是日，予以朝鲜台笠赠行，廉使尤喜，故予有“一笠梵天傍”之句。

二十一日(9月17日)　晨过应和居易居。

二十三日(9月19日)　烟雨楼“钓鳌矶”石刻三大字，旁署“毅所书”。按：毅所乃锡山龚勉，万历时书。彭辂有记。见郡志。

九月朔日(9月27日)　晴。编定诗集为十二卷，借虚受斋设局开梓。

重九日(10月5日)　晴。至花溪。

十六日(10月12日)　至葭庄。

十月朔日(10月27日)　晴。子侄辈至麻泾扫墓。

十一日(11月6日)　重游紫微山，过素上人房，出小影求题。

十二日(11月7日)　至槜李。夜由兕湖至震泽。

十三日(11月8日)　晤小洲于震泽。

十四日(11月9日)　松陵访慧楼。

十五日(11月10日)　晨抵木渎，薄暮微雨，至丰浜。

十六日(11月11日)　由虎墅南关抵山塘，独游武邱。是夕宿桐桥。

十七日(11月12日)　访竹汀宫詹于紫阳书院，求作诗序。

二十日(11月15日)　大风。泊上津桥，竹汀以诗见祝。

二十一日(11月16日)　七十初度。至吴江，与慧楼清谈竟日。

二十二日(11月17日)　至由拳。

二十三日(11月18日)　入禾郡访王稼洲，暮抵梅里。

二十四日(11月19日) 至杨村省墓,黄昏抵家。

二十九日(11月24日) 西铭云:"困辱非忧,取困辱为忧;荣利非乐,忘荣利为乐。"

"十发为程,十程为分,十分为寸。"此《说文》所载。段懋堂云:"十程当为一若,十若为分,不能容也。"

十一月朔日(11月25日) 晴。携酒过雪樵,饮于寿雪山房,同集者:松霭、潜山、素山、余山、雪峰、雪樵。即席分韵,予得"杯"字。

初二日(11月26日) 自城归。

十五日(12月9日) 晴。

十一月二十二日[①]**(12月16日)** 长至节。晴。

十二月朔日(12月25日) 晴。陈秋庭主簿自石门来访。

二十一日(1803年1月14日) 微雪。

二十四日(1月17日) 《拜经楼诗集》十二卷刻成。

二十八日(1月21日) 阴。松霭以七十四生日诗见寄。

二十九日除夕(1月22日) 晨雾,晚晴,夜有星。

---

① 底本本则在十二月朔日条下,且缺日期,今乙正,并补日期。

嘉庆八年(1803)岁次昭阳大渊献癸亥

元日丁卯(1月23日) 晨大雾,晚晴。与二愚兄登文昌阁。兄时年八十有一。

初二日(1月24日) 晨雾,晚阴。

初三日(1月25日) 五更微雨,昼阴。

初四至初六日(1月26日—1月28日) 连阴。《志雅堂杂抄》引沈草庭云:“以煮酒脚涂灵壁[1]石,其黑如漆,洗之不脱,极妙。”又云:“见吴彩鸾书《切韵》,其书‘一先’为‘二十三先’‘二十四仙’,不可晓。”又云:“周子充丞相每得名人迹,必装而藏之,遇当家子孙,辄举而予之曰:‘此君家先人手泽也。’”

人日(1月29日) 晨阴,晚晴。是日午后,胡秋读偶过鹤桥,途遇村妇于路旁,见妇忽俯身娩一子,傍无同伴,颠踬无似。询知因探母还,不及抵家而产于路。秋读亟呼相识村妇持热饮败絮等将护之,始获全而去。

初八日(1月30日) 晴寒。

初九日(1月31日) 阴。

初十日(2月1日) 阴。连日甚寒。

十一日(2月2日) 阴。

十三日(2月4日) 晴。黄昏月出,有灯。

上元日(2月6日) 薄暮大风。

---

① “壁”当作“璧”。

十六日(2月7日) 祁寒。晚朱甥瑞容来。

十七日(2月8日) 晴。祁寒。

十八日(2月9日) 晴。祁寒。溪港尽冻。

十九日(2月10日) 祁寒。

二十日(2月11日) 阴。港汊稍通。

二十五日(2月16日) 阴。

三十日(2月21日) 晴。

二月朔日丁酉(2月22日) 巳刻过硖石,大雪竟夕。

初二日(2月23日) 晨至由拳。

初三日(2月24日) 晨过合路,遇有捉船载漕者,不理之。比暮抵吴江,饮慧楼运南堂。漏下解舟渡太湖。

初四日(2月25日) 平明至吴门上津桥晤简庄。

初五日(2月26日) 留吴中。

初六日(2月27日) 巳刻出虎畴,挂帆至梁溪,过小岘廉使城西草堂。廉使出近作,且读且饮酒。罢,廉使送予至舟而别。

初七日(2月28日) 午刻渡阳湖。

初九日(3月2日) 宜兴访澧塘于澹[①]和堂。又访香南,不值。午后澧塘过舟次,观《细雨东风图》,际晚而别。是时久旱,夜雨达旦。

澧塘尝于□识一锟工,能诗,遂收以为弟子。

初十日(3月3日) 冒雨至书元巷,晤黄柿庵,香冰出见。香冰名兰雪,时年二十有九,诗画俱秀丽。书学十三行,风姿靓逸,绰有林下风。午后解舟渡西溪,雨转甚。夜宿蒲墅。

十一日(3月4日) 清晨抵桃溪。

十四日(3月7日) 陈春浦至。

十六日(3月9日) 春浦返徐舍,万香南、黄柿庵至。夜宿墨阳楼,始得笪芝田为徐姬写小照。

---

① 底本"澹"字为空格,据《日记》上下文补。

十七日(3月10日) 同香南、柿庵游善权,观小水洞题名。

十八日(3月11日) 香南之徐舍。

二十日(3月13日) 薄暮霁青至,饮散别去。予与柿庵登舟夜宿。

二十一日(3月14日) 巳刻抵宜兴,过柿庵水墨斋,晤梧厓、春浦。

二十二日(3月15日) 柿庵招笪飞石为予写照。是夕偕香南、春浦、梧厓、兰谷小集水墨斋。

二十三日(3月16日) 同香南、梧厓、春浦、兰谷、柿庵游南岳伏虎禅寺。归饮春浦舟中。

二十四日(3月17日) 过澧澮和堂,饭潘梦吉宅,复过香冰。

二十五日(3月18日) 过周藕塘书斋小集,吴鞠衣为作《蛟桥折柳图》。同集者:储成章、任安上安上、周纶渭迪、徐文光腾蛟、潘梦吉兆熊、吴鞠衣衡章、并予凡七人,分韵赋诗,词取予诗"旧雨尚嫌三过少",予得"三"字。笪飞石以其女芝田画《春林双燕》赠行。禺中复至水墨轩道别,柿庵、香冰俱以诗送别。澧塘以鱼雉及诗送行。招香南、柿庵至春浦舟话别。

二十六日(3月19日) 犁明与梧厓、春浦、兰谷同解维,予乘细雨东风,三子同乘一舟,舟子亦徐舍人。是日风颇利,挂帆渡阳湖,薄暮抵梁溪,泊南门外。

二十七日(3月20日) 偕春浦过小岘廉使城西草堂小饮。罢,同游城内,观高公止水。廉使小病,送予至舟中,复为题《细雨东风》册子,并赠诗而别。予与梧厓、春浦、兰谷同游惠山及寄畅园。薄暝还舟,仍泊蓉江尖。

二十八日(3月21日) 午过虎关,以风阻,宿南隅汍[①]。

二十九日(3月22日) 晨至山塘,与三子游虎邱山。

---

① 稿本"汍"作"汎"。

闰二月朔日丙寅(3月23日)　晦微雨，至上津同二三子访简庄于中吴别业。晚小雨。

初二日(3月24日)　阴。午后陶山刺史来，晤于中吴别业。

初三日(3月25日)　同三子暨简庄过陶山行馆，即秋帆尚书故宅也。

初五日(3月27日)　同三子赴陶山招饮，陶山为题《细雨东风》册子，时将入觐，饮散而别。

是夕招三子过饮舟中，小饮道别。

初六日(3月28日)　犁明解维南归，三子舟亦北去。

朴寅亮高丽[①]使宋，事详《渑水燕谈录》第十卷。

初七日(3月29日)　雨过松陵，暮抵平望。

初八日(3月30日)　晚[②]晴。至家。

初十日(4月1日)　别号之盛，至今日而极，虽齿发未燥，居然以别号自称。按《春秋》文十八年《传》："莒纪公生太子仆。"杜注："纪，号也。莒夷无谥，故有别号。"别号二字，盖始见于此。

十五日清明(4月6日)　晴。

十六日(4月7日)　率子侄扫墓杨村。

二十日(4月11日)　入城贺雪樵迁福建督标参戎。

二十三日(4月14日)　至武林。

二十六日(4月17日)　过山舟太史清勤堂。

二十九日(4月20日)　由武林归里。

三月朔日(4月21日)　晴。同雪帆至尊道堂观牡丹。

十六日立夏(5月6日)　雨。同桐乡程玉峰暨雪帆山馆赏牡丹。玉峰善画，作《语花图》；雪帆作听雨词《琐窗寒》一阕，予和之。

二十九日(5月19日)　雨。

---

① 此处疑脱一"人"字。

② "晚"当作"晓"。

四月朔日(5月21日) 晴。

初十日(5月30日) 大雨。

十五日(6月4日) 连日雨晦,二麦俱坏。

十六日(6月5日) 晓微雨,晚晴。

二十五日(6月14日) 夜泛舟入城,微有月色。

二十六日(6月15日) 同人饯雪樵骑尉于隅园,同集者:周松霭、俞潜山、锺桂岩、箬溪、吾山、杨书巢、陈简庄、礼堂、龚素山、吴雪峰。是夕予先归简庄,宿北门,明日乃还。

二十八日(6月17日) 雨。

五月朔日(6月19日) 晴。

初三日(6月21日) 大雨。

初四日(6月22日) 小雨。夜梦小岘先生,谓予行将出山。

重午日(6月23日) 阴。晚雨雷。

十三日(7月1日) 晴。

十六日(7月4日) 梅雨至是始晴。

六月朔日(7月19日) 晴。甚燠。

十八日(8月5日) 连日燠蒸,如坐甑中,是日遂发暑疟。

二十二日(8月9日) 疟连日,甚烦闷。

二十四日(8月11日) 疟止,遂已药。

二十九日(8月16日) 体犹倦怠。

七月朔日(8月17日) 晴。晚稍凉。微雨。

初六日(8月22日) 兄次女以三月归宁,婴暑暴卒。是日,婿扶其柩,招魂而归于洛溪,寄厝于接济庵僧舍。女生一子,前一月猝殇,竟无所出,伤哉!

中元日(8月31日) 晴。晨起祀先。或言今年是日不可早起,故家人俱晏。

八月朔日(9月16日) 晨刻小雨。宜兴汪宇珎茂才偕陶西畴过访。

初四日(9月19日) 偕宇弥、雪帆陈祠探桂。

初八日(9月23日) 送宇弥归阳羡。

初十日(9月25日) 西畴写《齐云采药图》成。

十二日(9月27日) 阅邸抄。尚书彭元瑞谨奏:"臣服官已来,承办官书不下数十种。中有挂名在列,而心负罪疚,不敢不奏者。太学石经为汉、魏、唐、宋相承旧典,高宗纯皇帝特命校刊,垂诸万世,现在丰碑林立,大书深刻,而其中与圣祖仁皇帝《御纂四书》《康熙字典》、高宗纯皇帝《钦定三礼》《校定武英殿十三经》多有违背,更改之处,于孝治文治均大有关系。此皆臣遵旨撰进之。石经之《考文提要》,奏请焚毁,感奉特旨存留,命贮内殿。其时王杰、刘墉、董诰同列总裁,赵秉冲身充提调,悉知事之颠末。倘蒙垂询,自必详细奏明,庶无庸臣□之渎。其碑内磨改之处,确有可凭,惟是书非臣旧碑,刊臣名,且钦奉高宗纯皇帝明旨,系臣一手所办。臣十年以来,每思心悸,若不及时陈奏,将来违背更改两朝圣作之咎,罪专及臣,承当不起。为此急切沥陈,伏乞俯赐察核,出自圣裁昌盛。战栗惶悚待命之至。"

十五日(9月30日) 晴。晚有月,与西畴、秋读饮西斋,夜分始罢。

二十日(10月5日) 同厚培之花溪[①],与少白游龙山。午后解舟,夜宿茶院。

二十一日(10月6日) 犁明抵扇里。晨炊罢,偕厚培觅肩舆至万苍山,观予所治生圹。复寻钱祠,登湖天海月楼。遂循湖堤直上云岫庵,观烘藏经。予与厚培随手取阅之,乃《瑜伽论》一百本,纸白色而新,卷尾有"云岫庵藏经"朱文一匾印,盖是明时所赐,而非宋藏经也。以四大厨贮之。又有《莲华经》一部,别贮一厨。阅竟,山僧烹雪窦泉以进,味极甘洌。复辞庵,转至庵后,登鹰窠顶观大海。径益险峻,攀萝扪葛而上,四望青苍,万里一气,真奇瞩也。山巅有以网捕鹰者,日

---

① 底本衍一"溪"字,据文意删。

得鹰无数,然仅足供馔为多,其大而鸷者亦不易得。时罡风袭人,不可久立,仍步至云岫庵与山僧作别,寻旧径而返,则夕阳在山,听澉城暮角,声已乌乌矣。比至扇里,即解缠西还。是夕宿花溪西林庵侧,厚培宿于家。

二十二日(10月7日) 与厚培同还小桐溪。是游也,厚培得诗二十余首,予得诗亦不下二十首,通计往还止二日,得诗四十余首,亦可云富矣。

九月朔日(10月16日) 晴。

重九日(10月24日) 同陶西畴、周纪君、沈厚培、从孙之鼎尖山望海楼登高。是日风日暄和,相与看晚潮至,始下山登盐艘,循万花堤而归,抵家,月已上。秋读适来,即席以"蓝水远从千涧落"句分韵,予得"水"字,起句云:"大瀛小海何茫茫,员峤方壶一杯水。"又得七律一首。屈指数年来无此乐矣。

初十日(10月25日) 自八月后,天久晴亢,是夕始得雨。

十一日(10月26日) 雨。

十三日(10月28日) 午后雨。俗传是日为孟婆生日,天晴主冬旱。

十五日(10月30日) 复偕西畴海上观潮。

十月朔日(11月14日) 晴。"天若有情天亦老",天未尝无情,凡风云月露,皆天之情也。天亦未尝不老,人何以称"老天"哉?

初三日(11月16日) 率子侄杨村扫墓。

初四日(11月17日) 偕西畴游龙山。

初五日(11月18日) 送西畴归阳羡。

二十一日(12月4日) 晴。儿辈具汤饼于午后。

十一月朔日(12月14日) 阴。

十五日(12月28日) 偕沈子厚培为会垣之游。是夕大雨。

十六日(12月29日) 晨雨。禺中过长河堰,夜宿临平。

十七日(12月30日) 雨止。午抵武林。

十八日(12月31日) 晴。同厚培登吴山。

十九日(1804年1月1日) 晓雾甚浓,少霁。同厚培出清波门至净慈访主云上人,不值,晤朱朗斋而别。遂游小有天园,访破迷上人于壑庵。暮归横河舟次。

二十一日(1月3日) 晨刻自保善桥解舟出城。

二十二日(1月4日) 巳刻抵小桐溪。

二十三日(1月5日) 大雨。

二十四日(1月6日) 雨益甚。

二十五日(1月7日) 连日大雨,河流平岸。

二十八日(1月10日) 晴。

二十九日(1月11日) 卢家桥葺玉方公墓祠,是日上梁。此地乾亥起祖,子山午向兼壬丙,为歙汪西韦先生所扦,葬于乾隆癸亥岁十一月初五日,迄今恰甲子一周。葬时骞裁十一岁,亲见吾父力任域板筑之劳,昼夜不懈。体素羸,常患目眚,又有村愚阻葬之事。目睹府君之艰辛,无异昨日事也。

十二月朔日(1月13日) 晴。率寿旸至卢家桥祖茔。

初八日(1月20日) 复至祖茔观筑祠。

十八日(1月30日) 雨。

二十四日立春(2月5日) 晨雨,晚大风。

二十九日(2月10日) 晚雨。祀先毕,与家人饮岁酒,作《怀梦唐》诗。五更大风达旦。是岁河南河决卫家楼。

嘉庆九年(1804)岁次阏逢困敦甲子

元日辛卯(2月11日) 晨阴,大风。午晴,见日。

初二日(2月12日) 晴。

初三日(2月13日) 晴。夜雨。

初四日(2月14日) 雨竟日。

初五日(2月15日) 晴。大风。

初七日(2月17日) 晓晴。率寿旸、衡照、之鼎拜扫玉方公墓。晚雨,自花溪归。

初八日(2月18日) 晴。西北风。

初九日(2月19日) 阴。

初十日(2月20日) 晴。至凰岘。

十三日(2月23日) 雨。

十四日(2月24日) 雨竟日。

十五日(2月25日) 阴。夜无月。二更雷电,大雨达旦。

十六日(2月26日) 阴。

十七日(2月27日) 雨。

十八日(2月28日) 大雨。

十九日(2月29日) 雨竟日。

二十日(3月1日) 阴。午后雨,晚雷雨。

二十一日(3月2日) 雨。

二十二日(3月3日) 大雨。

二十三日(3月4日) 雨。

二十五日(3月6日) 晴。至旧仓探五女疾。

二十六日(3月7日) 阴。夜雨。

二十七日(3月8日) 清晨登舟,为锡山之游。午后抵硖石,晤子修于居易居。

二十八日(3月9日) 泊由拳。

二十九日(3月10日) 晓晴。由禾解维,暮宿吴江白龙桥。

三十日(3月11日) 早抵吴江南门,过运南堂,适[①]简庄亦至,慧楼留饭。午后登舟渡太湖,雨中抵吴门上津桥。治肝气痛:方栗壳二碗、壳内要留衣,栗肉须剔尽。陈皮一片,只以滚汤泡服,立效。杨公子雨盈说。

三月朔日庚寅(3月12日) 晴。

上巳日(3月14日) 阴。

初七日(3月18日) 之海盐。阻风通元,宿北岸。

初八日(3月19日) 犁明入海盐城,下榻朱甥馆。追悼季女,顾弱子幼女辈,可胜凄然。

初九日(3月20日) 晴。偕张文渔、陈□叔过张鸥舫,同游涉园。复过恕醉轩观画。

初十日(3月21日) 晨雨。午后过城南书屋。

十一日(3月22日) 晴。晓登天宁寺浮图,晚归里。"鲴"字,字典诸书不载,当考之。按《焦氏笔乘》以鳜鱼为鲴鱼。《正字通》曰:"盖因乡语谓'鳜鱼'为'计',故以鳜本音桂,与鮠近也。"

二十九日(4月8日) 黄昏登舟,夕泛之槜李,送小岘廉使赴岭南。

三十日(4月9日) 晓抵由拳,知廉使前一日已过杉青矣。午后仍解舟南还,夜宿梅里。

五月朔日(6月8日) 晴。禺中抵硖石,过丹井山房,同半圭至

---

① 底本"适"下衍"慧楼"二字,据稿本删。

山麓观马自然丹井。井阑甚小,下窥其甃极大,盖一半割于墙也。薄暮抵家。

午日(6月12日) 阴。时蚕麦俱坏,乡村风景大逊往年也。

初十日(6月17日) 雨。

二十日(6月27日) 自天中以后,无日不阴雨,河流四溢,而米薪翔踊。

二十一日(6月28日) 先慈讳日。痛自弃养以来,四十有三载矣。先慈平生仁孝节俭,从不效愚夫愚妇持斋礼佛,而隐恤贫苦,终身如一日也。

二十三日(6月30日) 雨中登舟,为虎林之游。

二十四日(7月1日) 大雨竟日,薄暮入郡城,夜雨尤大。

二十五日(7月2日) 雨更大,街衢水没踝。城中民居倾圮者甚多,而压毙无算。

二十六日(7月3日) 晴。出清波门至表忠观,再至螯庵寻破迷,不值,因过净慈晤主云,茶话良久。还,宿于舟。

二十七日(7月4日) 琴坞、积堂过舟次。

二十八日(7月5日) 雨竟日。

二十九日(7月6日) 午后大雨。买得墨井道人山水卷,孤蓬听雨,借以遣日。

六月朔日(7月7日) 许青士过访舟次。午后至表忠观,雷雨交作,登楼望西湖,雨景尤奇。

是日小暑,不宜雷。俗有"倒做黄梅"之谚。

初二日(7月8日) 午后解舟出城,复雨,至皋亭始止。遥望四山,白云如画。夜泊赤岸。

初三日(7月9日) 晓晴。禺中过长安新坝,下河水势,几平上河,惟见汪洋无畔,民居多在水中。人欲之市,俱解衣而渡,浅者齐腰。自长安抵家,乡村市落多不甚可辨。田禾漂没,真予生平未见之灾异也。

天贶日(7月13日) 晴。简庄从吴中来,为予钞[1]得《蜀石经诗》二卷。

十六日(7月22日) 时米价翔踊,人情汹汹,而奸民相聚,以煽诱良善,为患乡村。里中始倡议为粥以赈。

二十四日(7月30日) 旧盐仓有无赖子,鸠集贫民五六百人,群聚于许氏守敬堂。散给钱十七千余文,至黄昏始散。

二十九日(8月4日) 闻石门、桐乡均有奸民聚掠等事。

七月朔日(8月5日) 晴。黄荛圃得《蜀石经毛诗》二卷。卷一、卷二。卷一缺其前。

初五日(8月9日) 自前月初雨,后久不雨,至是始霑足。

初六日(8月10日) 晚雨。黄昏震雷霹雳,淡水塘东民田二亩被击,青苗如焚焦。

《蜀石经》讳字:"世"作"廿";"民"作"巳"并唐太宗。"祥"作□,"察"作"察",知"祥",祖讳。"继"作□。

中元日(8月19日) 晴。里人举赈,自本月初十始在兴福庵给散。

十六日(8月20日) 至卢家桥观墓祠。

二十日(8月24日) 雨。各处奸民纠集骚扰,殊有汹汹之势。

八月朔日(9月4日) 晴。子侄俱赴省乡试。

初五日(9月8日) 里中因米价渐平,停赈。

中秋日(9月18日) 晴。夜有月。秋读、雪帆过话玩月。

九月朔日(10月4日) 晴。

初六日(10月9日) 入城送李环塘郡丞请养归临川。

九日(10月12日) 晴。雪帆归龙山登高。

二十八日(10月31日) 偕雪帆登万花堤观红叶。

十月朔日(11月2日) 晴。

---

① 稿本"钞"作"抄"。

初二日(11月3日) 玉方公墓祠焚黄。由花溪放棹归。

初三日(11月4日) 晴。愚斋公墓焚黄。

初四日(11月5日) 偶得羊求休印,材长可三寸,质绿、色黑、文如画,极可爱玩。或云此即大松石,出宁波府大松所。其质类玉,间有洒墨黑斑,文采流丽。真者甚少,伪者烧斑为之,最可乱真,不足贵也。开采时必以牛祭,后戚南塘以羊易之,此石遂绝,后人呼此石为羊求休,今获此石,始识求休之真面目也。

初十日(11月11日) 小洲自松陵过小桐溪。

二十一日(11月22日) 晴。接秦廉使岭南书,佐以书扇。

午后家人设汤饼会。

十一月朔日(12月2日) 晴。

十六日(12月17日) 同雪帆至临平,送查□□给事葬。

十八日(12月19日) 晴。薄暮入会城。

十九日(12月20日) 雨。

二十日(12月21日) 晴。简庄舟至,同系横河。

二十一日(12月22日) 过山舟侍讲[①],以祝无功尺牍赠之。

二十二日(12月23日) 侵晨山翁笋舆至,予卧未起,不及晤而去。禺中同雪帆至湖上登就庄阁,其傍即查氏新得之湉庄也。

二十四日(12月25日) 同雪帆登吴山。

二十五日(12月26日) 解舟东归。

十二月朔日(1805年1月1日) 晴。

十一日(1月11日) 四侄计偕北行,黄昏登舟。

十五日(1月15日) 未后月食。

二十二日(1月22日) 秋读、简庄、雪帆集山馆,观宋至和《石经周礼》残本。

二十三日(1月23日) 葬诸殇于六十里塘河之南原,长幼男女

---

① 底本"讲"误作"读",据稿本改。

凡十二，合瘗二穴，不分昭穆。

计一子选

一女豫 从孙女一元 煜三出。

二孙同 瑞麟皆寿旸出

孙女七 珍 五 六 七 余 九 皆寿照出。

松 寿旸出。 保母姚妪祔于穴后。

大清嘉庆九年十二月二十三日书志砖埋于圹之南铭曰："耕烟之南 望而可抚 惟尔诸殇 永安斯土"。

二十六日(1月26日) 雨。夜雪，至晨积数寸，丰年之兆也。

二十九日(1月29日) 晴。

除夕(1月30日) 自写《家山白鹤图》于拜经楼后壁。始于望日，至是日成，命家长幼以饯岁酒赏之，夜分始罢。

嘉庆十年(1805)岁次旃蒙赤奋若乙丑

元日丙戌(1 月 31 日) 晴。

初二日(2 月 1 日) 晴。

初三日(2 月 2 日) 阴。

初七日(2 月 6 日) 阴。

初十日(2 月 9 日) 至花溪。偕简庄、雪帆登龙山。

上元日(2 月 14 日) 阴。晚无月。四更微雨。

十六日(2 月 15 日) 晨雨而雪,夜大风,见月。

十七日(2 月 16 日) 晴。姚春木公子自云间以其尊人一如观察书至,并附方物,有火浣布,尤吾乡所罕觏也。

十九日(2 月 18 日) 许臧方茂才来,贻予数物。有竹垞小砚,饶古趣。傍刻铭曰:“磨不磨。不磨磨。我与尔则那。”下署“竹垞”二字。此铭断非此公不办,然独不见于《曝书亭集》,知其遗者多矣。

是日晨刻祀先,收先容。

晚小雨。

二十四日(2 月 23 日) 潜山云:“《宋史》列传中常有奖州,而《地理志》未见载。”

徐实坚《姜节母寿传》曰:“母俞氏,出海昌望族。笄年而适姜楚思。姜高才博学,为名诸生。负气节,思有用于世。属明季板荡,悒悒不得志,与祝开美孝廉讲淬砺。及国变,开美殉节,而楚思亦不食死。是时俞年仅二十有八,忍死以抚其孤,迄于今几四十余年矣。其子曰羽斌,名鸠翼。”按楚思名思,盖死于乙酉,而邑志不载,仅于《节妇传》称"思赍志殁"而已,是不可解。

二月朔日乙卯(3月1日) 晴。至玉方公墓祠上额。"孝感浮 弥[1]"四字,小岘先生书。

二十一日(3月21日) 过鹅毛里,观马氏家乐。

二十九日(3月29日) 之东山,欲过万苍。以雨,不及登山而返。

三月朔日乙酉(3月31日) 阴。午后雨。

十五日(4月14日) 雨。晚晴。

十六日(4月15日) 晓有霜,坚而难消,亦有如雹者。或云,俗谚有"霜雺露雪"之说,此即所谓雺也。然考字书无此义,当更问知者。

禺中过凰岘,偕简庄与孙抚仁同游扇里。

十七日(4月16日) 晴。同简庄、抚仁至万苍山,登钱氏湖天海月楼。午后还,至花溪而别。予仍偕抚仁至杨村。

十八日(4月17日) 晴。与抚仁登府君墓兆,周视龙脉,傍午解维西归。

十九日(4月18日) 微雨。初八日,海宁东濮桥民陆雷震死一室女,年二十余,头上有细孔,发微焦,下至足胫,亦有细孔。是日,女方在邻家,与女伴数人闲谈。手抱一婴儿,亦无恙。

二十八日(4月27日) 束装之嘉定,吊竹汀宫詹之　。

二十九日(4月28日) 至新篁里访叔未解元,不值。

四月朔日(4月29日) 抵吴江,晤杨子蔚云。晚渡太湖。晚雨,宿盘门。

初二日(4月30日) 晨雨。晤简庄于上津,宿查氏质库。

初三日(5月1日) 晴。偕简庄过荛圃,遍观所藏书籍,皆宋椠珍本,为生平所创见。午饭后复过潘榕皋□□于三松堂。

---

① 底本"弥"字为空格,据稿本补。

初四日(5月2日) 晴。同黄、陈二君放棹游西山，顺过枫桥访周依堂明经。依堂藏书多宋元精本。既别去，遂至□□港登岸，寻吾与庵，住持寒石出迎，登见山阁。茶话竟，适石远梅亦寓庵中，予旧识也。遂邀寒石同游支硎山。毕，仍至吾与庵，寒石出宋藏经及徐俟斋画册观。闻俟斋涧上草堂去庵仅数里，以日晚不及登。寒石烧园笋煮豆共餐，送至予细雨东风，观铁生画册而别。远梅附舟入城。黄、石二君皆至上津始散。临别，荛圃属予作《莫春咏归图》，取陶公诗"今日天气佳"分韵，予得"今"字。

初五日(5月3日) 晴。同简庄联舫而东，晚泊昆山，月色甚佳。

初六日(5月4日) 未刻抵嘉定，即入城吊于钱宫詹之宅。宫詹殁于紫阳书院，而柩入城，殡于阼阶，礼也。

初七日(5月5日) 晴。晨起，与简庄入城至汗筠斋秦照若书肆观杜鹃，复至金氏园，过钱可庐征士午饭。既别去，解维经外冈而南，投青浦。按《吴郡志》，外冈、青冈、五家岗、蒲冈此四冈皆属昆山，盖时未有嘉定之名也。自昆山以东，两岸高阜夹峙，此所以多冈陵也。是夕风雨。

初八日立夏(5月6日) 晓[①]霁。禺中过青浦，简庄津逮舫亦至，同抵朱家阁访述庵少寇，留作楼笋会，复与简庄、更生登琴画楼。楼前麦田弥望，而横云亘其东南，烟霞出没，如翠黛之临妆镜也。久之，下楼别少寇，解舟南归。更生名邺，钱塘人，诸生。

初九日(5月7日) 午刻至西塘。简庄舟分路至嘉善，予投槜李，晚泊塘汇。

初十日(5月8日) 晴。由槜李开舟，薄暮抵家。得小岘廉使二月十七日书并石刻《和东皋先生峡山寺》诗。

十一日(5月9日) 廉使《登越粤秀山诗》云："白头何事客天

---

① 底本"晓"误作"晚"，据稿本改。

涯？歌舞冈边日又斜。湖上故人相忆否？春风开到木棉花。”

十三日(5月11日) 海市现竟日,予知迟,不及往观。

十五日(5月13日) 姚观察遗火浣布六段,人皆不识,惟吴江杨慧楼进士夫人一见泫然,曰:“是西域所出也。昔吾父官西川时得一段,方广与此无异,常宝玩之。后为妾失去,阖家惋惜。此布打箭炉间有鬻之,当时价廉,每段八两。”询何所用,曰:“人度雪山者,必以此布裹炽炭挟怀中,则不致中道而僵,此一用也。又热名香者,裁一片覆火上,然后炷香,终日温馨不散,此又一用也。”松霭云:“火浣布格香之说,记陈眉公书曾有之。”

五月朔日(5月29日) 雨。蚕麦无收,米价翔贵,贫民抱忧生之嗟。西则海宁东塔山塘,多有自投于海者。

午日(6月2日) 晴。修合五汁丸,此常例也。

初八日(6月5日) 四侄偕苏子士枢自都门归。

六月朔日(6月27日) 阴。

初六日(7月2日) 酉刻孙女阿齐以暴疾殇,年九岁。

十五日(7月11日) 细雨东风舟子卒,即夕给衣衾棺殓。

闰月朔日(7月26日) 晴而多风。海宁设粥厂三处,一城外演武场,一硖石西山,一长安。

初二日(7月27日) 都穆《铁网珊瑚》第二十卷云:“余家有火浣布尺余,外祖知泉州日得之里人,后归余家。”按:都此说,火浣布如姚观察见贻者,每方正尺余,别无更长者矣。

初三日(7月28日) 午后阵雨,不大。

初四日(7月29日) 晨雨。

初五日(7月30日) 雨竟日。

初六日(7月31日) 雨连日。夕大风,幸其早田禾无损,而瓜豆蔬果俱勃然畅茂,人情大安。

初七日(8月1日) 小雨。

初九日(8月3日) 风息而晴。

十四日(8月8日)　是日巳时立秋，黄昏见月，更余雨，未几复霁。

七月朔日(8月24日)　连日酷暑。侵晨入城，拟送芸台中丞，不果。

初五日(8月28日)　述庵少寇以三泖渔庄团扇见寄，作九言诗酬之。

十一日(9月3日)　午后云际有四龙取水，东南一青一白，西北[①]。

中元日(9月7日)　晴。

十八日(9月10日)　大雨，晚雷。吴人叠石于耕烟馆前。

二十日(9月12日)　大雷雨，河流涨溢。

二十一日(9月13日)　晴。《东华录》第十二卷："康熙五十九年十一月奉上谕，岷江之源出于黄河之西巴颜哈拉岭七七喇哈纳，番名岷尼雅克撮。《汉书》所谓'岷山在西徼外江水所出'是也。而《禹贡》'导江'之处在今四川黄胜关之外，乃楮[②]山。古人谓江源与河源相近，《禹贡》'岷山导江'，乃引其流非源也。斯言实有可据。又：'三危'，旧注以为'三危，山名'，而不能知其所在。朕今试考其实，三危者，犹中国之三省也。打箭炉西南达赖喇嘛所属为危地，拉里城东南为喀木地，班禅额尔德尼所属为藏地，合三地为三危耳。"

又："康熙六十年奉上谕：从前有书吏三人，遍传西边异兽形图。部议重罪具奏，朕从宽免死，令其往觅是兽。后将军等来自军前，云果有是兽，目在乳旁，口在脐旁，巡哨侍卫等曾亲见之。蒙古名其兽为'鄂布'，又有飞者名为'积布'。蒙古名恶人为'鄂布泰'、'积布泰'，是即《山海经》所谓'刑天无首，以乳为目，以脐为口也'。故将发遣书吏放还。"

---

① 疑下有阙文。

② 底本"楮"误作"褚"，据稿本改。

八月朔日(9月23日) 晴。

初八日(9月30日) 与简庄、差山小饮山馆,观叠假山。黄昏登舟,与简庄联舫至武林。

初九日(10月1日) 际晚入郡城。是夜横河月色已皎然。

初十日(10月2日) 同简庄过紫阳书院,知小岘方伯在江西途中候报。

十一日(10月3日) 与简庄同游湖上,登就庄湖楼。

十二日(10月4日) 简庄先解舟入吴。午后秦公子缃武舟至。

十四日(10月6日) 午后亦解綍归里。

中秋日(10月7日) 午后抵家。适徐生洲士自都回,举杯待月,因谈长安近事。

二十一日(10月13日) 魏孺人忌辰,辰刻设享。屈指没来已十载矣,曷胜存没之感。

二十五日(10月17日) 兰贞母徐氏病卒于家,年六十一。贫无以饬丧事,为之助棺衾,贞复以手掣绝帛佐之,令其表弟携归当湖。择[①]廿九日成殓。

九月朔日(10月22日) 晴。黄昏登舟,为广陵之游。

初二日(10月23日) 先君讳日。午刻登西山,时素公镘像于石方成,予与小岘方伯暨壬戌同游。小海题附刻于上,下又益以陈古华太守[②]。

初三日(10月24日) 至松陵过慧楼进士。暮抵上津,知简偕洪稺存先往梁溪,予遂解舟而北。

初四日(10月25日) 禺中过虎畤,暮抵无锡。

沈曰霖字纫芳,吴江人,作《小潇湘麈谈》,云:"阮亭之诗,固非后生所敢议,然其误亦复不少。即如'典午下蚕室'是何等语?晋避司

---

① 底本无"择"字,据稿本补。

② 下疑阙文。

马之姓，故改夏官为典午，是官也，非姓也，以官冒姓，可乎？况以晋事加之汉人，尤非。又集中'司马''司空'字，俱作仄声用，殊不知《香山集》惟'四十著绯军司马'一语耳，非处处如是。且此第六字，古人诗句中，尽有用平音者，安知香山不读作如字乎？"又以祢衡"祢"字音挑，虽祢本同祧，然既系人姓氏，不讲字义，亦何必违众立异，若阮亭一人识字，千古人皆不识字矣。纫芳为慧楼受业师，工长短句，所著尚有《小潇湘旅记》。

初五日(10月26日) 过小岘方伯城西草堂，并出南安途中和予寄诗共读。时方伯有心忡疾，予遂别去，约于维扬再晤。是夜宵行，西北风甚厉，小泊横林，见微月。

初六日(10月27日) 平明过常州，暮宿新丰镇，三更后解维。

初七日(10月28日) 辰刻渡京江，时东南风甚利，一霎而过，入瓜州口。午后抵扬州钞关外，停舟入新城李官人巷。是夜宿简庄寓。

初八日(10月29日) 出吊阮湘圃赠公，晤芸台侍郎于苫次。是晚仍归舟中宿。是日晤宋芝山孝廉。

重九日(10月30日) 晴。访海盐张知事逢泰，寓于通泗桥。午后偕其仲子云清、从孙□□同游平山堂。由小秦淮登舟出红桥可六七里，一路秋柳萧疏，间红叶掩映，亭台俪图中。访史阁部祠，观石刻像及与夫人书，皆衔于祠壁。公像秀眉疏目，面方以长。上下须不甚多，两颊上微垂数茎。葬衣冠墓即在祠左。复棹舟而北，至傍花村看菊田，所艺菊凡数十亩。菊田北为叶坟，登高者甚众。复登舟，将近平山二三里，画舫笙歌，蝉联不绝。系舟平山足下，登尺五楼，旷览江山之胜。旋登平山堂，已夕阳在山矣。瞻眺久之，回舻载月返小秦淮旧路，与二子别。至钞关舟次，则小岘方伯送酒馔，复过方伯舟述游平山之胜。迨还就寝，已二鼓。

初十日(10月31日) 云清来舟次。午后辞方伯，先解缂。夜泊瓜州。

十一日(11月1日) 平明渡江抵金山,大雾。游江天寺,草树俱不辨,久之豁然开霁,真生平一大观也。既登舟,沿蒜山入京江口,乘潮而下。夜泊丹阳。

十二日(11月2日) 晨雾。巳刻过吕城二十里奔牛,雨作。下舂抵常州泊,雨止。

十三日(11月3日) 犁明解綷,午后抵宜兴南门外,泊澧塘澹和堂外,复偕澧过周藕塘澹宁堂小饮。

十四日(11月4日) 访万瑱为。

十五日(11月5日) 过景枢兄弟竹亭,同储静斋、任澧塘、潘迂云、周藕塘、潘璜溪、徐海玛午集。分韵赋诗词,属菊畦作《载诗图》见送。

午后别诸君,独访湘云父女,得香冰赠绝句三首,即次韵酬之。香冰出其子兆蟠见,方三岁,在襁褓中哦唐明小诗,抑扬可听,且能解说。予大奇之,知其夙世必[①]词客矣。是夕颖少亦至,同瑱为小饮水墨轩。

十六日(11月6日) 至桃溪。大风,午后小雨。

十七日(11月7日) 晴。

十八日(11月8日) 春浦偕兰谷至。

十九日(11月9日) 同春浦、兰谷游独山,时予所撰关侯祠碑初立。

二十日(11月10日) 霁青至,论文于墨阳楼三日。

二十二日(11月12日) 登舟。雨,泊独山。

二十三日(11月13日) 晴。晨抵徐舍,同春浦至宜城,饮水墨斋,夜分而别。香冰以诗及香囊绣帕赠行。

二十四日(11月14日) 湘云、春浦送至河桥而别。

宜兴有村民傅瑞龙者,春浦旧识也,死久矣。近有某□者自云瑞

---

① 底本“必”作“亦”,据稿本改。

龙后身，现为阴官，冠服如世之四品顶戴，署衔江南通判，司村人有疾病者。赛神必往享之。春浦云。

二十五日(11 月 15 日) 《枣林杂俎》:“崇祯元年四月，湖广通山县三都山水冲出古铜钟，重十八斤，周制也。有‘圜花镦’三字，声极清远。”按:此即古镦于，非钟也。圜花纹周镦，亦见《宣和博古图》，但《博古》有圜花纹而无铭耳。

十月朔日(11 月 21 日) 晴。率子侄至麻泾扫曾大父尔鸣公墓。

初二日(11 月 22 日) 至卢家桥扫大父玉方公墓。

初三日(11 月 23 日) 至杨村扫愚斋公墓。

二十日(12 月 10 日) 廷瑞为购周虎镦一，虎纽，面右有鱼一，左弓一、戈一，上有“十”字，下有“宜”字。

二十一日(12 月 11 日) 晴。予悬弧之辰。从孙之鼎逆妇于花溪冯，即日行庙见礼。

十一月朔日(12 月 21 日) 晴。

十一日(12 月 31 日) 次媳张氏以疾卒，年三十有五。

十五日(1806 年 1 月 4 日) 次媳成殓。

十六日(1 月 5 日) 廷瑞携示《初白外集》，分门类，共六十卷，首有七十四岁自序。予仅见其首二册，疑非真本，盖其后人依托为之。以中所引书多出于挽[①]近，如《天禄识余》之类，尚曰同时；至《柳南随笔》，其人固属后辈，且此书之刻在乾隆庚申，而先生之殁在雍正丁未，相距已十余年，岂有反引其书之理邪？书中直钞《枣林杂俎》者尤多[②]。

二十日(1 月 9 日) 潮侯歌云:“午未未，未申寅。卯卯辰，辰巳巳，巳午午，春秋一般轮。”

---

① “挽”当作“晚”。

② “书中”句稿本为小字注。

十二月朔日(1月20日) 晴。

初四日(1月23日) 黄昏薄雪。

初六日(1月25日) 雪。

初十日(1月29日) 晚雨。晚微雪。

十四日(2月2日) 微雨。

十五日(2月3日) 文衡山《拙政园图册》,胡[①]陈村胡氏以二百金得之,凡三十一幅,每幅后俱有题,末后有总跋,盖待诏为王□□作,此册所谓"王御史"者也。今尚藏胡陈村。

十八日(2月6日) 雪帆来辞,偕简庄至茂苑。

除夕(2月17日) 阴。夜三更微雪,以诗怀陆云裘处士,兼寄既常都门、厚培茂苑。奉十一月廿六日[②]邸抄上谕:"黑龙江将军等奏进白一折知道了,其所言备宣付史馆,着不必行。朕惟以时和年丰,民康物阜为念,无事侈言祥瑞也。钦此。"

---

① 稿本"胡"作"吴湖"。

② 稿本无"日"字。

嘉庆十一年(1806)岁次柔兆摄提格丙寅

元旦己酉(2月18日) 晴。清晨至兴福、文昌阁捻香,观姚观察所施黄绫幔。

初二日(2月19日) 晴。严寒。

初三日(2月20日) 晴。寒。

初四日(2月21日) 雨。

初五日(2月22日) 小雨。

初六日(2月23日) 阴。

人日(2月24日) 晴。

谷日(2月25日) 晴。至岘上。

初九日(2月26日) 晴。

初十日(2月27日) 晴。

十一日(2月28日) 晴。

十二日(3月1日) 晴。夜有月,五更雨。

十三日(3月2日) 阴。

上元日(3月4日) 夜微雨。

二月朔日(3月20日) 雨寒。

初八日(3月27日) 文渔征士偕子谷、质夫过山馆,适素青上人亦持其石刻像并画兰见遗。

花朝(4月3日) 雨。洛溪许涛初好聚书,家饶于赀,筑三层楼以藏书,颜曰"惇聚"。制极宏敞,身后渐式微,至孙不能守,典籍尽散。而酷好扶鸾,有降乩,自称唐梅妃,赋咏顷刻数千言。其诗有云:

“可惜当年千万卷,更无后起继芳猷。”读者皆为之慨然。

三月朔日(4月19日) 晴。前月廿二日庚子,以三侄易畴弟四子之璪入继为寿照嗣子。是日适臧荣绪拜五经之日也。

上巳日(4月21日) 晴。陶弘景《真诰》:“萼绿华降羊权家,尝赠权诗一篇、火浣布手巾一、金玉条脱各一枚。”

二十八日(5月16日) 雨连日。以目疾,不出外室。

二十九日(5月17日) 夜雨。

四月朔日(5月18日) 晴。

初八日(5月25日) 雨竟日,甚寒,所谓“麦秋风雨”也。

初九日(5月26日) 晴。

十五日(6月1日) 澧塘《梦至竹下书堂》六言一绝云:“竹下书堂斜对,小桐溪上人家。下二句醒后足成。梦里扁舟曾到,当门一树梨花。”此梦与雪帆相同。雪帆先一年有七言绝句,予尝和之。

二十二日(6月8日) 午后大风,湖州大钱镇有龙斗,水火交作,树木焦拔,人死者以千计,有累累挂于树梢者①。

五月朔日(6月17日) 晴。

初二日(6月18日) 晨晴而热,右𪘏车落一齿。

十三日(6月29日) 晨雨。文渔偕其子质夫过山馆,手写兰于扇见贻,求观予所藏周虎镦,摹其纽而去。

前一日淮阳大水。

六月朔日(7月16日) 晴凉,至夜转甚,盖旱象也。

贺兰山有二,一在江西赣州府治西北,一在宁夏卫城西六十里,并见《明一统志》。唐人诗“夜半火来知有敌,一时齐保贺兰山。”盖宁夏之贺兰山也。

二十九日(8月13日) 自月初至月杪不雨,河流浅涸,行汲者甚艰。

---

① 稿本此条在“初九日”条下,作双行小字。

七月初一日(8月14日) 晴。晚颇凉。

初二日(8月15日) 黄昏雷电阵雨,田塍有水而未透。

初三日(8月16日) 犁明雨即止,夜雨颇久。

圣祖皇帝南巡江浙:康熙三十八年己卯春、四十二年癸卯春、四十四年乙酉春、四十六年丁亥春。

初四日(8月17日) 晨晴,车戽者皆停。

十三日(8月26日) 兰贞生日。念母,不茹荤。

《茶余客话》:"有鬼名长恩,除夕呼其名而祭之则不蠹。"见《致虚杂录》。

中元日(8月28日) 晨起祀先。天久不雨,热甚。午后河庄[①]

十六日(8月29日) 昔钱绿窗处士得旧钞《陈古灵先生集》半部,细阅行间,有"小草斋钞本"字,盖闽谢在杭故物,惜佚其半。反,之河简[②],复得半部,合之即谢钞也,以为奇事。又数年,以赠荆溪陈景辰,予为之跋。今日为小岘京尹校《己未词科录》,偶阅《居易录》第十一卷云:"《古灵集》二十卷",亦谢在杭写本,始知钱、陈二君所得之本,即阮翁所见者。予昔为作跋,恨未及此。

杨升庵先生有"杨门六学士",详见《居易录》第二十五卷,中述诸子尝[③]先生像而作礼分韵。

前四日小海见过,读其扇头《怀弟诗》。小海弟于婚夕客散后,即脱身而跳[④],不知所之者二十余年矣。比岁有同里郭某于滇南得信,知在鸡足山为僧,今年四十余矣。其妇尚在。

十七日(8月30日) 始闻述庵少寇之讣。

十八日(8月31日) 予最喜高丽人衔,时人不知重也。按杨升

---

① 以下阙文。

② "简"疑当作"庄"。

③ "尝"疑当作"当"。

④ "跳"疑当作"逃"。

庵《药市赋》:“人参三椏,来自高句骊之国;桃枝九折,出于嶲昆明之陬。”乐天存集三处:庐[①]山东林寺、苏州南禅寺、龙门香山寺。

二十五日(9月7日) 午后得雨数寸。

二十八日(9月10日) 雨。

二十九日(9月11日) 晚大雨达晓,河流尽通,舟楫俱达步。

八月朔日(9月12日) 小雨。

初二日(9月13日) 晓晴。午后雨至暮。

中秋日(9月26日) 小雨。晚阴,夜朦胧月。

二十九日(10月10日) 之武林,与四、八两侄偕[②]。

九月朔日(10月12日) 晴。

初二日(10月13日) 雨竟日。竹垞检讨有姬辰娘,嘉兴人,殁后至今未葬,权厝于□□。闻其姓氏见于《叶儿乐府》。忆辰娘调《金字经》二阕。

九日(10月20日) 晴。

二十七日(11月7日) 微雨。携李文后山过访,观茗壶,以所携屠士元雕榄核舟一,长约九分,阔如其半。舟上有六人,须眉什物,无不历历。款楷书三字,在船头之底。次儿续娶张氏,以廿六日庙见。

十月朔日(11月10日) 晴。黎美周语万茂先:“吾党中有一二人传,则人人传矣。”见黄云仙裳作《毛稚黄潠书序》。

十六日(11月25日) 晴。是日为愚斋公降诞之辰。

二十三日(12月2日) 之海盐。

二十五日(12月4日) 至涉园吊鸥舫,即解舟归里。

二十六日(12月5日) 次媳归宁。

宋毛渐字正仲,江山人。举进士,累官两浙转运使。时浙部水溢,渐请开起长安堰,至盐官彻清水浦入于海,自是水不为患,迁秘阁

---

① 底本“庐”作“卢”,据稿本改。

② 以下疑阙文。

校理。后帅泾原，日夜治兵，破西夏。详《宋史》三百四十八本传。

十一月朔日(12 月 10 日)　晴。有苕估携李映碧清抄本《姓氏札记》二十余册。

十三日冬至(12 月 22 日)　晨阴，午后雨。江阴李灵公有《听鹂轩诗集》，《魏叔子禧文集》有序。灵公名右之，忠毅公应桢子也。尝著《崇祯朝纪事》，予取之入《东江遗事》。

十九日(12 月 28 日)　文渔自杭归，遗新刻《金石契》。

陆廷灿《南村随笔》载："邝露《赤雅》：南方火浣布有三种：毕方麻者，一端数金；祝融木者，一端百金；火鼠毛者，一端千金。"又载："《畏垒笔记》：高邮露筋祠，本以祀五代时将路金，以先有德于兹土，后乃讹为露筋，李焘辨之详矣。"

十五日(12 月 24 日)　潜山书来，问《隋唐通录》何人所撰。中有述王通有秽行，故《隋史》无传。考此书未见于诸家部录。

"贪者之言多于财，淫者之言多于色。"魏叔子文。

十八日(12 月 27 日)　元吴化龙著《左氏蒙求》，戴表元序，《经义考》云："佚。"顷四侄遇许青士，云近得抄本，盖自海外来者。化龙字伯秀。

夜雪[1]积数寸，窗槛俱明。

二十七日(1807 年 1 月 5 日)　夜子时初刻立春，祭长恩于观复堂，事详《致虚杂俎》。遂作祭长恩诗。

二十八日(1 月 6 日)　方世举字扶南，桐城人，好古碑帖，竹垞门人。见《郎官石柱记跋》。

---

① 底本"雪积"作"积雪"，据稿本改。

嘉庆十二年(1807)岁次强圉单阏丁卯

元日(2月7日) 清晨率子至兴福庵、文昌阁拈香。是日晴明，东南风。

初二日(2月8日) 晴。

初三日(2月9日) 阴。晚雨。

初四日(2月10日) 雨。

人日(2月13日) 雨。简庄来。

上元日(2月21日) 阴。

十七日(2月23日) 半圭偕其婿朱子过饮草堂，夜分而别。

二月朔日(3月9日) 晴。同简庄联舫至花溪，登龙山罗云阁观梅。同游者为查铭三、沈羽陵。

十五日(3月23日) 晴。予自初旬偶伤于风，肺气不利，二旬不下楼，是日始至竹下书堂，然鼻流浊涕，终未能霍然也。

十八日(3月26日) 阴。大风扬沙。午后天益晦暝，扬州一带俱闭肆举烛。

二十九日清明(4月6日) 阴而寒。妇女踏青于西宅。

三月朔日(4月8日) 晴。患鼻渊至此日方减。

右积努将军印，陈受笙得于陕西，云：平番县偶有民掘高阜，土中获此印，并有铜弩机无算。邑令某闻，亟命役往求之，则皆熔为铜矣。陈又得周虢叔林钟一，重五十斤，较积古斋所藏减二十斤。

十七日(4月24日) 陈受笙自关中归，携金石古器见访。有古镜一，边有“腾城验放记”官押，刻字一行。受笙云腾城为吴璘、吴玠御西夏处，当考之。

受笙得周虢叔大林钟，重五十余斤，其铭以土绣未拓，大略与阮氏积古斋款识相同。受笙云，左鼓之铭较积古斋有二字不同。钲上之字，虽未能洗识，似较积古多漫蚀，惟右鼓云回纹旁有凫形一，乃积古所未及也。

二十八日(5月5日) 为郡城之游，晚过长河堰，雨泊[①]。

二十九日立夏(5月6日) 晨雨过临平，晚际[②]入城。夜大雨。

四月朔日(5月8日) 晴。至运司河下访受笙，不值，遂解棹而归。暮雨过长安新坝宿。

初二日(5月9日) 晓[③]晴。经苏溪，晤尹伦于泮研草堂，际晚抵家。闻梦唐归自巴蜀。

初三日(5月10日) 梦唐来晤，并得一如廉使书及藏香、川连。

初四日(5月11日) 衡照招陈德孚及梦唐小集山馆，时德孚以佐吏发山东解扬州饷告假归省。

十五日(5月22日) 晴。

二十日(5月27日) 有以罗浮蝴蝶茧一蓄之，是日出一蝶，五色煸斓，光采耀目。按《罗浮山志》云："山有蝴蝶洞，在云峰岩下，古木丛生，四时出彩蝶，世传葛仙遗衣所化。"予作长歌一首，尹伦亦有和作。

昔乾隆壬子四月十八日，松霭大令有人贻一罗浮蝶来，时犹抱茧，解其缚养之，至重午午后放之。次日见闲园主人，云昨午后有蝴蝶飞至。盖顷刻已十里矣。松霭有长歌纪事。今此蝶之处，恰亦同候，何早晚之不少差耶？

咏罗浮蝴蝶，竹垞数见，而《西畯小稿》中两篇尤佳，几于跨灶矣。

---

① 以下疑有阙文。

② "晚际"当是"际晚"之倒。

③ 底本"晓"误作"晚"，据稿本改。

五月朔日(6月6日) 晴。德孚作《浮查宦月图》,便面见遗。

张鸣岐字凤岗,濮仲谦字可登。

午日(6月10日) 简庄自吴中来,以新购廉州仿范宽山水见视。留月余还之。

二十日(6月25日) 绿饮偕何梦华见过。

六月朔日(7月5日) 晴。

二十六日(7月30日) 酷热异常。冯尔修卒。

松翁以金原郡玉印见遗,酬之以诗。

七月朔日(8月4日) 晴。

初九日(8月12日) 命之鼎往吊尔修之　。

中元日(8月18日) 祀先后天气颇凉爽。

康熙五十□年[①]奉上谕:何焯不知恩义,将女与允禩抚养,又为潘末子夤缘,罪应正法。念其稍能文,革去官衔,在修书处行走。

八月朔日(9月2日) 晴而凉。得小岘司寇寄慰松霭诗,次首云:"兔床叟与潜山子,并有愁心托杜鹃。原注:皆先抱骑省之戚。赢得诗人多少泪,弹将绿绮不成弦。"

初三日(9月4日) 予刻王昭平先生《拄屏语》,于《节愍遗集》阅宪皇帝《悦心集》采书《屏语》五则,注:"明王某著,钱塘人。"则先生之书已久为九重所重矣。其仕履未详,盖是时先生之芳节犹未甚显暴于世邪?

九月朔日(10月1日) 晴。

初三日(10月3日) 澧泉云:"厍港虹桥堰在平湖东,近松江界。自王恒开后,今水仍通。"伊尝同平湖一里保吴太冲寻至此堰,路甚迂僻,以太冲昔曾预王令开堰之役,故能识路也。

初八日(10月8日) 晴。同尹伦、受笙、雪帆至龙山登高。

重九日(10月9日) 雨。招荫嘉、尹伦、受笙、乙照耕烟山馆小

---

① 据《清实录》,为康熙五十四年事。

集,为受笙、乙照候榜,荫嘉有诗。

初十日(10月10日) 浙闱榜发。乙照名次八十有八,盖自乾隆丙午至今,二十二年中子侄辈三捷乡闱,此皆祖宗之遗泽也,为之喜极涕零。

十一日(10月11日) 宋陈子兼《窗间纪闻》云:"唐印文如丝发,今印文如箸。开封府三司印文尤粗,犹且岁易,以此见事之繁简也。"《说郛》三十一卷。

十月朔日己巳(10月31日) 晴。《菉竹堂书目》载《画一元龟》十八册,不著撰人及时代。近仲鱼从吴中得宋刻《画一元龟》九册,纸墨甚佳,惜撰人卷数皆无可考矣。

初四日(11月3日) 晴。是夕亥时次媳举一子。

十一日(11月10日) 率五侄至麻泾尔鸣公墓焚黄。

十二日(11月11日) 至玉方公墓焚黄。

十三日(11月12日) 至愚斋公墓焚黄。

十四日(11月13日) 率之鼎至东山焚黄。

二十日(11月19日) 至邑城。

二十一日(11月20日) 晴。是日为予览揆之辰。

二十五日(11月24日) 绿饮偕其孙过访,商刻《谢山外集》,予助资十两。夜分解舟。

十一月朔日戊戌(11月29日) 晴。

初三日(12月1日) 为环孙薙发。是夕昂驹往阳羡。

初四日(12月2日) 受笙过山馆。

初十日(12月8日) 大风。

十一日(12月9日) 大风。

十二日(12月10日) 寒甚,风尤狂,研池俱冰。

十五日(12月13日) 叔未见过,以祝开美先生寄蕺山先生手札为赠。

十二月朔日(12月29日) 晴。

二十三日(1808年1月20日) 命侄辈举伯兄殡，权厝大旗山之阳。庚山甲向。《澉水续志》:“刘豫胜孙恩于此。”《海盐县图经》同。

二十四日(1月21日) 薄暝登舟，至西邵湾。

二十五日(1月22日) 晴。禺中登大旗山，观伯兄攒所设祭，复至万苍山。

三十日(1月27日) 晴。夜有星。是日至皇坟送河庄北上，以陈言扬先生凤池研赠别。

嘉庆十三年(1808)岁次著雍执徐戊辰

元日戊戌(1月28日)　阴。东风。

初二日(1月29日)　阴。招荫嘉集山馆,为四、五两侄饯行。

初三日(1月30日)　阴。午后至海上,观往补陀进香船。

初四日(1月31日)　阴。

初五日(2月1日)　微雨。

初六日(2月2日)　阴。

人日(2月3日)　阴。晚寒。

初八日(2月4日)　晨雪。

初九日(2月5日)　晴。送衡照、乙照两侄计偕北上。

初十日(2月6日)　晴。

十三日(2月9日)　晴。夜有月。

上元日(2月11日)　晴。夜月尤佳。

十九日(2月15日)　晴暖。晨起祀享毕,收各先容。既登舟,为花溪之游,过西林庵朗公。方有斋事法筵,钟鼓不绝。复访少白、春园,俱不值。遂解緂归。

二月朔日(2月26日)　晴。

初七日(3月3日)　晴。夜雷,微雨。

初八日(3月4日)　晴。夜雨雹。

初九日(3月5日)　晨雪而寒冻。

十二日(3月8日)　晴。积雪尽融。

二十二日(3月18日)　晴。登舟为武林之游,晚过长河堰。

二十三日(3月19日) 午后过皋亭,桃李盛放,一望如锦。至金门槛访查铭三,不值。

二十六日(3月22日) 绿饮过舟次,晋斋踵至,剧谈而别。小舟以书画至,际晚别去。

二十七日(3月23日) 小洲来。

三月朔日(3月27日) 过清勤堂,山舟学士以石刻《重赴鹿鸣诗》及木刻本见诒。

初二日(3月28日) 禺中解维东归。

上巳日(3月29日) 下春抵家。

初五日(3月31日) 招半圭、葑湖、受笙耕烟馆小集,补修禊饮。受笙谈华山、崆峒之胜甚悉。

初七日(4月2日) 受笙写崆峒图,并系《崆峒奇松歌》见遗。

初八日(4月3日) 寒食节。村中演灯甚喧。

初九日(4月4日) 清明日。晴。刻《愚谷文存》成。凡十四卷。

十九日(4月14日) 至杨村先墓焚黄。午小雨。

二十七日(4月22日) 晚连接小岘司寇诗札。

二十九日(4月24日) 晴。晚小雨,夜微雪。闻余杭山中是夕雪积数寸。

四月朔日(4月26日) 晴。沈石田题《仕女图》云:"魷薄窗虚日映楼,杏花风荡玉帘钩。手擎盒子偷微笑,红脚蛛丝在上头。"扰、魷,《集韵》"式荏切。"《释鱼》,魷薄[①]未详,疑为蜊壳之属。

初四日(4月29日) 唐寅葬横塘王家村,见祝枝山所撰墓志。桃花坞乃其别业,宋牧仲以为墓,且为建祠,误也。

十九日(5月14日) 晴。午刻得五侄礼闱捷音。夜半大雷雨。

二十日(5月15日) 清晨雷雨。

二十六日(5月21日) 晨雨。禺中为武林之游,夜宿长安。

---

① "薄",疑系衍文。

二十七日(5月22日) 午后至小粉场晤四侄媳,知衡照大挑一等。

二十八日(5月23日) 《山海经·中山经》:"婴梁之山,上[1]多苍玉,錞于玄石。"

二十九日(5月24日) 至运司河访受笙,不值。

五月朔日(5月25日) 晨雨,自横河解舟,出城东归。午际雨止,至皋亭观竞渡。忆乾隆癸巳,与祝雨亭大令及儿照同寓篁庵,时儿年十六,方应童子试,适遇端阳,泛舟同观夺锦标,为竟日之游,屈指三十七载。时雨亭犹诸生,至庚寅登乡荐,又数载,出为县调大兴,以事横罹罪殃。予父子一老一瞽,回思前事,恍如昨日,不胜感怆云。

初二日(5月26日) 晴。过小海修川别业。

初三日(5月27日) 《池北偶谈》载:"崇祯庚辰,厦门得砖刻文曰:'草鸡夜鸣,长耳大尾。干头衔鼠,拍水而起。杀人如麻,血成海水。起年灭年,六甲更始。康小熙皞,太平千一作八纪。'"

端午日(5月29日) 晴。合仙蒲五汁丸。予家合此,施送垂数十年,甚验。

《池北偶谈》又载:"康熙十八年江南造战舰,凡千年古木,皆被斧斤之厄。宜兴张公洞有银杏数株,苏松道方国栋亲往监伐之,树皆出血。方惊悸得疾,旬日卒。"

闰五月朔日(6月24日) 晴。前月廿九日甲子雨,有"撑船入市"之谚。

初四日(6月27日) 大雨竟日,远近村农皆惬所望。

初五日(6月28日) 雨。

初六日(6月29日) 晴。简庄自北归,得四侄留京之信。

初七日(6月30日) 晴。过士乡堂。

初八日(7月1日) 大雨。叔未解元遣送净相寺槜李十二,即

---

① 底本"上"误作"土",据稿本及《山海经》改。

分饷诸友。

十三日(7月6日)　自初九至十二,连日大雨,河流泛滥,舟楫不通。是日雨止,葑湖赋槜李诗,用东坡《食荔枝》韵,受笙见而和之。夜雨。

十四日(7月7日)　阴曀。

十五日(7月8日)　阴。

十六日(7月9日)　雨。

十七日(7月10日)　雨至晚。

十八日(7月11日)　大雨竟日。

十九日(7月12日)　雨少止,仍霉蒸。

二十日(7月13日)　阴晦。

二十一日(7月14日)　先慈讳日。

二十二日(7月15日)　晴。见日。

二十三日(7月16日)　晨小雨,午薄雷。王子渊《四子讲德论》:“毛嫱、西施,善毁者不能掩其美;嫫姆、倭傀,善誉者莫能掩其丑。”注引《慎子》曰:“毛嫱、先施,天下之姣也。”先施即西施。

二十四日(7月17日)　晴。有风。“书墙暗记移花日,洗瓮先知窨酒期。”《王承福传》:“食焉而怠其事,必有天殃。”窨音去声,藏酒窖也。“洗瓮先知窨酒期”,窨或作酝,恐非。

二十六日(7月19日)　“瑶光珠斗灿,青简素王书。”杨木山注竹垞诗:“梅李北东瑶庵亦产槜李。”

六月朔日(7月23日)　晴。

十四日(8月5日)　初更五侄自京乞假回。

十九日(8月10日)　晴。

二十九日(8月20日)　晴。午后宁城有雨,颇霑足。俗谓之净界雨,每岁验之,多不爽。然迩来齐丰香市远不及前矣。忆数十年前每至期,赶集者四远而至,各货骈集,若书画骨董,无物不有,几有北方市集之风。是时,安国寺前荷花盛放,赤阑桥外,衣香人影与红花绿盖相掩映，又有酒楼茶肆征歌选技，百戏俱集，如是者凡浃旬始罢。今则一哄之市而已。

七月初一日(8月22日) 晴。

中元日(9月5日) 晴。祀先。

十七日(9月7日) 至花溪，与雪帆茗话于西林庵。

二十日(9月10日) 夜分南邻汪氏失火，逾时始熄。先是□月中有东邻朱氏被灾，延及陈氏孝威父子祠，遂至讦讼不休。盖□月间两遇郁攸之警，皆旱魃为虐之所致也。

二十二日(9月12日) 午后疟疾忽发，寒战颇剧，盖以邻灾夜起，而触冒风寒之故也。

二十六日(9月16日) 疟始止。而长媳肠□病甚。

八月初一日(9月20日) 晴。

初二日(9月21日) 黄昏长媳不起。

初三日(9月22日) 酉刻长媳含敛甫竟，适西斋不戒于火，赖邻人扑灭，更余始熄。此数十年未有之灾眚也，为之慨叹无已。

十三日(10月2日) 演剧于兴福庙前，以报诸救火者。

中秋日(10月4日) 演剧于兴福庙前。是夕朦胧月色。

晦日(10月19日) 为武林之游。

九月朔日(10月20日) 晨过塘栖，由沈荡湾过灞入城。

初七日(10月26日) 五侄携妇及二女赴山东，尹伦偕往。

二十日(11月8日) 之当湖观虹堰。是日午刻登舟，日晡至花溪。梅史以疟未晤。复过西林庵，已夕磬，即宿庵外。

二十一日(11月9日) 《平湖县志》云："沈孝廉中柱试南宫，家中百怪交作，诸物无故自行，有火球圆径数滚于几，未几报捷。"

晚抵平湖小南门宿。

二十二日(11月10日) 晓自小南门解棹，经东湖而东，至后库港。虹桥长五丈，东向，其南北两堍各长三四丈，桥面广丈余，桥下通三洳，潮汐往来甚大，借以灌溉平湖、海盐、海宁、石门、仁和诸邑。南达省会,北注太湖,所谓"三江既入,震泽底定",仿佛可以想见。后厍港之口有小庙,门外一碑,为乾隆戊申平湖令王君恒立,权训导陈君焯书。予循览桥道,徘徊久之,觉二十年心事,为之顿释矣。余详予诗文集中。

下春返,至东湖登弄珠楼。云间女史姚珊宾《弄珠楼题壁次人韵》云:"谪堕红尘二十年,青天碧海两茫然。凭栏徙[1]倚无人会,自酌寒泉荐水仙。"自署"丁卯八月中浣"。

二十三日(11月11日) 过屈韬园紫华舫,夜饮其家,至更余始别。

二十四日(11月12日) 黎明自南河解舟,午际至梅里,过叔未书斋,纵观所藏金石彝鼎,留予小饮,至禺中而别。夜泊尚胥里,大风雨。

二十五日(11月13日) 清晨至常墓桥。宋时海盐多常姓,此殆古桥畔有常姓墓也,惜佚其名。

二十六日(11月14日) 偕宗人澧源至小桐溪。

十月朔日(11月18日) 晴。

二十一日(12月8日) 晴。

二十七日(12月14日) 雨。时天久旱,上河涸辙,至是始可通舟楫。

十一月初一日(12月17日) 晴。

初六日冬至(12月22日) 晴和,南风。

十七日(1809年1月2日) 夜雪积地二寸许。

三十日(1月15日) 雨微雪。《平湖县[2]志》云:《方舆纪要》东江自太湖分流,从吴江县东南入浙江嘉兴府境,至海盐县东北三十五里乍浦入海。元末明初,因防倭患筑断此入海之口,由松江府春申浦

① 底本"徙"误作"徒",据稿本改。

② 底本"县"下衍一"张"字,据稿本删。

入海，而旧志不载。

十二月朔日(1月16日)　晴。

初四日(1月19日)　至武林。晤黄相圃，云有人在闽得石，刻"隆平元年"，不知是何年代。

晋孙毓著《诗同异评》及《成败志》《七庙讳议》。毓，北海人，字休朗，《意林》注作休文。《经义考》不载，详《释文叙录》。

初六日(1月21日)　过梁元颖侍讲，与文渔晤于山舟。

初九日(1月24日)　归小桐溪。

十二日(1月27日)　长媳出殡，横于陈家桥东原。

十九日(2月3日)　雪。

二十日立春(2月4日)　晴。

二十七日(2月11日)　雨。

二十八日(2月12日)　四侄都下书至。得小岘少寇诗札。是日又得少寇书。

京师晤阳羡人，无不知有吴兔床者，诗以寄之

自昔荆南记寓公，《桃溪客语》语乡风。至今脍炙邦人口，团扇家家画放翁。

丁卯冬兔床得孙，今两岁矣，寄诗补贺。

延陵家世喜添丁，试听啼声识宁馨。万卷藏书今有托，拜经楼畔许传经。

除夕(2月13日)　晴。

嘉庆十四年(1809)岁次屠维大荒落己巳

元旦(2月14日) 晴。清晨率子侄登兴庙文昌阁。

初二日(2月15日) 晴。

初三日(2月16日) 晴。

初四日(2月17日) 晴。

初五日(2月18日) 至花溪送春园入都。晚雨。

初六日(2月19日) 雨。

人日(2月20日) 雨。忆衡山诗云"非贤宁畏蛇年至,多歉欣逢谷日晴",盖预期诘朝之晴也。

初九日(2月22日) 晴。至旧仓视次女疾。

十二日(2月25日) 容叔甥携启焜来贺岁。

十三日(2月26日) 绿饮挈孙自乌戍[①]至,时年八十有二[②],精神巩固,真不易及也。至夜分观灯而去。

十五日(2月28日) 晴和,夜月甚佳。《西都赋》:"金釭衔璧,是为列钱。翡翠火齐,流耀含英。悬黎垂棘,夜光存焉。"

十六日(3月1日) 海宁审山喝石泉,《志》称俱胝禅师。按万历《杭州府志》作胦胝,注云:"西方语,即华言平等道心也。"

三十日(3月15日) 至硖石,以西藏香供素公禅室后,独游简庄新筑紫微讲舍。王紫溪请作丹井幽探第二图。

---

① 稿本"戍"作"戊"。

② 底本"二"字阙,据稿本补。

二月朔日(3月16日) 晴。

初七日(3月22日) 大风扬尘,俗称祠山请客风,每岁颇准。

初九日(3月24日) 晴。薄暝微雨,俗谓之送客雨也。

二十二日清明(4月6日) 晴。率子侄辈至卢家桥玉方公墓祭扫。

二十三日(4月7日) 至杨村愚斋公墓祭扫。券堂手植松柏数百株,枝叶皆瘦弱,盖为典守者朘削之过也,殊堪恼恨。

二十七日(4月11日) 因麻泾港尔鸣公墓东南角①合抱大榆树为守墓人方某盗伐,命涌轮侄入城鸣官究追。

二十八日(4月12日) 鹅行鸭步语见《震川集》二十六卷《东园翁家传》。

三月朔日(4月15日) 晴。

初二日(4月16日) 雨。午后俶装为会城之游。

张三锡云:"痰火郁结于上焦,胸中盲膜之上,上窍不通,则玄门闭密,而鼻不闻香,口不知味,或耳聋目昏,良由火气弱,不能上冲,浊气得以擅权,是虚为本,而痰火为标也。当补中益气,加升柴诸风药引上行,兼用清土化痰开窍之丸药,戒性慎口,久之自全。此锡屡验者。"予近患鼻不闻香,口不知味,他无所苦。读此始知病之所起,并录于此。

上巳日(4月17日) 上湖,舟中遇大风雨,薄暮抵横河,泊东②南岸。忆去春是日,与半圭、葑湖、受笙在小苍茛室修禊,风景之不同,良可慨已。盖此室去秋被灾,迄今犹未能重理也。

初六日谷雨(4月20日) 晴。至湖上,独游昭庆寺,试新茶于湖楼。

初八日(4月22日) 归小桐溪。

---

① 底本无"角"字,据稿本补。

② 底本无"东"字,据稿本补。

初十日(4月24日) 至龙山,与雪帆过西林庵。归遇雨。

二十二日立夏(5月6日) 寒甚,蚕多死者,村人以为忧。

昨日与受笙同舟之郭溪,观宋户部侍郎苏衡墓,是日成一诗寄之。

得小岘二月望日书,知已补光禄卿。

二十四日(5月8日) 元刻《诗序纂疏》一册,前署"新安后学胡一桂纂疏"。按:《经义考》有《胡氏诗传纂疏》八卷,注"未见"。令此止[①]小序尔。元刻《新增校正十八史略》二卷,署"庐陵前进士曾先之编"。《补元史艺文志》作三卷。

元刻《仪礼注疏》一部。每页二十行。

二十五日(5月9日) 写魏孺人真容成。忆乾隆五十七年秋日,尝属王子写一像,既而为裱家所毁,命他工追为之,卒不似。儿辈复倩王子索昔年稿本,复写此帧。

二十九日(5月13日) 晴。

四月初一日庚寅(5月14日) 晴。知小岘侍郎补光禄后又擢副宪。

浴佛日(5月21日) 晴。

初九日(5月22日) 受笙有都门之游,来作别。

郑注《尚书大传》"鲜誓"注云:"即《费誓》,汉编在《甫刑》前。"观"汉编"之语,则注恐未必仝出于康成。

十一日(5月24日) 刘彦冲《景阳钟诗》云:"景阳钟动晓寒清,度柳穿花隐隐声。三十六宫梳洗罢,却吹残烛到天明。"见《菊坡丛话》。

刘子仪尝画李义山像,写其诗,列之左右。同[②]上。

十六日(5月29日) 薄暮雨甚大,更余而止。

---

① "令此止"疑当作"今止此"。

② 稿本"同"作"仝"。

十八日(5月31日) 虞伯生题墨迹云:"仆在钱塘,一日谒陈述古,邀余饮堂前小阁。中壁小书一绝,云:'绰约新娇生眼底,侵寻旧事上眉尖。问君别后愁多少,得似春潮夜夜添。'又有人和云:'长垂玉箸残妆脸,肯为金钗露指尖。万斛闲愁何日尽,一分真态为谁添。'前一首蔡君谟所作并书,后一首未知谁作也。"俗传苏小妹嫁秦太虚,委巷之谈也。《菊坡丛语[①]·婚嗣类》云:"老苏先生女幼而好学,慷慨能文,适其母兄程濬之子之才,作诗云:'汝母之兄汝伯舅,求以厥子来结姻。乡人嫁女重母族,虽我不肯将安云。'苏子无妹,却有此诗。"

十九日(6月1日) 蔡伯僖,宋真宗朝有司贡至朝为童科,对上诵书。岁未二周,故号"二岁神童"。上赐以诗,即授校书郎春宫伴读。

王梅溪诗有"王十朋如赵十朋"之语,盖谓同时黄岩贤士也。

宋王嗣宗,太祖朝人,尝为泰山司理,有诗云:"欲挂衣冠神武门,先寻水竹渭南村。却将旧斩楼兰剑,买得黄牛教子孙。""张康裩里风,许洞闹妆妻。"

二十日(6月2日) 雨。万翥诗云:"胸中襞积千般事,到得相逢一语无。"《杨诚斋诗话》。万疑高之讹。

二十二日(6月4日) 大雨。受笙寄《怀然青赴山左诗》一联云:"囊中诗倩苏洵和,车上花共鲍靓看。"颇切情事,盖时挈眷并招尹伦偕行也。

二十三日(6月5日) 雨竟日,达夜。

二十四日(6月6日) 雨连日竟夜,田中二麦俱发芽。

戏作俳谐体送受笙北游,云:"漠漠柳绵飞不休,悠悠云水淡如秋。青山对我索诗倩,白发畏人谈远游。古驿花明金喜鹊,长途书载玉骅骝。元龙豪气知犹在,击筑悲歌到蓟邱。"

---

① "语"当作"话"。

二十五日(6月7日) 阴。

二十六日(6月8日) 晴。

二十七日(6月9日) 晴。至洄塘,晤纪君侄婿,同游闲园,惟二大石尚在,石高各丈余。

二十八日(6月10日) 阴。夜雨达曙。

二十九日(6月11日) 雨竟日。

晦日(6月12日) 阴。

五月朔日庚申(6月13日) 晴。

初三日入霉(6月15日) 雨。

端午日(6月17日) 雨竟日。《唐六典》:"太官令掌供膳之事,夏月加冷淘粉粥。"此注虽言百官每日常,然少陵《槐叶冷淘》诗:"君王纳凉晚,此味亦时须。"则玉食亦进之。《钱笺杜诗》竟不注"槐叶冷淘",何也?东坡有《食槐叶饼》诗,注云:"即槐叶冷淘也。"

昔人以是日生子为不利,往往不举。辽懿德萧后是日生,后赐死。《山海经广注》云:"端午日生者,死后为僵尸。"

初六日(6月18日) 晴。

初十日夏至(6月22日) 阴。东坡与少游论虱,以冷淘请佛印。详《菊坡丛话》。

十一日(6月23日) 雨晦。关侯祠演剧。梅都馆云:"老知书画真有益,却悔岁月来无多。"

行醉日(6月25日) 阴。

十六日(6月28日) 雨。周纪君为借胡陈村、胡豫波所藏文待诏《拙政园图册》至,为之忻抃弥日。

二十日(7月2日) 阴。

二十一日(7月3日) 费锡章奏:"圣祖仁皇帝遣八品官平安前往琉球国测量,与吴越同度,星在牛女之次,俱在丑宫。"

二十八日(7月10日) 文殊、目连,见于周穆王时。《太平广记·宣律师传》。涪州相思寺亦见上传。四侄偕尹伦自都门由历下归里。

六月朔日(7月13日) 晴。

十八日(7月30日) 晴。风甚大,是日不甚酷热。

二十五日(8月6日) 午后雨。

二十六日(8月7日) 午刻雷,无[1]

二十七日立秋(8月8日) 际晚雨。

七月初一日己未(8月11日) 晴。《唐摭言》载:"贾岛不善呈试,每试自叠一幅,巡捕疑作步告人曰:'原夫之辈,乞一联!亡[2]一联!'"

十五日(8月25日) 晴。

二十一日(8月31日) 雨数阵。查梅史有"大树如山拥一村"之句,陈受笙赏之。

二十四日(9月3日) 欧阳公有妾卢媚儿,口吐气作荷花香。有老僧见之,云:"渠前生曾诵过《妙法莲华经》二十年。"

二十九日白露(9月8日) 雨。俗占有"白露白迷迷,路白雨来催"之语,验之颇应。

"宋陈尧佐为潮州时,恶貉、鳄鱼为暴,公命捕得,鸣鼓于市,以文告而戮之,患屏息。"见欧公《陈文惠墓碑》。

三十日(9月9日) 雨,至晚止。

八月初一日(9月10日) 小雨。

初二日(9月11日) 晴。长媳小祥。下午微雨。

张道陵七试赵升。

初十日(9月19日) 是日始无雨。

十四日秋分(9月23日) 晴。

十五日(9月24日) 晴暝微雨,黄昏月不甚明。《太平广记》引

---

① 下阙文。

② "亡"当作"乞"。

《名书录》有:"荥[①]阳姊畅,晋秘书令,工八分。"姊姓希见。

十六日(9月25日) 午刻小雨。昌黎子昶不学,尝误改金根,为时所诮。又《名画记》:昌黎有卫协《毛诗北风图咏》,以借段[②]与段文□,以模本归之。然则不识金根,宜矣。

兰贞疾转脾泄,饮食殊减,意弥忧之。

二十四日(10月3日) 兰贞病益甚,参药不纳,知莫可挽回矣。

二十七日(10月6日) 巳刻兰去世,年三十有一,痛哉!

二十八日(10月7日) 古人云:"千钧之弩,不为鼷[③]鼠发机。"

二十九日(10月8日) 秀水烟雨楼,传是唐裴休宅,有裴公岛。公在长安游曲江,遇新除宣州广德令,问答诙谐,见《太平广记》二百五十一。所谓"喏郎不敢"者也。

九月初一日(10月9日) 晴。视兰贞含,用硖石张氏绵敛法,巳时小敛,袭衣七称,裳三称,未时大敛。

初二日(10月10日) 买舟送兰姬嫂侄辈归平湖。

初三日(10月11日) 视二愚兄敛,兄时寿八十有八。晚微雨,大风。

初六日(10月14日) 立冬日。立冬时采二桑叶风干,至明年九月廿三日煎水洗目,佳。

《汉书·李广传》:"刁斗",孟康注:"刁斗,以铜作鐎,受一斗。昼炊饭,夜击持夜行,名刁斗。"颜师古注曰:"鐎音谯。"骞按:鐎音谯,与谯楼之谯同音,盖以夜击夜行,与楼之名谯可互证。

重九日(10月17日) 雨竟日。

十一日(10月19日) 兰姬皋复于昧爽。

十三日(10月21日) 晴。予复还东楼内寝。

---

① 底本"荥"误作"荣",据稿本及《太平广记》卷二九四改。

② "段",疑系衍文。下"段文□",据《名画记》系段文昌。

③ 底本"鼷"误作"鼶",据稿本及《三国志·杜袭传》改。

十五日(10月23日) 雁塔题名,始于唐张莒,本于寺中闲游,而题其同年人,因为故事。见《嘉话录》。

午后登舟之武林。

十八日(10月26日) 《谷梁子》云:"心志既通,而名誉不立,朋友之过也。"

十九日(10月27日) 晴。与魏小洲钺出钱湖门至灵隐寺书藏,以家刻本三函归鸷字号书厨,计《愚谷丛书》一函共十种。《拜经楼诗集》一函、《愚谷文集》一函,总计十五本。俱登入本寺书藏簿,出收据为执照。坐方丈僧品莲、掌管僧玉峰、执笔僧明远,秀才出家。是日小洲亦归藏书三种。

二十二日(10月30日) 晨至郭溪,遂归里。"残书楚汉灯前垒,小阁江山雾里诗。"庄孔旸句。

十月朔日戊子(11月8日) 晴。祀先毕,率子侄辈卢家桥祭扫玉方公墓。

初五日(11月12日) 微雨。

初六日癸巳(11月13日) 天色晴和。皇上万寿万万寿。

初七日(11月14日) "翼轸众星朝北极,岷峨诸岭导南条。"薛文清句。

初十日(11月17日) 晴。"天连巫峡长多雨,江[1]过浔阳始上潮。"同上

二十一日(11月28日) 五更微雪[2]。晴,无风。是日予悬弧之辰。回忆兰贞在日,必为焚香设具,而致嘿祷于神前,不禁老泪之盈于睫矣。

偶读归愚宗伯诗,有《客中生日》一首,附录于左:"满庭黄叶满床尘,红烛青尊夜欲分。真觉光阴如过客,可堪四十竟无闻。中宵孤馆

---

① 底本"江"字阙,据稿本补。

② 底本无"五更微雪"四字,据稿本补。

听残雨,远道佳人合暮云。遥忆故园茅屋里,焚香为礼玉晨君。”

二十三日(11 月 30 日) “化石未成犹有泪,舞鸾虽在不惊尘。”庄孔旸句。“竹径傍通沽酒市,桃花乱点钓鱼船。”陈公甫句。“幽人月出每孤往,栖鸟山深时一鸣。”“天迥楼台含气象,月明星斗避光辉。”“山色古今余王气,江流天地变秋声。”“棋声竹里消闲昼,药囊窗前对病僧。”王阳明句。

十一月初一日(12 月 7 日) 阴。《艺苑卮言》云:“贺方回《浣溪沙[①]》云:‘淡黄杨柳带栖雅[②]’,关汉卿演作四句,云:‘不近喧哗,嫩绿池塘藏睡鸭。自然幽雅,淡黄杨柳带栖鸦。’”

初八日(12 月 14 日) 小儿游风发于百日之内,最为急症,用胞衣不见水不用石灰,收入磁瓶内,泥封口,放高燥处或屋内。无论迟速,发时即以笔蘸胞衣汁抹之,可救。本儿自胞尤妙。小儿眼中出痘,多致损目,须其母食指傍少商穴相近,用银针刺血点痘疮,则痘自移于眼外。并毓春说。

十六日冬至(12 月 22 日) 晨微雪。

十七日(12 月 23 日) 晴。元遗山谓掘土中有肉块即太岁,犯之不祥。《续夷坚志》中屡记之。

十八日(12 月 24 日) 伊川谓《素问》出于战国之末。见《困学纪闻》。

二十四日(12 月 30 日) 连日祁寒沍冻,是日稍解。午后至旧仓看次女。

收得倪太仆《西山晓行山水》一帧,题识可珍。

二十七日(1810 年 1 月 2 日) 买得鸲鹆砚一,端溪旧坑也。予为之铭曰:“瞿之谷之,磨而不磷。”惟鲁经之辞。仲鱼以为形似婴武,又作《婴武砚铭》曰:“陇山焕文,端溪浴洁。鹳之鹆之,七星贯彻。巧

---

① 底本无“沙”字,据《艺苑卮言》补。

② “雅”当作“鸦”。

言如簧，莫扪朕舌。以有鹳鹆，眼凡七也。”

十二月初一日(1月5日) 晴，冷。

腊八日(1月12日) 晴。得钱稼轩山水画于罗文笺。款题“夫子大人”，疑为吾邑陈文勤相国作。

十二日(1月16日) 晴而暖。

十九日(1月23日) 晴。举徐姬殡，之万苍安葬。黄昏发引，夜将半抵扇里，泊唐家浜。

二十日(1月24日) 黎明从唐家浜举榇，逾吴山岭至万苍山。

二十一日(1月25日) 微雨溟蒙，停午雨止，申刻下定。予先归里，薄暝抵家。

二十二日(1月26日) 平湖宗人毓春自山归，知三合土筑已平椁，其穴在予寿藏之西，与魏孺人穴相并，首差下一尺许。其方向依正穴，为乾山巽向，有葬单。穴中土色红润腻洁，视他山颇不同云。

二十四日(1月28日) 晨冻。薄暮魏子怀忠自万苍归，知葬事告成。

二十五日(1月29日) 阴。

二十九日(2月2日) 阴。

嘉庆十五年(1810)岁次上章敦牂庚午

元旦丙辰(2月4日) 立春。汉晋史家以元日立春为瑞。是日微有日色。东坡《次韵秦少游王仲至元日立春诗》:“词锋唯[①]作楚骚寒,德意还同汉诏宽。好遣秦郎供帖子,尽驱春色入毫端。”少游可称秦郎,此其典据。

初二日(2月5日) 晴。

初三日(2月6日) 晴。至学山堂、拜影堂,亦常例也。

初四日(2月7日) 晴。海宁北门外有白马神庙。杨诚斋《荆溪集》有《送张元直尉盐官》云:“溧水孟东野,南昌梅子真。平生一少府,千载两高人。白马松梢寺,朱旗雪外春。村行如得句,寄我大江滨。”白马庙,宋刘拱有《记》,见邑志。按《职官志》:“张谓,淳熙五年任。”此诗志《艺文》失载。

初五日(2月8日) 晓晴。诚斋《读天宝遗事》云:“日晚无烟起御厨,野人豆饭未嫌粗。问知云子炊香日,正是梨花带雨初。”又《戊申淳熙十五年元日立春题道山堂前梅花》云:“今年元日不孤来,带领新春一并回。夜雨初添石渠水,东风先入道山梅。不妨数朵且微睡,未要十分都放开。江路野梅元自好,阿谁移取种蓬莱。”东坡《和秦王元日立春三绝》,集编哲宗元祐八年癸酉。

初八日(2月11日) 晴。

初九日(2月12日) 甲子日,晴。农占谓:“上旬甲子,乃丰年

---

① “唯”当作“虽”。

之兆。”

十三日(2月16日) 晴。杨妹子,宋宁宗恭圣皇后妹。马远供奉画,皆命题识,书法绝类上,多用“杨娃”印。

忆去年此日,绿饮自桐乡过访,留连竟日,迨夜小饮耕烟山馆,观灯至午夜而别。

十四日(2月17日) 晴。汪清厓偕长嗣国□繇海盐过访,云:“昨日晤绿饮丈于张文渔家。”盖八十三翁濒岁在盐、宁观灯,亦可为佳话也。

十五日(2月18日) 晴和。查南庐过访,晚饮观灯。梦唐即席有诗。

乐天有女名金鸾,年十岁,忽书《北山移文》以示家人,乐天以终南紫石刻之,见《书史会要》。

张庆传寄视[1]文衡山真迹,录其目:《林氏世德赞》洗心府君讳敬庵,府启讳鎏,周安人。《右川张先生寿颂》有序。《周母太宜人八十寿颂》有序。《华南坡墓志铭》《故太学唐君妻张硕人墓志铭》。

十六日(2月19日) 晴,夜月色甚佳。

十七日(2月20日) 晚大风扬尘,仰不见月。

十八日(2月21日) 晴,有风。

十九日(2月22日) 祀先,收容。

二十一日(2月24日) 晴。璪孙上学,从许甥懋堇授经于忆昔楼,时年六岁。

二十九日(3月4日) 阴。

二月朔日(3月5日) 晴。

初三日(3月7日) 得秦少司马岁前十一月书,云明年决计归田矣。

初四日(3月8日) 陶宏景卒时,有异香氤氲累日,弥满一山。

① 底本“视”作“示”,据稿本改。

见《仙佛奇踪》。吾兄拙巢先生没后，室中香气甚奇，至累月始歇，与王渔阳所记其兄西樵先生事略同。

初五日(3月9日)　《檀弓》："子张子申祥"，郑氏注引《太史公传》曰："子张姓颛孙，今曰申祥，周秦之声，二者相近，未审孰是。"孔疏曰："谓周国、秦国之人言申与颛相近，今不知颛是，不知申是。"按：颛，职缘切，为照母。申，失人切，乃审母。同为齿音，故曰相近，亦如田陈音近之类。田，徒年切，定母。陈，直珍切，定母。隔标皆古音也。

初六日(3月10日)　晴。

初七日(3月11日)　阴，甚寒。

十二日(3月16日)　晴。由花溪至邵湾，觅舆度吴山领，登万苍。晚风甚陗，望永安湖寒波荡碧，与天光云岫合作琉璃世界，真奇观也。不知墓中人亦知我至此否？真所谓"近泪无干土"矣！夜雨。

十八日(3月22日)　黄昏四孙女卒，年二十七。孙女数岁时尝坠楼，长成废疾。自丧母后，时时涕泣号痛而卒，哀哉伤矣。

二十四日(3月28日)　得小岘少寇上元日书，云："久未得书，调饥若渴，载切。近晤徐孝廉，知足下矍铄颇健饭，而珠楼人去，殊益悲凉。鄙意静坐观空，自有解脱妙谛，当不以此遂伤老年怀抱。如何如何？弟滥尘九列，而胸中常郁郁不自得，此意惟古人知之，而不能自言，或足下能嘿喻之邪？昨秋，弟之长女又殁。本系孀居，依栖寒舍，所遗弱小，未卜所处。秋以为期，拟上乞休之章，不待悬车之岁也。《词科录》竣事，大序已刻冠简端，有妥便即当寄阅。"

二十八日(4月1日)　明姚公绶尝得钱舜举《山居图》，卷后有张居贞、仇山村、顾玉山、郑明德、□楚石诸人题跋，奇爱之，行笈亦携以自随。自题"三日不展卷，何异隔三秋？今日一展之，顿然销百忧"云云，见厉樊榭《东城杂记》。

二十九日(4月2日)　晴。

三月初二日清明(4月5日)　晴。祀先后，子侄辈诣卢家桥扫墓。

初三日(4月6日) 晴,大风。午后河庄过,同至西宅,复茶话于山馆,出旧藏《西昆酬唱集》共读,适见内有兰姬夹片珠楼女史观字遗笔。河庄口吟王次回诗云:“犹有一行遗墨在,元年三月十三封。”相与怃然久之。

初四日(4月7日) 晴,夜雷雨。明人作《姓谱》,云“葛洪妻乃鲍靓女。”按《晋书》洪本传:“洪师事南海太守上党鲍玄。玄亦内学,逆知将来。见洪,甚重之,以女妻洪。”是洪娶鲍玄女。又按《鲍靓传》云:“靓字太玄,东海人。为南洋太守,有道术,年百余岁卒。”而不言以女妻葛洪事。玄未知即靓否。且南海、南阳、上党与东海郡各不同,辛楣宫詹作《考异》,亦未之及。

初六日(4月9日) 里中赛捍沙会。此会久不举,忆四年春,小岘司寇为巡道偶视塘至尖山,适遇此会,停舆让神过,然后清道而行,观者莫不叹公之敬肃,有古名臣风度。屈指十年矣。

初九日(4月12日) 阴。率子侄、从孙辈至杨村扫墓。

十二日(4月15日) 雨。

十七日(4月20日) 晴。山馆鼠姑初放,回忆去年看花人,遂成隔世,岂不可悲?

十九日(4月22日) 至武林。魏小洲来舟中,同入城而别。

二十一日(4月24日) 偕小洲游湖上,至苏公祠观牡丹,小饮湖楼,遇雨。

二十二日(4月25日) 晓出艮山门而东。

从赵宽夫借得《罗昭谏集》,明姚士粦所刻。书凡五卷,前三卷赋与诗,第四卷杂文,第五卷乃《两同书》。

二十三日(4月26日) 清晨过苏溪,招葛子泮南至舟中观画而别,停午抵家。

二十四日(4月27日) 《瓮牖闲评》云:“宋钦宗乃哲和尚转生。”

御撰《资治通鉴纲目三编》乾隆十二年告成：崇祯十二年三月，我大清兵入青山口，帝逮治失守封疆诸巡抚陈祖苞、总兵吴国镇等三十六人同日弃市。

四月初一日甲申(5月3日)　晴。至花溪过南庐蓼园，不值。

初四日立夏(5月6日)　晴。郑夹漈云："梵音行于中国，而吾夫子之经不能过跋提河一步者，以字不以声也。"刘辰翁《韵会》序。

初八日辛卯(5月10日)　晴。是夕月颇朗，登西簃观眺，二更始就寝。次媳又举一孙。类书载左君锡是日生子，党怀英贺诗有云："燕寝凝香佳梦兆，与佛同生佛亲抱。"

初九日(5月11日)　董潮《东皋杂钞》："素庵相国仕本朝，世祖章皇帝宠眷优渥，而性颇忮刻，为满大臣所怒，上亦稍疏之。会太夫人七秩寿，世祖御笔画松竹赐之，谓曰：'汝将自行祝寿乎？抑遣人乎？'实谕之归也。相国以遣子对，上嘿然。后怒者益甚，安置沈阳，仍予大学士一品俸衔，许不久即召。居既久，因谋赐环，命家人褚正阳以黄金三百赂中官某，于上前道及。后阉以他事籍没，事露，为御史以交结近侍参奏，革职长流居辽。一日骑马过山寺，仰见额颜曰：'素庵'，讶甚。及入门，一一如旧经历。中一室扃锢已久，启之，见壁上题诗，即己旧作，因恍然悟前生是此庵僧也。既归，忽忽不乐而卒。夫人徐氏在戍所，圣祖仁皇帝巡边，以囚妇迎驾。上问有子女否？以孤身对。上悯之，罚修一城放归。家人褚正阳家资百万，借以竣工，得归老故籍。夫人在戍所立愿画大士像一藏，至今流传，东人争宝之。"

十五日(5月17日)　《东皋杂钞》又曰："海昌陈素庵继配徐夫人名灿，字湘苹按：当字深明，号湘苹，工词善画，吴人也。崇祯中，相国春闱下第南还，舟泊吴门。遇雨闷甚，觅散步处，闻徐氏饶花石，因独诣之。先一夕，徐翁梦黑龙碎其金鲫鱼缸。是日相国至，方徘徊花竹间，误触一盆堕，适碎其缸。相国方踽踖致不安，拟奉价偿之，而徐翁欣然问姓名，因留小饮，备极款曲。酒酣，自言有二女，俱擅才色，愿备箕帚。时相国适丧偶,闻之心动,素善子平,遂索其二女干支,归舟推之,则皆贵,惟长女微带桃花星,因纳其次,即夫人也。抵家后,相国乃翁以其不第而娶妾,大怒,欲立遣之。太夫人闻之,曰:'此女果佳,当告之家庙,以妇礼处之。不然,遣未晚也。'及至,见其端丽庄重,即以新妇呼之,后与相国偕老云。相国既仕本朝,一日,过良乡,解后一妓,其貌宛与夫人相似。询之,则涕泣自言姓氏,并流落失身故,即徐翁之长女也。因赎归,携至京师。后归一满洲武臣,其人后官至八座,亦为命妇[①]。"骞按:陈敬璋《徐夫人编年纪略》:"徐夫人父名桴,光禄丞。"是夫人非出于微贱,又[②]何肯为妾耶?东亭所记恐有未实。

初十日[③] 三月日奉上谕:"兵部奏议处富俊等一折:盛京等处产毓参枝瑞草,近年来刨采日多,山场渐远,大枝参筋难得。该将军等自应将实在情形奏明酌办,乃任听刨夫等以腴润秧参搀杂,伊等若非全无闻见,即系佯为不知。部议:将富俊、秀林分别降调。因有革职留任之案,均请革任,固所应得,姑念一时乏人更换,富俊、秀林俱着加恩,免其革任,仍注册。富登阿照议降一级留任。至此项解到参筋均应存留,罚令另行赔补,但为数过多,是以将原参一并发还,令其自行变价,已有一半作抵。着仍遵前旨,或更换好参,或解银归款,以示薄惩,钦此。"

二十一日(5月23日) 汤家埧汤姓育蚕收二巨茧,予为赋《巨茧谣》。

今世所传《王梅溪注东坡诗》,并为后人芟节不全。家藏有宋刻本,其注视今本多什二三。即如《定惠院东海棠》诗:"嫣然一笑竹篱间。"宋本注"厚曰:'《选·登徒子短宋玉赋》'"云云,今本作:"《文

① 稿本"妇"下有"云"字。
② 底本无"又"字,据稿本补。
③ 疑是"二十日"之讹。

选·宋玉赋》。"又"不待金盘荐华屋",下[①]宋本有注:"次曰:'言不待金盘之盛,而荐于华屋之下。'"按:次即赵次公也。今本无注,故如查氏、冯氏补注皆不引此注,盖由未见宋本也。又"先生食饱无一事",宋本注:"永叔饱食杜门无一事。"今本亦阙。

二十四日(5月26日) 许平仲云:"人不安于白屋,必求禄仕;仕不安于卑位,必求尊荣。四方万里,辐辏并进,各怀无耻无厌之心,可为寒心。"

二十九日(5月31日) 至谷湖观智标塔,新成六级,惟底一层未落成。

五月初一日(6月2日) 晴。

午日(6月6日) 阴。忆亡姬病时,犹与予约今岁至东湖观竞渡,今转眼及期,而倩女之魂,非五丝之所能续矣,何痛如之!

董东亭《东皋杂钞》:"尝读荆川《稗编》,爱其所采《六经奥论》,持论精博,多所发明。"朱竹垞以为非渔仲作,称其议论与《通志略》不合。盖渔仲上书曰:"十年为经旨之学,以其所得者为《书考》,作《书辨伪》;作《诗传》,作《诗辨妄》;作《春秋考》;作《诸经叙》;作《刊谬正俗跋》。五六年为天文、地理、虫鱼、草木之学,所得者作《春秋列国图》,作《尔雅注》,作《诗名物志》。"而不及《奥论》。故尔今观其《周礼》卷中《天文总辨》,取《丹元子步天歌》,并云:"夹漈郑先生尝得是书而读之,曰:'于时素秋无月,清夜如水,长诵一句,仰观一星,不三四夜,一天星斗尽萃其胸中矣。'"全用《通志略·天文略序》中语,则非渔仲所作明甚。近从友人处假得足本,所谓黎温序已缺,应非危邦辅所藏者。因手录一过,于卷首仍旧书"郑樵渔仲"。芦帘竹几,松火茶炉,日课五页,阅二十日而卒事。岁寒风味,亦颇不恶耳。

初八日(6月9日) 左宁南有女,亦有勇决。宁南为贼困,女突围救父出,跃入水死,见陈高永寄项谦《浮云富贵》篇。高永字元亮,海

---

① 底本无"下"字,据稿本补。

宁人。

初十日(6月11日) 《明文授读》有刘绘《与王槐野翰林论文书》。按:绘字子素,光州人,嘉靖十四年进士,任至重庆知府。槐雨名献臣,字敬止,长洲人,弘治六年进士。按:弘治六年至嘉靖十四年,相距已阅四十余年,二人未必同时,盖槐野非槐雨也。

十五日(6月16日) 连日多雨。

十八日(6月19日) 晴。山馆榴花、戎葵俱放,招陈半圭、查吟香小集,试硖川酒。

二十一日夏至(6月22日) 先慈程太孺人讳日。

二十五日(6月26日) 晴。自入梅以来,霪雨兼旬,蒸湿几无可避。是日快见日光,略曝床头书画,烦襟为之少摅。

二十八日(6月29日) 周公谨谓:"上巳之巳,当为十干之己,如上辛、上戊之例。"引王嵎《上巳词》云:"曲水湔裙三月二。"

三十日(7月1日) 窜四凶,或问曰:"鲧有汨陈五行之罪,共工触不周山而天柱折,三苗不率教,不知驩以何罪而同罚?"或解曰:"帝曰:'畴咨若予采?'驩兜曰:'都!共工方鸠僝功。'帝曰:'吁!静言庸违,象恭滔天。'然则驩凶有所荐,非才之罪,故同罚耳。"《癸辛杂志》云:"叶亦愚尝用之,不知出何书。"

六月初一日甲申(7月2日) 晴。密州赵德正云:"泰山如坐,嵩山如卧,华山如立。"窃谓工画者不可不知坐卧立之意,非特三山也。

初三日(7月4日) 大雨连日。

初八日(7月9日) 晴。得锡山少寇书并挽兰贞词一阕,云:"弄珠楼上无人倚,寂寞楼前水。有人还忆弄珠人,怎奈画中空自唤真真。香残粉剩妆台杳,三十年华悄。留将遗墨一行行,分付东风细雨断人肠。"调寄虞美人。予用元调酬之,云:"花残月冷孤帷寂,梦断珠楼笛。远书还傍玉台开,脱有灵香海外忽飞来。当年泚笔题东绢,省识春风面。而今莫更怨虫沙,曾见朝云有句悼秦嘉。"予昔过锡山,箧中适携珠楼小影,少寇见之,即援笔题二绝。落句盖谓少游未尝有悼朝云诗也。

十五日(7月16日) 晴。“沐稷醴粱。”见《玉藻》

二十二日(7月23日) 晚雨移时。

七月朔日(7月31日) 晴。是夕有星。更初,家有苍头三人露坐纳凉于门外,俄闻天际剨然有声,四顾明如白昼,仰见天正中垂下一物,若红琉璃灯,光彩夺目。三人共惊诧间,灯随隐,唯见天门若洞,中颇深窅,久之方合如故。随询之他所纳凉露坐者,或云但闻其声,见其光,下照而如灯者则未见,盖所见各有不同也。

乞巧日(8月6日) 《简明书目》谓:《文苑英华》有罗隐《秋云似罗赋》,《昭谏集》未载。予考《英华》十一卷,《秋云似罗赋》乃侯喜所作,不知罗隐之说为何如也。按:喜,元和中人,有诗声,尝与轩辕弥明为石鼎联句诗。

康熙丙戌,上在密云行宫,尝问从臣:“普洱茶产滇中何地?”对:“据《茶史》,出云南大理府点苍山感通寺,佳者绝不易得。”上复传旨云:“《一统志》必载其详,汝等到京,可至馆上细查。”盖上一日曾以此茶二十圆赐扈从诸臣也。见查慎行《陪猎笔记》第三卷。按《一统志》感通茶注:“感通寺出,味胜他处产者。”

初九日立秋(8月8日) 晴。

十四日(8月13日) 河庄新得《周易注疏》宋刻本,每板八行,每行十九字,白文与注疏同,较世行本字句多有不同。如“力小而任重”,“小”作“少”,与唐石经合。并注与疏,旧多连合处,而今本俱隔断,非此本不知其佳也。惜缺第一卷,

中元日(8月14日) 晴。祀享后,河庄以“富春轩”新额见赠,即悬于西簃之下。

十六日(8月15日) 陆深《豫章漫抄》云:“《西域记》称:‘阿耨达大山即昆仑山。’《地里志》称:‘昆仑山在临羌西’,《吐蕃传》亦称:‘三山中高而西下曰紫山,古所谓昆仑者。’其言颇是,宋人比之馒头

捻尖者,或合。元柯九思以为昆仑行一月始穷河源,所谓星宿海者,更在昆仑之西数千里之外,《唐史》所载河源在紫山之间者,亦未尽事实也。”

十七日(8月16日) 钱宫詹《养新录》谓:“《癸辛杂志》以汲古阁刻本最完善。”予恰得毛氏刻本一部,贮之富春轩。按:公谨父尝为富阳令,以绍定五年壬辰生公谨于任所,迄今计五百七十有九年矣。是后富春轩中不可不藏公谨书也。

十九日(8月18日)

二十七日(8月26日) 先兄拙巢公在,当为九十生朝矣。

三十日(8月29日) 是夕村中比户然地灯,今秋以岁丰稍盛。

八月朔日(8月30日) 晴热。

初四日(9月2日) 梅史自虞山书院归,过访,并以河君东初访半野堂小像见贻,乃毕琛新摹本也。像作乌巾道服。按:蘼芜以崇祯庚辰访虞山于半野堂,有诗,虞山次韵和之,载集中。

年老成精,见《首楞严经》。

初六日(9月4日) 王柳南《柳枝词》云:“妾似柔条郎似絮,年年飘泊在天涯。”昔海盐陈翠君錡以词邮示,有“郎似杨花侬似絮,天涯辛苦相随处”之句,意调绝相类。

初八日(9月6日) 有茗估携李是庵画佛幡八幅求售。画于白素绫,皆水墨花鸟,末幅后署“甲申初夏海昌李因画。”阅其背,题字乃香水庵物。

十八日(9月16日) 阴。午刻至海上观潮。

二十一日(9月19日) 魏孺人忌日。

二十五日(9月23日) 魏孺人在日,当为八旬设帨之辰,今没已十五年矣。

二十七日(9月25日) 兰姬小祥。

九月朔日癸丑(9月29日) 晴。庭桂初放。

初二日(9月30日) 府君愚斋公讳日。

重九日(10月7日) 晨起点茶荐糕于祠主前。是日风日晴美,午后奉峨、楚(筠)过山馆茶话,因同至富春轩登楼野望。奉峨有诗。

十一日(10月9日) 束装为阳羡之游。禺中至硖石,雨。莲岫至舟中,旋别去。

十二日(10月10日) 晴。午抵檇李,适雪帆自吴中归,晤于舟中,遍观行箧所携画,有高岑、高简诸迹,而雪帆新乞周云岩画各景尤佳。云岩名笠,吴人。

十三日(10月11日) 晓自泾桥解舟,东南风。扬帆抵平望,水甚驶。禺中至吴江晤杨慧楼进士,出视近手选元文全稿。慧楼时年六十四,已抱曾孙。夜宿城北,月色甚佳。

十四日(10月12日) 巳刻抵上津桥。

梁昭明太子得风疾,吴兴太守张僧繇于金陵延祚寺壁摹宋展子虔画《二狮图》,密悬寝室,应夕即痊。孟蜀蒲延昌复摹以献王昭远。王有妾患痁,张之卧内,疾亦顿减。相传延祚画狮,病者坐其下即愈,故二人摹之亦验。世俗所传太狮、少狮画,殆以此。见周广业《蓬庐文钞》。

十五日(10月13日) 午刻雨,偕河庄至花桥,访榕皋中翰。

十六日(10月14日) 自风浜至浒墅宿。

十七日(10月15日) 至宜兴南门,晤澧塘、璜溪。澧塘携酒舟次,饮至夜分始别去。

十八日(10月16日) 晴。储静斋、周藕塘、申焦庵、潘璜溪、任澧塘、吴景枢、菊畦同顾舟次。

十九日(10月17日) 璜溪出示沈朗倩摹大痴《富春山居》卷,其图已失去,惟题跋尚存,旧为高节培所藏。作跋及题诗者,皆国初宜兴吴氏,首国华,讫贞度。亦未知节培何人也。

宋椠史能之《毗陵志》二十卷,见于中吴别业。按原书本三十卷,此不全本较予昔所见者吴门萃古斋本,又缺九卷矣。又见明正德中刻《二俊集》,与《敏求记》所言合,亦善本也。

澧塘见其长孙乔林，名曰嵩，予昔为取也。

二十日(10月18日) 在澮和堂溪口解维，过西溪雨作。禺中抵桃溪，住墨阳楼。楚筠来晤。

二十一日(10月19日) 晴。薄暮景辰、子茂自徐舍至，夜分别去。

二十二日(10月20日) 晴。过上街。

二十三日(10月21日) 南门卢子携《忠肃公奏疏》共十册，求为序。

二十四日(10月22日) 际青从縠里过访。

二十五日(10月23日) 黄昏至石牌头登舟。

二十六日(10月24日) 清晨，楚筠同舟至城，石尤颇厉。楚筠适抱微疾。薄暝抵宜兴北门，楚筠归书元巷，予宿舟中。景辰、子茂亦至。

二十七日(10月25日) 过楚筠半舫，香冰出近作见视。

二十八日(10月26日) 访西畴，不值。是日澧塘扫墓归，夜话于舟次，并以菊畦画《衡门惜别图》见贻。

二十九日(10月27日) 过朱蔚斋大令麟征山静日长斋看菊，同集者：储静斋成章、任澧塘安上、周藕塘迪、潘迂云喆、储纪堂征甲、吴菊畦衡章、申焦盦泽洪。即席分韵赋诗词，并观蔚斋旧藏宋元明人书画。蔚斋工书，为人亦质素本色，尝为浙石门令。既送予溪涘，复以家刻数种见遗。暝后移舟泊北门，杮庵、春浦、颖少、子茂皆来送别。子茂贻词二阕，并佳。

征甲为静斋族侄，甲子举人。为人倜傥有才辨，即席赋七古赠之，所谓"江山有语君可闻，三百年来无此客"者也。

词韵：《绿斐轩词韵》宋人郭频伽有之。沈去矜《词韵》、刻图谱后。《学宋斋词韵》。《榕园词韵》吴宁。蒋京少《瑶华集》后附毛稚黄及西河论词韵，可取而折衷。

十月朔日(10月28日) 晨起，景辰、子茂至舟次话别，杮庵、颖少亦来送行,遂解綷而南。

初二日(10月29日) 犁明自新安解维,北风甚利,晚抵山塘宿。

初三日(10月30日) 清晨登虎邱山游眺,忆辛酉暮春,曾携兰姬游此,坐可中亭,观剑池鱼鸟,迄今倏逾十稔。静听钟声,可胜存没之感。暮泊上津桥,小洲适至舟中小饮,纵观所携书画。黄昏河庄亦至。

初四日(10月31日) 偕河庄、小洲观剧于□□□。晚饮中吴别业。

初五日(11月1日) 质明从津桥解綷①,与小洲相左,不及晤别,为之怅然。晚抵王江泾。

初六日(11月2日) 晨过槜李。禺中至硖石,晤榕园、莲岫。莲岫言素公前月已归葬灵隐后山祖塔下。

初七日(11月3日) 晓晴抵家。是日为次儿四十生朝,忆其生时,予亦客桃溪也。

《通雅》七"漫羡"条:《汉艺文志》:"荡者为之,则漫羡而无所归",羡音衍,本从"次",心慕欲则口流涎羊可羡也,借为羡余之羡。骞按:《汉地理志》江夏县沙羡晋灼,灼音夷,从次。从次有别。《说文》次与次各为□。

初八日(11月4日) 李后主《子夜词》云:"花明月暗飞轻雾,今宵好向郎边去。衩袜步香阶,手提金缕鞋。 画堂南畔见,一晌偎人颤。侬为出来难,教郎恣意怜。"《子夜词》,《词苑丛谈》作《菩萨蛮》。

初十日(11月6日) 吾家旧礼,子于父母、祖父母皆八拜,盖新安俗相沿如此。今渐减至四拜矣。按:《齐东野语》:"韩魏公留钥北京日,李稷以国子博士为漕,颇慢公,公不与较。俄,文潞公代为留

---

① 稿本中"綷"作"缠"。

守，至北京，稷来谒见，坐客次。久之，公道服而出，语之曰：'而父，吾客也，只八拜。'稷不得已，如数拜之。"盖前辈于父执之礼尚行之。

十五日(11月11日)　马玉君辉《会稽征行纪略》："己亥闰三月十一日，伪东阁大学士张佐宸、户部尚书龚彝、兵部尚书孙顺、侍郎万年策、都察院钱邦芑等一百五十九员先后投诚。"

十六日(11月12日)　廷瑞得旧抄《枣林诗集》，属半圭录其副。

二十一日(11月17日)　晴暖无风。是日为予生朝，家人设汤饼之会。

二十八日(11月24日)　曲水梅花坑在端溪水坑之北四十里，乃三水县界。产研材亦多瞿谷眼，然燥而不宜墨，详竹垞《说研》。近日颇多。

十一月朔日(11月27日)　晴而冷。《咸淳临安志》云："白居易、裴夷直皆尝以中书舍人出守杭州。"按《唐书一百四十八·张孝忠传》："子克劝一作克勤。以五品官让其甥，吏部员外郎裴夷直劾曰：'克劝骫有司法，荫庇他族，开卖爵之端，不可许。'诏听，遂著为令。夷直字礼卿，亦婞亮。第进士，历右拾遗，累进中书舍人。武宗立，夷直视册不肯署，乃出为杭州刺史，斥驩州司户参军。宣宗初内徙，复拜江华等州刺史，终散骑常侍。"

初十日(12月6日)　冯景山公云："《仪礼·乡射》即《乡饮酒礼》；《大射》即燕礼；《即[1]夕》即《士丧礼》；《有司彻》即《少牢馈食礼》，其实止十三篇。"

十五日(12月11日)　"石曼卿，王氏婿也，以馆职通判海州。官满载私盐两船至寿春，托知州王于野货。时禁网宽，□曼卿亦不为人所忌，于是市中公然卖石学士盐。"右见孔平仲《杂记》。昔唐陶山仲冕自海州来，晤于吴下，予赠以诗，有"菊冷且倾陶令酒，官贫不卖石家盐"之句。

---

① "即"当作"既"。

二十一日(12 月 17 日) 晴,有风。

二十六日冬至(12 月 22 日) 晓晴暖,西北风。今年九月在墨阳楼,有张渚南门卢子以其尊人楷字式如。茗南书屋传抄《忠烈公全集》见视,属为之跋,谨录其目次于左。茗南本乃从宜兴南门吴氏借钞,吴莘景伊编次。

第一卷下署"后学蒋仕诒辑"。

第一卷册 像军装。诰崇祯十一年七月。年谱。

第二册 卷一抚勋奏议 卷二抚勋公牍

第三册 卷三抚楚奏议 卷四总理奏议

第四册 卷五宣云奏议初刻

第五册 卷六宣云奏议二刻

第六册 卷七宣云奏议三刻

第七册 卷八宣云奏议四刻

第八册 卷九宣云奏议五刻 卷十宣云奏议六刻

第九册 卷十一文集 卷十二诗集 卷十三卢公纪实

第十册 卷十四殉忠纪实 卷十五本传 卷十六附传上下

十二月朔日(12 月 26 日) 晴。收得杜纽铜官印,文曰:"总领提控之印。"按:《续文献通考》:"金元帅从一品。元光时招义军,设总领提控,故时皆称元帅为总领。下有经历一员,都事一员,知事一员,正七品;检法一员,从八品。"

十二日小寒(1811 年 1 月 6 日) 简庄自吴归,携宋椠《周礼重言重意》见示,甚佳。末缺三卷,以别本配成之。又言见宋板《宋律》极精,自来簿录家所未及也。

二十四日(1 月 18 日) 得小岘司寇书,并悼亡姬之葬。次韵一绝见寄。晚雪。

二十五日(1 月 19 日) 清晨雪霁而寒。

二十六日(1 月 20 日) 晚雪。莲岫踏雪过访,旋别去。作《翻香令》一阕寄之。

二十七日(1月21日) 文渔以明朱子朗山水寄赠，上题“嘉靖壬子十月写赠茶谷老师。”按：子朗为文待诏入室弟子。茶谷名守约，天宁寺僧，朱西村诗弟，有《茶谷集》。

二十八日(1月22日) 雨。

二十九日(1月23日) 晨雪。

三十日(1月24日) 晴霁。圣庙从祀，宋以前有秦冉、颜何，而无秦商、颜相。崇宁中，议礼局言应增秦商、颜相，从之。明弘治中，因程敏政之言，留秦商、颜相而罢秦冉、颜何。国朝雍正二年，复秦冉、颜何，与秦商、颜相并祀。潜山考录。

嘉庆十六年(1811)岁次重光协洽辛未

正月元日辛亥(1月25日) 晴。

初二日(1月26日) 阴。微雪。

初三日(1月27日) 晴。

初四日(1月28日) 晴。

初五日(1月29日) 晴。

初七日(1月31日) 晴和。《余冬序录》云:"相如作赋,不知卢橘之为枇杷;康成注《礼》,不知樝之非梨。"按郑《礼记》谓:"樝,梨之不臧者。"今樝与梨绝不类,恐玄所见非今樝也。

初八日(2月1日) 晴。

初九日(2月2日) 晴。

初十日(2月3日) 阴。

十一日立春(2月4日) 晓微雪,日中晴霁。

十三日(2月6日) 雨。招半圭、河庄午集富春轩,观薛素卿白描大士真迹。

十四日(2月7日) 雨雪竟日。

上元日(2月8日) 阴。午后河庄过话,际晚而别。

十六日(2月9日) 雨寒。

十七日(2月10日) 晓晴。

十八日(2月11日) 晴。

二十一日(2月14日) 四侄入都赴礼闱,武林章次白黼来作伴同行。

二十二日(2月15日)　硖石蒋文渔[1]携示朱西村《西湖雪景》卷纸本,卷不署款,但有一西村印章,画后别纸书西村诗一首七律,并自题题后。别纸又有文衡山题记七律一首。其题自言与西村交二十年,不知其善画。时西村年七十有六,而衡山亦七十有一矣。

二十四日(2月17日)　《太平广记》三百一载仇嘉福至华岳庙遇神释妻事,与吾邑华岳庙神责不孝子事颇相类。

二十六日雨水(2月19日)　聚宝盆《余冬序录》四十六卷、透光镜同。

二月初一日(2月23日)　晴。海盐马愚庵过访,留横湖鲫十尾,予放其二于西池。

花朝(3月6日)　微雨至晚,农占,是日雨,则有"十二连夜雨"之说。罗江东《谗书》原缺篇目:卷二《苏季子》、《华[2]岳降神解》今从《永乐大典》补。[3]《忠孝廉洁》、《疑凤台》今从《永乐大典》补。

十三日(3月7日)　《大明一统天下两京十三省官制》。十六卷,嘉靖辛丑刻,南京礼部尚书张璧序。

十五日(3月9日)　邸抄有广西宜山县寿民蓝祥,年一百四十二岁。庚午年。

十九日(3月13日)　自花朝至今无不阴,是日严寒,夜有冰。

二十二日(3月16日)　晴。是夜五更地震,至次日黎明复震。"地震"以下九字,原本用黄笔涂去[4]。

二十七日春分(3月21日)　阴。夜雨。

三月初一日己酉(3月24日)　阴。

上巳日(3月26日)　晴。居西池上尝有群鸟来集,白羽赤足,

---

① 稿本"渔"作"鱼"。

② 《谗书》中"华"作"惟"。

③ "今从永乐大典补"七字疑为衍文。

④ 小字内容为底本眉批。

去来无定。自今年人日至,上元后乃不复来。按《异物志》:"鳙鸟白羽赤足,春月群飞,至夏则化而为鱼。"此禽岂即鳙鸟乎?

初五日(3月28日) 新旧仓俱赛捍沙会,是日始演。

初七日(3月30日) 阴寒竟日,会不出。

初八日(3月31日) 晴。祖考玉方公讳日。会复经兴福庙前,远近观者,街路填咽。记孩提时,闻诸吾母云:是岁亦值赛会之辰。公没于雍正壬子,迄今盖八十年矣,时尚未孕骞也。乡间赛神会,似尚沿古傩遗意,记唐人《大酺》句云"伐鼓撞钟惊海上,新妆袨服照江东",捍沙之会,仿佛似之。

十三日寒食(4月5日) 河庄自吴归,收得宋椠巾箱本《尚书》一部,每页二十行,每行二十字,卷首题"婺本点校重言重意互注尚书卷第一"。注全载《孔氏传》,而附重言重意于后。以明刻本校之,其以疏混为传,亦有以传混于疏者,颇不少也,惟此本可以正之。

十四日清明(4月6日) 晴。侵晨祀先毕。连日养疴,不及亲至先茔祭埽,怅何如之。《堵牧游先生全集》总目:张渚卢楷式如茗南书屋抄藏本,共五册。

奏疏二册。今止一册。

诗文二册。今止一册。《耐可吟》存、《只可吟》未见、《马革集》未见。《榷政纪略》一册、《家乘》一册。

年谱一册。计二卷。骞书跋其后。

《春秋说义》五卷未见。按年谱,凡万五千言。

《诗经泽书》以下俱未见。辛未冬,从陈景辰借抄《诗经泽书》,不分卷数。

《礼经泽书》四卷。

《史纲》二卷。一名《窃史》。

二十日(4月12日) 乌程凌濛初误信伪《子贡诗传》,遂合子夏《诗序》刻之,曰《圣门传诗嫡冢》,竹垞嗤其愦。书凡十六卷。

二十九日谷雨(4月21日) 晴。山馆鼠姑一丛紫者初试花。

三十日(4月22日) 晚雨。炳烛赏花。

闰三月朔日己卯(4月23日) 雨。小洲书来,附诗。有《清明展柳州居士墓》作,读之慨然。

初二日(4月24日) 雨竟日。

初三日闰上巳(4月25日) 晓晴。荀伯子《临川志》见于曾南丰《墨池记》。按:伯子《南史》有传,宋时为临川内史。王勃《滕王阁赋》"光照临川之笔",注以为指王右军,殆即谓墨池也。茅鹿门选八大家,以荀伯子为苟偄子,大谬。右军未尝为临川内史,而《明一统志》等皆以为临川内史,南丰《墨池》谓右军遍游东南,或偶止临川学书,盖亦疑而未敢决也。

初六日(4月28日) 山馆牡丹初放。偕半圭游黄冈太平寺桂林上人房,牡丹亦开。予有《即事》五律四首,半圭有五七律各一首,七绝四首。

初七日(4月29日) 山馆赏牡丹。查吟香、姚香山各有诗,予皆酬之。次儿亦酬以二律。

十四日立夏(5月6日) 阴。

十九日(5月11日) 三侄续婚高氏,新妇行庙见礼。

二十一日(5月13日) 际晚闻四侄南宫捷音。第廿一名。

二十二日(5月14日) 朱蔚斋明府过访,招同陈半圭、查吟香小集富春轩,即席有诗,夜分而别。蔚斋名麟征,宜兴人,尝为吾浙石门令,有循声,以不得于上官而去。祖墓在虎跑,时方省墓,迂道见访。

二十三日(5月15日) 河庄自湖州归,见过剧谈。移晷临别,以宋刻《尚书》返之。今行本"维天聪明"下,注与疏混淆,惟此本不讹。

二十五日(5月17日) 之花溪观会,以舳舻排挤,不能登陆。

二十九日(5月21日) 秀水王稼洲过访,并遗盛宜山字一轴。

四月朔日戊辰小满(5月22日) 晴。小洲自吴中过访,夜宿西簃。有唱和诗。

十五日(6月5日) 阴。

十七日芒种(6月7日) 五更大雷雨。海塆沙涨初有卖蛏者，数十年不见此物矣。

十八日(6月8日) 《五老同寿引》吴江潘稼堂《遂初堂集》有《序》。五老为海盐何商隐汝霖之友[1]：毗陵邱维正上仪、龙山董潜庵疑缵绪、吴江计需亭、海宁陈乾初确、嘉兴周仲华□□则其人也。五君者，皆有隐操，时寿同七十。商隐告诸友为诗文以祝之，盖商隐为《引》也。

十九日(6月9日) 谢混既亡，从子弘微为之经济家业，事若在公，一钱尺帛皆有文簿。迨遗息长成，而室宇修整，仓库充盈，门徒不异平日，田畴开辟有加于旧。

二十一日(6月11日) 吴筠字湘萍，梅里人，工诗，适同里李贻德。湘萍年二十八而卒，有《旱花诗稿》。

二十五日入梅(6月15日) 雨。乌程沈节妇先许字温文然，未行，文然坐事长流。女父请于官，令婿出狱就婚，仍时时就系，如是三年乃行。生一女一子，见潘稼堂《沈节妇墓志》。此官亦难得也。

五月初一日(6月21日) 晴。

初二日夏至(6月22日) 晴而热。

初四日(6月24日) 晴。闻莺脰湖龙舟甚盛，有买舟往观者。

端阳日(6月25日) 晴。午后简庄自吴中来，得见荛圃新刊宋本《宣和遗事》及兰泉少寇《春融堂集》。又从东野氏购得一宋朱记，甚古，拓其文于左。东野名□□，字敬修，山东人，周公之裔。释文：宋芝山，忠勇军司延边事二指挥弟二都都虞侯记；江郑堂，忠勇军司延边吏二指挥弟二都都虞侯记；陈简庄，忠勇军右进边弟三指挥弟二都都虞侯记。右印长二寸，广一寸八分，厚四分虒俿[2]铜尺，柱纽高广一寸同，厚一分，背无年月，惟一“上”字，在正中纽之上。铜质黄色，无青绿。

---

① 底本、稿本“之友”二字在小注中，今据文意，归入正文。

② 稿本此处钤有该印。

初六日(6月26日) “万叠春云碧似烟，京华何处望南天。雁回莫恨无消息，路过衡阳又五千。”“燕泥蛛网挂帘钩，别馆萧条祇似秋。一把柳丝风又雨，更无人与绾春愁。”右述庵少寇《劳歌集》中诗也。先生雄才命世，诗笔伟奇超迈，而又善于即景言情。如此二绝，殊令人有低回不尽之致。

初八日(6月28日) 《拜经楼诗话》载卢忠肃题《恨这阕》诗，顷见述庵《杏花春雨书斋集》五亦有《恨这阕》一律题这下百个字，云：“古道尘砂静，方城戍堠长。冈峦分北界，形势接南阳。晋楚千秋事，吴曹百战场。欲求攻守迹，故垒久苍茫。”

初九日(6月29日) 大雨。述庵先生三泖渔庄即朱家阁。晚岁去故居，移住于宗祠之侧室，盖不得已也。有《移居诗》云：“一檄来征百万钱，渔庄旧宅计难全。过桥翻喜移居近，入室犹欣奉祀便。半榻更无留客地，一蓬剩有钓鱼船。如疑如梦真堪笑，已别滇池十五年。”时以滇藩任追镘孔急，故并旧宅而捐之也。

十一日(7月1日) 马患庵以棠棣子见寄，色如樱桃，味甘微酸，盖鄂铧轩所产也。按《尔雅疏》：“唐棣，奥李也，一名雀梅，亦曰车下李。所在山中，皆有其花，或白或赤，六月中熟，大如李子，可食。”又按陆玑《常棣》疏云：“白棣如李，而小如樱桃。亦有赤者，如郁李而小，五月始熟，关西、天水、陇西多有之。”骞按：《尔雅》：“唐棣，移。常棣，棣。”依郭注乃二种。移实大如李子，棣实小如樱桃。《齐民要术》引《诗义疏》云：“常棣，北人呼之相思也。”

竹醉日(7月3日) 晴。

十八日小暑(7月8日) 晴。“江妃独立冻蛟背，海月冷挂珊瑚枝。”萧东夫句。

二十三日初伏(7月13日) 陆圻、吴百朋、柴绍炳、孙治、陈廷会、张纲孙丹 毛先舒、丁澎、沈谦、虞黄昊。右西泠十子。有《西泠十子诗选》，见《浙江通志·经籍门》。

二十四日(7月14日) 波斯匿王丹过恒沙河，发白面皱。

二十八日(7月18日) 乾隆中,命阿弥达往探河源。至星宿海,其西有水,名阿勒坦郭勒,色黄,回旋三百里,入于星宿海。阿勒坦郭勒又西,石壁高数丈,名阿勒塔噶达素齐老壁,色赤,上有池。池中泉百道喷涌,作金色,入于阿勒坦郭勒,乃真河源,并元都实寻河源所未至也。

六月初一日(7月20日) 晴。

初四日大暑(7月23日) 晴。宋钱穌字岊父,武肃王后。居九里松建杰阁,藏书甚富,东坡榜之曰"钱氏书藏",见《武林纪事》。近阮中丞建书藏于灵隐寺,坡公盖其先声也。按:岊父即穆父弟。东坡与穆父兄弟唱和诗见《西湖志》。

初六日(7月25日) "小楼连苑,横空下窥,绣毂雕鞍骤",此少游词也。东坡曰:"可惜十三个字只说一个人起马从楼下过。"或请坡近作,乃举"燕子楼空,佳人何在,空锁楼中燕",晁无咎云:"三句中说尽张建封燕子楼一段事,奇哉。"

十九日(8月7日) 自初伏以来,酷暑累月,昼夜无片刻之凉。数年来未尝有此,八十老人几不能支,惟以诗画间为词以消遣之。

二十日立秋(8月8日) 初昏,忽作大风,天气顿凉,始得安寝。然月余无涓滴之雨,农人甚苦。

二十八日(8月16日) 自五月以来不雨,农望甚殷,祈祷罕应。宁俗,是晚群至齐丰宿山,谓必降净界雨以洗尘气。今岁是夕黄昏时,果得雨数寸。雷声电掣,达曙方止,信可异也。

二十九日(8月17日) 黄昏天东有光如望舒,须臾即泯。

七月朔日(8月19日) 薄暮大雨,是后早晚遂凉。

初二日(8月20日) 述庵少寇《滇行日录》云:"阿抚军桂以顺宁普洱茶见饷。顺宁茶味薄而清,甘香溢齿,云南茶以此为最。普洱茶味沉刻,土人蒸以为团,可疗疾,非清供所宜。"

乞巧日(8月25日) 晴。

八月朔日(9月18日) 晴。

初六日(9月23日) 雨。之硖石候小岘少寇,晚泊紫微桥。

初八日(9月25日) 晴。偕王稼洲茂才游西山。

初九日(9月26日) 稼洲别去,以尊甫《惺斋遗集》属余乞少寇序。

十一日(9月28日) 同人游沈山,登山顶观新成智标塔,晚过程氏静乐轩,又上后园山脚。

十二日(9月29日) 过蒋梦花斋观画:王叔明《南村高逸图》、仇山村传,张丑等题跋。卷。沈石田山水、自题甚长,上另纸征明题。轴。丁云鹏山水、文五峰山水、俱轴。恽南田山水花鸟册、王石谷江山纵览图卷。午刻解舟返星沧。

十四日(10月1日) 晴。禺中复至西山,晤秦少寇于翠岩房,颇极谈宴之乐。时少寇偶抱怔忡,酒阑闻翠微,夕遂相别登舟。是夕,马两如治具,同集为汪小海、杨书巢。

中秋日(10月2日) 辰[1]刻归里门。硖石王仲言以所辑《水修先生序诗集》属序。

二十一日(10月8日) 雨。白公作九老会,遗老李元爽寿一百三十六,僧如满九十五。

二十二日寒露(10月9日) 雨。晚甚寒。

九月初一日(10月17日) 晴。

初六日(10月22日) 为武林之游。四侄发直隶,即用知县。告假归省,是日偕行,晚泊白洋池西。

初七日(10月23日) 侵晓过长河堰,暮宿艮山门外。

初八日(10月24日) 辰刻入城,小州来舟次。

重九日(10月25日) 晴。偕小洲至吴山登高,游人甚众。

初十日(10月26日) 同小洲至新桥观菊。

十一日(10月27日) 过清勤堂访频螺侍讲,午后解舟出城,晚

① 底本"辰"误作"晨",据文意改。

宿临平。自出东新关,两岸皆红叶映日,的皪如丹砂,数十里不绝。而渔歌菱唱,出没于山桥碉壑边,推篷肆眺,虽善画者不能尽其趣也。

十四日(10月30日) 巳刻下长安新坝,午至郭溪峨雪山房观杂画。日昃抵家。

十五日(10月31日) 香山九老会:胡杲八十九、吉皎八十八、刘真八十七、郑据八十五、卢贞八十三、张浑七十七白居易七十四。以上七老,通计年五百七十有三。香山诗云"七个五百八十四",盖虚一岁。近本又作"七人五百七十岁",又少三岁。又有狄兼謩、卢贞,以年未七十,虽预会而不及列,故曰《七老会诗》。时会昌五年三月二十四日也。是年夏,又有洛中遗老李元爽一百三十六、僧如满九十五来归。白公作《九老图诗》见《香山诗集》。睢阳五老:杜衍八十、王涣九十、毕世长九十四、朱贯八十八、冯平八十七。宋至和丙申中秋,钱明逸为之序。见《事文类聚》。

耆英会:富弼七十九、文彦博七十七、席汝言七十七、王尚恭七十六、赵丙七十五、刘几七十五、冯行已七十五、楚建中七十二、王谨言七十二、王拱辰七十一、张问七十、张焘七十、司马光六十四。以上共计一十有三人,内王拱辰以留守北都不预,余十二老,以元丰五年正月会于韩国公之第,举酒相乐,图形普明僧舍,乐天故第也。见司马光《耆英会序》。欧公《借观五老诗》云:"白发忧民虽种种,丹心许国尚桓桓。"

十七日(11月2日) 吴融《古锦裾》诗云:"濯水经何日,随风故有(人)。绿衣①犹逼画,丹顶尚迷真。暗淡云沉古,青苍藓剥新。映襟知惹泪,侵鞯想蒙尘。掣曳无由睹,流传久自珍。武威应认得,牵挽几当春。"融题下自注:"锦上有鹦鹉、鹤。陆处士有序。"骞按:陆处士,陆龟蒙也,《笠泽丛书》有《纪锦裾》一篇。或讹为裙。

十月朔日(11月16日) 晴。

初三日(11月18日) 率子侄及孙辈至卢家桥祖墓祭扫,餕于

① 底本无"人""衣",据《全唐诗》补。

祠中。

初四日(11 月 19 日) 雨。

初五日(11 月 20 日) 雨。

初六日(11 月 21 日) 雨至暮。

初七日(11 月 22 日) 雨止,天阴。

初八日(11 月 23 日) 至杨村府君墓祭扫。

初九日(11 月 24 日) 仲鱼招予父子及四侄作展重阳,予以雨不赴,令子侄往会之,盖亦兼汤饼筵也。

十八日(12 月 3 日) 晴。

二十一日(12 月 6 日) 晴和。是日予悬弧之辰,儿辈设汤饼会,半圭、吟香皆在坐。

二十七日(12 月 12 日) 晴。环孙上学,欣欣也。

陆冰修评诗文书画,其评画云:"沈石田如泰、华、终南,奇秀绝伦,终不作耳目近玩;又似奏《秦王破阵》之乐,十万浴铁,铙歌横吹,以法曲传之,雝雝雅音。唐子畏如宫人入道,靓丽幽闲,自是富贵神仙。文待诏如八音琴瑟,足以酬献神人。董思白如毛女避世,隐客论剑,都不从人间来;又如九嶷三湘,悠然自远。邹臣虎如幽燕老将,令严寂寥;又如葵父尊卣,望而知为三代之物。仇十洲如梓泽亭台,触目妍丽。李长蘅如孙登长啸,阮修独往;又如竦篁翠篠,峭蒨可喜。"余见《张待轩集》。

十一月朔日(12 月 16 日) 晴和。檀树泉在安平泉侧三十步,而人罕知者。陆辛斋有诗曰:"寒源不肯附名泉,自泛清流贮石田。未免山僧轻洗衲,军持朝汲上溪烟。"

十一日(12 月 26 日) 兴福庙前演剧,观移时。

十五日(12 月 30 日) 程青溪云:"昔之饮者曰:'一日饮,一日醉,一日病。'予亦言画曰:'一日想,一日笔,一日看。'三日何幸乎!以其雨也。"硖石吴榕园题《朱淑真集》云:"姮娥若不偷灵药,止作人间后羿妻。"予甚称之。按昔王叡作《昭君诗》云:"莫怨工人丑画身,莫嫌圣主强和亲。当年若不单于嫁,衹是宫中一舞人。"仿佛相类。

十二月朔日(1812 年 1 月 14 日) 晴。

初七日(1 月 20 日) 晨雪。

十二日(1 月 25 日) 雪。

十三日(1 月 26 日) 雪竟夜。苕估至,买得旧抄《霏雪录》,明镏绩著。

十四日(1 月 27 日) 雪。

十五日(1 月 28 日) 晴,微暖。刘绩字孟熙,山阴人。以改"残雪未消双凤阙"一联得名。

十六日(1 月 29 日) 雨。

二十三日立春(2 月 5 日) 雨。

二十四日(2 月 6 日) 阴。"宋南剑太守林绩奏:'张天师乃汉贼,不宜子孙袭封。'一时人皆信之。"见《朱子语类》。

二十七日(2 月 9 日) 连日阴雨。朱子云:"列子乃郑顷公时人。"

二十八日(2 月 10 日) 晴。

二十九日(2 月 11 日) 晴,夜有星。午后至旧仓看五姑疾。

岁除日(2 月 12 日) 雨竟日。夜半闻雷。

嘉庆十七年(1812)岁次玄黓涒滩壬申

元日乙亥(2月13日) 阴。

初二日(2月14日) 硖石法华庵释慧幢名灵禮,号月溪,海昌人。受法于平观,善诗文书法。掌教于惠力寺,与陆冰修、查耘莲、范文白友善。

初三日(2月15日) 晴。

初四日(2月16日) 晴。

初五日(2月17日) 雨。

初六日(2月18日) 晨雨。

人日(2月19日) 阴雨。

初八日雨水(2月20日) 阴雨。

初九日(2月21日) 晴。皮日休诗:"明朝有物充君信, 酒三瓶寄夜航。"注:"'播酒',出《沈约集》。播,式径反,木名,汁甘,可为酒。"播或作橎。

初十日(2月22日) 晴。过士乡堂贺岁。

十三日(2月25日) 晴。

十九日(3月2日) 午后买舟,为硖川之游。

二十日(3月3日) 同人集白公祠设祭。是日太傅诞辰也,与者凡十有八人。简庄撰祝文,莲岫读祝。礼成,饮福于丹井山房。

二十一日(3月4日) 午后归里。

二月朔日(3月13日) 阴。寒灯下读受笙诗,有《题友人落岑集》一律云:"哀乐不同感,灵机静自生。矜才无老格,苦意出新声。

山水能消福，禽鱼愿附名。偏师怜我弱，无计撼长城。”又《夜坐怀人》云：“经月畏风影，悠然生远愁。坐闻双杵响，吹落几家愁。桂树如人长，江声入梦流。白门疏柳下，曾否买扁舟。”

初八日(3月20日) 晴。

十二日(3月24日) 雨。予以曲蘖多致病，戒之数年。今病颇减，然终以其能使人乱性不饮。顷见《偃曝余谈》云：“榜葛剌国人不饮酒，恐乱性，以蔷薇露和香密水饮之。”盖有先得我心者。

二十一日甲子(4月2日) 阴。晚雨廉纤。农占：“春甲子雨，麦烂蚕死。”夜雷雨。

二十二日(4月3日) 雨。白乐天自作生墓志云：“外以儒行修其身，内以释教汰其心，旁以图史、山水、琴酒、咏歌乐其志。”见《岩栖幽事》。

二十三日(4月4日) 雨。

二十四日清明(4月5日) 雨。

二十五日(4月6日) 晴。俗称是日为黄明，晴则蚕麦尚有望。夜雨。

二十六日(4月7日) 阴。俗称是日曰白明。予有送友人从军一联云：“思家红雨千花泪，饮马黄河八月冰。”

二十八日(4月9日) 雨。

三月朔日(4月11日) 晴。今人尺椟尾每署“冲”字，未审始于何时，昔人但署“左空”。按：冲，虚也。《老子》曰“大盈若冲”，当即左空之义与？

上巳日(4月13日) 雨。

初四日(4月14日) 晴。诗句最难崛奇。予过《蒋梦华[①]园居》云：“一树大一屋，一井碧一亭。”自谓胜昔人“老树半身湿，老树半空腹。”之句。见《芥隐笔记》。《芥隐笔记》谓：“礼：年八十曰有秩，故以八

① 底本“华”误作“花”，据稿本及《拜经楼诗集》改。

十为八秩。又道家亦用此语。”又引白傅诗云云。然白公诗云:“年开第七秩”,又不然矣。

初六日(4月16日) 阴。午后观剧于镇海庙。

初七日(4月17日) 晴。

初十日谷雨(4月20日) 午后雨。

十五日(4月25日) 晴。

三十日(5月10日) 海上沙塝涨高数十里,东自三圩,西至九围,其平如砥。滨海亭户可淋卤煎盐,盖涨已数年矣。今春忽复坍去,贫民衣食尽付之怒涛矣。

四月初一日(5月11日) 西夏二十二州:灵、洪、宥、银、夏、石、盐、南威、会河以上河南。、兴、定、怀、永、凉、甘、肃、瓜、沙、以上河西。西宁、乐、廓、积石。以上熙秦河外之州。

初八日(5月18日) 晴。瑃孙生日。明故事,是日赐百官不落夹。

十五日(5月25日) 晴。至硖石,以所撰《陆辛斋集序》付王仲言。

张待轩《竹窗解颐杂录》云:“语水吕元学号澹津,淮府仪宾焕第二子。仪宾父相,为沔阳别驾,携仪宾于署,与淮府密迩。郡主放纸鸢,与仪宾所放纸鸢交,纸不解,遂选尚郡主。已而别驾归,仪宾岁必归省。主后上疏,愿辞郡主禄八百石,从仪宾归,侍养穆庙。诏可其请,许以郡主服色家居。而《会典》失载,仅见陈继儒《秘笈》中。仪宾归时,原聘沈氏尚待于室,主曰:‘吾素不习中馈事,令娶为副室。’沈生子,主皆抚而教之。以文学起家,痛绝戚畹之习。元学举为万历庚子顺天举人,为繁昌令。今之子孙皆沈出也。”

高旦中名斗魁,鄞县人,美须髯。先世明医道,得异僧之传,与刘伯绳、黄太冲、张待轩等交,卒时年四十有八。

十八日(5月28日) 小桐溪之南滨海有珊瑚树村。按:《古夫于亭杂录》载,宁海有木工,浮海为龙王摄去造宫殿。八年,始放归舟中,给钱数百千,操舟者得珊瑚树一株于洋中,亦龙王所酬也。其事甚奇。世人以珊瑚树为希异,不知实有其事也。

十九日(5月29日) “魏环极有所作,必属予指其瑕,即忺然改定。”此王渔洋《古夫于亭杂录》语。万历中,新城王季木考工《宫词》云:“慈宁宫里佛龛崇,瑶水珠镫照碧空。四月虔供不落夹,内官催办小油红‘夹’,《菽园杂记》作‘筴’,见《古夫于亭杂记》。”

五月朔日(6月9日) 晴。入梅。何晏不解《易》中七事。《南齐书》张绪云:“何不解者七事,诸卦中所言时义,是其一也。”松霭云:“《豫》、《随》、《遁》、《姤》、《旅》五卦,《彖传》并言时义。”

午日(6月13日) 晴。午后查吟香过谈,片晷旋去。同人游海上。昔人有云:“说谎定推何太史”,谓何燕泉也。晨辰振旂音芹。贲焞军奔童谣。历家八十二年一超辰。松霭说。

初十日(6月18日) 珊瑚树村塘下有海舶载一龟至,大若米匾。予家思购而放之,议直不就,旋载去,云之杭求善价。此龟视破迷在四明所买者较小,然恐非数百年不能至此也。珊瑚树村塘坳,予三十年前曾放龟于此,祝祥发大令有长歌纪其事。今大令墓木已拱,当时尚逢掖也。

十二日(6月20日) 闻海舶载巨龟至海昌城外,州牧胡公取而放之海,遂乘潮而去,亦诚快事。

竹醉日(6月21日) 雨竟日。历以十九年为一章。松霭以三统推之,自汉成帝河平元年癸巳,至嘉庆十七年壬申,恰一百章,为一千九百年,实[①]合季统之戊寅甲寅是也。冬至癸未,仅后六日,三统之精乃至于此。以后尚有五十八章。

十五日(6月23日) 雨。元时各路总管府及州县俱有达鲁花赤。王圻谓:“达鲁花赤,国言荷包压口,盖管辖之义。”钱宫詹云:“元人称州达鲁花赤曰监州,县达鲁花赤曰监县。”

---

① 底本无“实”字,据稿本补。

十七日(6月25日) 钱宫詹云:"史公言岁阴,俱不言太岁。太阴即岁阴也,亦周行十二辰,而常在太岁后二位。古人制摄提格以下十二名,本言太阴所在,而后人移属之太岁,失其旧矣。"

二十八日(7月6日) 薄暮雷雨。小洲自武林来,以书画竹刻图章见诒。

二十九日小暑(7月7日) 午后雷雨。马愚庵送净相槜李十。

三十日(7月8日) 《新唐书·于志宁传》:"志宁与司空李勣修定《本草》并图,合五十四篇。帝曰:'《本草》尚矣,今复修之,何所异邪?'对曰:'昔陶宏景以《神农》合杂家《别录》注诏[1]之,江南偏方,不周晓药石,往往纰缪,四百余物,今考正之。又增后世所用百余物,此以为异。'帝曰:'《本(草)》《别录》,何为而二?'对曰:'班固惟记《黄帝内外》二经,不载《本草》,至齐《七录》乃称之。世谓神农氏尝药以拯含气,黄帝以前文字不传,以识相付,至桐雷乃载篇册。然所载郡县多在汉时,疑张仲景、华佗窜记其语。《别录》者,魏晋以来吴普、李当之所记,其言华叶形色,佐使相须,附经为说,宏景合而记之。'帝曰:'善。'其书遂大行。"

六月朔日(7月9日) 阴。

初二日(7月10日) 晨雨薄雷。小洲辞去。之硖川祝河庄寿。是夕有穿窬从东垣下入,窃去金腿十蹄,老人常膳为之一空矣。

初三日(7月11日) 阴。《后汉》:缑氏女玉为父报仇,杀夫氏之党。梁配欲坐玉罪,申屠蟠为语配而宽之。见《申屠蟠传》。

初九日初伏(7月17日) 《周颂·载见》:"修革有鸧。"《释文》:"鸧,七羊反,本亦作鸧。"笺曰:"鸧,金饰貌,后世金戗、金钺与枪当相同。"戗金法有一十四种,大约如所谓镂金、囊金、喷金、烧金、熏金、泥金、洒金、填金、嵌金之类。

十五日(7月23日) 阴。

---

① "诏"当作"铭"。

十六日(7月24日) 《左传》:"子产曰:'当武王邑姜方娠太叔,梦帝谓己:"余命而子曰虞,将与之唐。属之参,而繁育其子孙"。而命以《唐诰》也。'"忆昔抱经先生偶忘《唐诰》所出,以问。予一时亦不能骤举以应之,洵强记之难也。

七月朔日(8月7日) 前一日禺中雷而雨,远数十里皆霑足。晴。上一日为齐丰生日。

初二日立秋(8月8日) 寄园寄所寄载《空同子》云:"角劲气者,有非威之威。故松桧不栖蝉,虎豹之皮不上蚁。"《四库存目》子部杂家类《空同子瞽说》一卷。明苏伯衡著。《空同子》一卷。明李梦阳著。《空同子纂》一卷。无撰人。

七夕(8月13日) 午刻阵雨颇大,农占谓不利木棉。宋荣嶷,绍兴二十六年以右朝请大夫知常州直秘阁知临安府。见《万姓统谱》。"嶷",《咸淳临安志》作"薿"。

初八日(8月14日) 午后雨。《临安志·古今郡守表》"张□"。注:"名犯秀安僖王讳。"

中元日(8月21日) 晴。山左人还,知五侄六月中补登州福山令。福山,金源所立县也。时山左大饥,疫死者道殣相望。

十六日(8月22日) 晴。夜月蚀,十八分三秒。

十七日处暑(8月23日) 《檀弓》:"练鹿裘衡,长祛祛裼。"□氏云:"明小祥,外裼衣,内有鹿裘。"

十八日(8月24日) 武林虚白斋造诗笺,有花纹作蟠桃核半片,其核大于手掌。上镘"庚子年甲申丁酉日,西王母赐汉武桃宣和殿。"按:明太祖尝出此核示群臣,命宋濂作赋。后有《记》,辨之甚析。详《宋学士集》。

晦日(9月5日) 晴。晚观地灯,甚凉快。

八月朔日(9月6日) 晴。陈剡生茂才以梁绍泰砖研见视,寒中上舍旧藏也。竹垞有铭,见《曝书亭集》。研广七寸半,高八寸半,质黝而坚如石。面有老梅一,由右绕墨池,蟠旋至左。背作九蝠,刻铭于上方。文唯第七句“制自唐飞梁”，《集》作“其背有黄龙”，余悉同。下方空处又有宛陵吕建侯琢盖，皆花山之所为也。贮以楠木匣，亦甚精雅。予为剡生作《抚研图》而系之跋。绍春梁敬帝元年乙[1]亥。按：砖无“绍泰”及“唐飞梁”字，盖在别砖也。

初六日(9月11日) 元荣祭酒肇，人称为荣歪头。《海盐图经》：“洪武时有千户马歪头。”

老友鲍绿饮过访，时寿八十有五，尚能小楷，不异少年。

初八日(9月13日) “宠辱不惊，肝木自宁。动静以敬，心火自定。饮食有节，脾土不泄。调息寡言，肺金自全。恬然无欲，肾水自足。”《海涵万象录》。

初九日(9月14日) 金石家以钱范为钱母。按《广韵》：“鸎鸰鸽一名雝鶏，又名钱母。大于燕，颈下有钱文。”然则钱母之亦不为杜撰矣。

中秋日(9月20日) 晴。《见闻杂记》一册，自署“东研堂主人辑”，盖虞山人。

二十日(9月25日) 秦少寇欲以是晚自梁溪发舟来星沧祝嘏，以书止之。

二十二日(9月27日) 往各先墓拜扫。是日先至曾大父尔鸣公麻泾桥阡，晚泊硖石，与简髯、篷窗小饮。

二十四日(9月29日) 晨过蒋梦华园，观项孔彰《尚友图》，嘉兴张琦玉可写。面别后，移舟泊程山人门前。山人以郜家坟扁豆佐飧，为之尽午饭。遂解维而东，禺中至愚斋府君墓，松楸无恙，惟是丙舍未建，不禁恨与泪俱。是晚宿茶园。

二十五日(9月30日) 黎明抵邵湾。早食毕，肩舆上第一山叔父临菴公墓拜奠。遂度吴山岭至万苍山。日方午，而潮亦初落，天光水色，上下一碧。永安湖中，鸥鹭群集，声咿哑不绝，若与堤外桔槔相

---

① 底本“乙”误作“已”，据稿本及《中国史历日和中西历日对照表》改。

应。予手植梅、竹、梧桐，俱极葱蔚，而杨梅一树，尤苍翠可观，徘徊久之而去。仍度岭，遇皋苏将军庙。庙额乃予属秦凌沧司寇题，近为一土恶唐六所毁。庙东有亡名氏古冢，予为立碣，亦为袁花查根培抛弃。未几，唐六患脑疽，几断其首，而根培岁朝见鬼而死。出皋苏庙而南，过汤家涧，为仲兄石斋先生墓宰，树稍稚于万苍墓。西有祠屋一区，亦未进主。由汤涧西行二里许，穿竹径，登大旗山。支陇乃长兄拙巢先生攒所，兄没且二十载矣。

二十七日(10月2日) 晨起抵横涨桥，拜玉方公墓祠。午后归里。

九月初一日(10月5日) 为武林之游。午后过郭溪，晤花农、南。暝上长河堰宿。

初二日(10月6日) 际晚偕小洲入城。是日为愚斋公讳日。

初三日(10月7日) 至锻局司次儿考科试寓，始知八侄补府学弟子员。

初四日(10月8日) 偕小洲至灵隐，以续编诗稿入书藏，交僧景林收掌。有公据，收照上钤“云林”铜印，乃阮芸台抚军旧给也。

初七日(10月11日) 清晨乘舆至荔子峰，拜张苍水司马墓。予自乾隆乙巳冬，与万近蓬茂才、张东谷、仇荔亭两学博、朱朗斋、邵右庵、陈河庄诸君同立碑于墓道，集公费存贮。司马以九月初七正命之辰，同人相约，每岁齐集墓堂为公祭。积久，以其赢余建祠。此事迄今已及三十年，予久不至墓，屈指诸同人，惟河庄与予在尔。不竟慨然，归途得诗一首。

初八日(10月12日) 率次儿东还，晚泊桐皈。

重九日(10月13日) 晴。晨过临平，薄暮抵家。

许臧弓明经以古瓦当研祝予八十初度，文曰：“永受嘉福。”鉴古家以为秦瓦较汉瓦难得，故朱排山《秦汉瓦图记》无之。此瓦乃臧弓子兰堦客咸阳，亲见其出土而购得之。质极坚润，文亦完好而精，为斋中瓦当第一。

初十日(10月14日) 唐李季兰,吴中女冠也。高仲武评其"上仿班姬则不足,下比韩英则有余。不以迟暮,亦一俊妪。"见《吴兴掌故》。

二十八日(11月1日) 为吾母程太安人设帨之辰。率子及三孙焚香于神堂。

十月朔日(11月4日) 晴。是日鹰窠顶有日月并升之异,近亦不闻,有好事往观者。

初六日(11月9日) 阴。覃溪阁学都门寄诗称祝。

初七日(11月10日) 环孙随父至万苍山墓祭,次日始还。

十三日(11月16日) 连日阴雨,是日尤寒。

十四日(11月17日) 微雪。

十五日(11月18日) 晴而寒。曹洛禋字鳞书,雍正己酉举人,以寿赐翰林学士,一百九岁而终。鳞书工画山水。

十九日(11月22日) 晴和。花农至,诸侄置酒,家宴甚欢。余赋诗一律,并赠花农。

二十日(11月23日) 晴和。是夕儿辈置酒,与蓉敷、蒙武、三容叔甥及外内孙辈称觞,夜分始罢。登东楼,月色方升,照室中如春秋良夜。

二十一日(11月24日) 晴和。天始明,戚友称祝者络绎而至。连日戚族与家人次第举觞,殆无虚夕。幸风日暄和,宾客远至者无跋涉之劳。

二十二日(11月25日) 晴。是夕五侄在福山任寄俸四两归,为余置酒称祝。余感事述怀诗有:"未有春晖酬寸草,犹教绿蚁泛葡萄"之句。

乾隆元年丙辰钦取博学鸿儒十五名共一百七十二人与试。一等刘纶、潘安礼、诸锦、于振、杭世骏。二等杨度汪、刘玉麟,后更名藻、沈廷芳、夏之蓉、汪士鍠、陈士璠、齐召南、周长发、程恂、陈兆纶。

十一月朔日(12月4日) 晴。

初四日(12月7日) 小岘少寇梁溪遣使賫物,并诗屏楹联称祝。

初八日(12月11日) 晴。唐兀者,故西夏国。自赵元昊据河西,与宋金相持。国亡,仍居贺兰。于弥部,又号于弥氏。元太祖略河西,有守兀纳剌城者,夏主之子也。城陷,不屈死。子惟忠。见《元史氏族志》。赵氏宋亡仍姓李。

乾隆二十八年九月廿八日南屏山立张苍水先生墓碑同人姓氏:张柯晋樵、张凯云塍、万福近蓬、吴骞槎客、朱文藻映漘、卢文弨匏庐、关洲南河、邵志锟秋倚、邵志纯志纯、王丞虎石、陈鳣仲鱼、钱馥广伯。

十五日(12月18日) 海盐张质夫茂才自武林回,见过,小饮而别。

十六日(12月19日) 蜀崇庆州人余长安,以事遣戍湖北九年。有女西洲,年十一岁,匍匐入京叩请释。得旨放还。

二十四日(12月27日) 雪。

二十六日(12月29日) 晴。以馈岁番布问半圭疾,佐以寒夜对酒二绝。

二十七日(12月30日) 董文敏云:"《饮中八仙诗》有李白为领袖,竹林七贤有嵇叔夜,西园雅集有坡公。参而不混,同而不杂,在人冷眼觑看。"

二十八日(12月31日) 雨。接小洲札及新装《涒滩六寿图》册子。

除夕(1813年1月31日) 雪。作《硖川续十景诗》十首。五古,每首三韵。午后展观李通甫《雪栈图》一过,仿云林六君子水墨小景。六君子者,松、柏、槐、柟、榆、樟也,详见郁叔遇逢庆《书画题跋记》及孙退谷承泽《庚子销夏记》。徐青藤诗:"想得天台双行者,睡鸾箬帚午鸡鸣。"张伯雨诗:"花雨扫尘鸾帚(湿),岛云承袜屧楼虚。"

可怀录(1774)

予故家在休宁县玉宁门之内，里曰厚田。自高大父达宇公始徙于浙，迄今历百有余载，故乡之闾井，犹可物色。由达宇公以上，历世先茔俱在玉宁门外，虽春秋尝[①]祀无阙，顾水阻之，江陆踰千里，反不若先墓之在浙者，子姓得不时瞻展。予以乾隆甲午仲春渡钱塘，为省墓之行，往返踰月。合道中纪述为一编，取潘黄门《西征赋》"故乡可怀"之语，命之曰"可怀录"，俾后之览者时切维桑之念，毋遂以并州为咸阳也。诗见《拜经楼集》，不重载。

乾隆甲午春二月十三日(3月24日) 自小桐溪解舟，暮宿范蠡塘。塘在海宁县西三十五里，世传少伯送西子从此入吴。

十四日(3月25日) 侵晓过长安镇，即陆放翁《入蜀记》所谓长河堰也。鱼鰕小市，至今犹富。午后至临平，汲安平泉煮茗，遥望平林远岫，若橐驼之卧芳草。昔时山上有窣堵波，故《东坡乐府》云："谁似临平山上塔，亭亭，迎客西来送客行。"今遗址不可复识。暮抵武林，闻绿饮绣溪未来，即过翠琭珑馆寻铁生，不值。夜宿横河舟次，月色颇佳。

十五日(3月26日) 未刻雨。绿饮自绣溪至，即移舟来送予，出所携宋椠九经白文共读。暝后雨转密，丙夜始别去。

十六日(3月27日) 俶装至江干待舟，晚宿何氏江楼。夜半月色转佳，闻潮声隐隐从海门西上，瞬息达楼下。启窗而望，真平生一

---

① "尝"当作"常"。

大观也。

十七日(3月28日) 雨。发钱江,乘潮挂帆,舟行甚驶。推篷远眺,暮云城郭,乍有乍无,极烟霭苍茫之致。晚次义桥。

十八日(3月29日) 晨起阻风王洲。按:《元和郡国志》:"王洲产[①]橘,为江东之最。"唐时尝修贡,今不复有遗种矣。风定放舟,过富春城下,遥望层峦秀嶂,与楼阁相掩映,始悟一峰老人《富春山图》之妙。夜宿长山泷。

十九日(3月30日) 五更西南风复作,舟不能发。饭后稍行,至窄溪宿。

二十日(3月31日) 犁明张帆至桐君山下,人家方晓炊。禺中入七里泷,风日清美。弭楫登岸,访方干故居不得。按范文正公诗云:"风雅先生旧隐存,子陵台下白云村。"则当与钓台相近,而今无可考矣。午后次睦州,自此西上,湍险濑激,客舟例募纤者而后行。是夕宿城下,闻箫鼓赛江神,达曙不辍。

二十一日(4月1日) 微雨,东风甚寒。自钓台西上,青山两岸,壁立万仞,百余里间,无平迤之道。而胡孙岩尤极峻崄,岩下为胡孙淇,湍流迅驶,挽舟者至此,"邪许"之声,前者呼,后者应,盖不必巫峡啼猨,始堪肠断矣。晚泊茶园,雨。

二十二日(4月2日) 晴。滩势渐高,舟进甚艰。际晚过还淳县,无城郭,居人皆傍江结屋,前有浮航,连以铁絙,蜿蜒江面,望若游龙。《水经注》言剡县西渡并二十五船为浮桥,以通东阳其广袤当不是过也。追怀方雪瓢明经,不胜存没之感。雪瓢名粹然,文辀先生仲子,文章具有家法。癸巳秋日,没于西泠客舍。贫不能敛,吾友鲍以文、陈奕亭、陈象昭、奚纯章诸君经理其丧。自此入新安江,太白诗所谓"其清见底"者也。

二十三日(4月3日) 山崖益崄,濑益高,水亦益清泚。俯视皆

---

① 《元和郡县志》"产"作"出"。

五色圆石,澄鲜可爱。亭午至清溪,有洞,即韩蕲王获方腊处,故又名威平。南行二十里入街口,为江南歙县境,江面尽轮囷,丑石或出或没,星罗棋布。长年之巧者,能舒篙宛转以避之。杜诗云:"攲帆侧舵入波涛,撇漩捎濆无险阻",于此益信。晚望云中山,忽见瀑布如银,从峰顶飞舞而下,可千余尺,直泻江浒,行舟咸稍远以避其冲。夜过天井滩宿,水声如雷,倦枕屡为惊觉。

二十四日(4月4日) 寒食节。早过黄石滩,又西二十里为镇口。水浒有石鸡,相传石鸡见则歙中米贵,居人常以之为验,盖亦越中射的之类与?自此至雪坑,屈曲西上,每数里辄遇一聚落,俱极幽胜,所谓"山重水复疑无路,柳暗花明又一村"者,唯此足以当之。比户皆插柳枝,亦有坎其击鼓而祭者。忆元李草阁《寒食新安道中》诗云"黄昏闻击鼓,民俗赛汪王",则此风其来尚矣。黄昏至麦滩宿。

清明日(4月5日) 清晨至浦口。过此而南,水石稍夷,然滩则愈浅,两岸人家,益增台榭之胜。是日风色晴明,上冢者船中悉载弦管,翠幙纱窗,笙歌嘹亮,数十里往来不绝。临水之家则有凭栏下瞰,飘然欲仙者。宋人所作《清明上河图》,未审视此何如耳。暮抵屯溪,去海阳仅一舍。丙夜大雷雨。

二十六日(4月6日) 阻雨屯溪。上承率水之大源,旁带黟、歙诸溪,每一雨作,则奔洪四注,势若建瓴。江艑率联樯牢碇,须其势少杀而后发。此亦江行之一艰也。

二十七日(4月7日) 雨不止。薄暝舟子冒雨挽船,过屯溪桥,宿西岸。自钱塘入新安七百余里,绝少桥梁,有之,自屯溪始。桥修三百尺,广十之一,壮丽亚于歙万年桥俗称河西桥。及休之夹溪桥。建于明嘉靖中,至国朝康熙时而圮率口程氏重建,朱竹垞检讨所为作《记》者矣。按《水经注·浙江》"又东径遂安县南。溪广二百步,上立杭以相通,水甚清深,潭不掩鳞,故名新安。"斯盖浮桥之属,晋太康中,因以为郡,然则兹郡之得名,亦由桥杭所自兴欤?

二十八日(4月8日) 晴。早发屯溪,午刻达万安街,古城岩在其东,越国公汪华故居也。清流碧嶂,如罨画。自万安循陆南行五里,为休邑之东门。僦居报国僧院,即出钟秀门展拜先茔。茔在富琅之原,俗称茅司徒岭。四面皆崇山,背倚万岁,面对松萝,右挹捎云,左揽金佛。皆山名。原隰颇爽垲,而松檟皆凋尽,惟余穴旁一樟,其本大,可合数人抱。阴荫十余亩,犹前明天启年中物。三十年前,二株为人盗伐,从兄正模如江至休讼之,勒示申禁。及樵牧躏践二碑,今并树墓左。归,寻厚田里故居,遗址尠有知者,不胜城郭人民之感。

二十九日(4 月 9 日) 出西门,拜始祖左台公墓,在凤凰山之麓。青乌家称文犀望月形。墓门西向,宰树虽无多,而郁葱之气,故未艾也。据《新唐书·文艺传》,公与武功富嘉谟同以韦嗣立荐,为左台监察御史,预修《三教珠英》。公卧病,闻嘉谟卒,恸哭赋诗,寻亦卒。旧谱志公生卒,谓"生于高宗洪道元年,殁于代宗大历四年"。骞按:公《哭嘉谟诗》云"遘此敦牂春",敦牂在岁名为午;大历四年,岁在己酉,则谱所言,尚恐非实,宜更加考正。

三十日(4 月 10 日) 寻老柏墩于忠孝门外。墩西南有左台公墓祠,此旧祠也,竹树颇茂密。是日又至玉宁门内谒新祠,祠创始于乾隆甲戌,落成于丁丑。裔孙光禄少卿伟等以支裔日蕃,而旧祠稍隘,乃谋诸通族,共营斯祠,视旧加扩正室三楹、寝室三楹。中奉左台公以下历世之主,其左曰"报功",右曰"崇德",率支庶之袝食者也。余若藏器之室、胙饮之堂,以至省牲庖湢,诸所规制,一皆称是。夜雨。

三月甲寅朔(4 月 11 日) 至先茔修春祭。

初二日(4 月 12 日) 至堨田。堨田在休宁东七十里。侵晓出休邑东门,宿雨初霁,林烟未散。望白云蓬蓬满山谷间,篼舆行二十里,始见村落,诸山亦渐次呈露。足下水声潺潺,视之作桃花色,盖山中溪磵皆紫石也。石理细致而柔润者中砚材,其次斲为腐磑,尤有名。凡菽受磨,绝腻滑无滓,瀹之不必盐豉,而有自然之甘。明时箬岭有王叟,能于炕上制腐,得名。相传许文穆公在中书,遇不得意,辄自投其笔曰:“人生几何,时舍吾乡炕腐而食煤火肉耶?”至今人目为许阁老腐。前辈风流,足令是物与莼鲈争胜,亦故乡一佳话。晚宿汪变旦华家,予故人也。

上巳日(4月13日) 繇堨田还休宁。是日虽天朗气清,而群芳俱谢,途中但杨花扑面而已。

初四日(4月14日) 检视行李。

初五日(4月15日) 出城拜辞祖墓,忠孝支族人天衡来送。天衡名廷机,世居下塝,年七十余,而视听如少年。谈及先世,常以其支祠岁久,力难重葺为忧,盖亦笃行之士也。

初六日(4月16日) 凌晨微雨。出南门附下汶溪航,至屯溪易舟,从者皆有寒色。

初七日(4月17日) 雨霁。朝至篁墩,谒二程子祠。午后过岩镇,途中望黄山三十六峰,烟云如画,信所谓怡神之胜地已。尝观《水经》“渐江水出三天子都”,郦《注》引《地理志》云:“水出丹阳黟县南蛮中”,意颇疑之。偶阅廖腾煃《休宁县志》,“率山”下注:“率水所自出。其源至大,与饶、歙诸水汇而入于浙江。”且谓“蛮”乃“率”之讹,盖“率”古作“䜌”,转讹为“蛮”,亦焉乌之类。昔鄞全谢山先生尝七校《水经》,而仁和赵东潜又博综诸家之说,为《刊误》一书,诚有功于世。意此说亦可资考证也。归宿族人殿华山阁,松风如潮,竟夜不息。

初八日(4月18日) 为先大父玉方公讳日,途中改服,怆然永怀。午后游古城岩,岩深广,可坐千人,土石赪润如丹砂。昔人题名以雨作不及遍览。

初九日(4月19日) 自浯村发舟赴浙,暮宿深渡。微月。

初十日(4月20日) 谷雨。轻舟下诸滩,其疾如箭,真少陵所云“下濑不须牵”矣。暮至始新宿。

十一日(4月21日) 晓大雾,江日始升,四山草木作黄金色。移时雾散,则青苍如沐。晚次铜官。

十二日(4月22日) 侵晓微雾,日中雾方霁。入七里濑,泷中高峰层抱,其水尤深,风逆则不能行。是日微飔从西南来,遂扬帆过钓台。台凡二,东西对峙,而西台尤高。上有石亭,俯瞰江津,不下四五十尺。对岸即严陵,水木明瑟可爱。闻台下有小鱼,长不盈寸,世以子陵目之,味绝佳。访之渔者,终不可得。汲水试松萝山雨前新茗,陆季疵所品第十九泉也。晚雨,风颇利,榜人乘雨夜行。

十三日(4月23日) 平明雨霁。经富春遥眺山头,雉堞犹与晓烟相出没,江船连樯帆风。自富阳至钱塘,两岸山皆不甚高,而江暴涨,则海潮不能上。昔朱竹垞检讨与查初白内翰江行,联句有云:"百里晴山平似屋,一江春水健于潮。"非身历不知其语之工也。日曛时抵钱塘,沙涨数里,舟楫不能近岸。夜大雨。

十四日(4月24日) 禺中雨少止,从浅滩乘牛车登陆,复买舟入城,暂息篁蒋。蒋在小营巷,本名王庵。昔堇浦先生与僧天池为方外交,暇即来游,以其地多笛材,遂易王以篁。全谢山庶常至武林,必下榻于此,晚年常为养疴之地,故自号"篁庵病夫"。晚过绿饮知不足斋。

十五日(4月25日) 晨雨,过水村莱园。余祖姑适项氏,早寡,以苦节称。其子格凡先生筑此以娱其晚景,故以莱名。在庆春门内,林木皆合抱矣。随登舟出艮山门,东还海宁。午刻雨止,薄暮复雨,中夜过长安堰。

十六日(4月26日) 晨雨,达小桐溪。

可怀续录(1800)

予自乾隆甲午春省墓归海阳,转瞬二十七年矣。星纪如驰,齿发槁落,恒恐无复再至故乡之期。客冬有宗人,不远千里,言造敝庐,为述桑梓。卷卷之意,既欣且感,遂以今嘉庆庚申仲月下浣,与兄子衡照、从孙英达、从曾孙申锡克日偕行。回忆前度出门时,伯兄送予,握手临岐;而吾妇为治装,丁宁周至。今吾兄及妇并已下世,惘惘就途,悲从中来,不禁涕泗之横集也。爰辑途中日夕所经及古近体诗为一卷,曰“可怀续录”。诗见《拜经楼集》,不重载。

嘉庆庚申春二月二十八日(3月23日) 上春小桐溪登舟,暮上长河堰,宿胡令公庙南。庙有桑称二御带像,颇奇。

二十九日(3月24日) 五更闻皇觉寺钟声,促解维。禺中经皋亭,与衡照信步山坳。值小雨初霁,桃李半放,参差高下,与山云相间。东望临平,西眺黄鹤,有渲染家所不到者。际晚入艮山水门,夜泊横河,龚氏玉玦珑阁在焉。玉玦珑本宋花石纲故物,蘅圃先生得之,以名其阁。藏书最富,今皆散入《云烟过眼录》,而阁亦数易其主,惟石独存耳。

三月初一日(3月25日) 至梅庄访陈花南通守。按《咸淳临安志》:“梅庄在西马塍韩蕲王园,广百三十亩,今尚有梅坡、桃花港诸迹。”花南名韶,青浦人。性恬雅,工诗画,不乐仕进。闻人言黄山白鹤之胜,即裹粮以往,数月穷其趣而返。其高致率类此。

初二日(3月26日) 与衡照走别小岘观察,且乞书“万雪山房”额。山房,余生圹傍丙舍名。

初三日(3月27日)　独游湖上，寻宋茗香、吴仲伦，不值。

初四日(3月28日)　晨雨。与衡照出凤山门，至何氏山楼。英达与申锡先二日至。楼临中河，隔岸万松岭，出没烟霭中，若断若连。其下皆菜花，弥望数十里，一金堤也。壁有过客题诗颇佳，惜不尽记。饭罢，觅笋舆登舟。时晚潮未平，风雨沓至，舆人力与浪敌，惶遽呼舟，衣袽如涤矣。

初六日(3月30日)　犁明北风甚利，帆行颇驶。午过闻家堰，贳酒一甂。暮宿富阳，数人一饮几尽。

初七日(3月31日)　晓过桐君山，一峰突出江面，日映江底，荇藻可数。水色或赭或碧，厘然不杂，扁舟若在五色琉璃中行，真奇绝境。榜人云："赭者，雨后新涨；碧者，溪之故流也。"

初八日(4月1日)　初入泷中，风不甚利，舟行渐艰。长年八[①]是日复雇挽人四，过钓台登子陵先生祠。日已下舂，是夕遂不能出泷。

初九日(4月2日)　五更由乌石滩解䌯，午抵严州。同人游建昌山，山在乌龙之南，上有庙，祀金元七总管神古封利济侯。山门有弘治、万历二碑。殿宇甚修洁，右有亭榭、朱甍、碧槛，槛外残桃数树，苍松古柏相掩映。远眺江流一线，抱山麓西上，风帆沙鸟，极缥缈之致，真严陵第一胜境也。晚泊十里铺。

初十日(4月3日)　晨雨。禺中过胡孙淇，为淳安县界。

十一日(4月4日)　经茶园，晚泊遂安港口。夜雨。

十二日(4月5日)　清明。风雨竟日，高滩急浪，篙楫纵横。同舟有善四弦者，常为数弄，以遣闷怀。忆甲午清明在浦口度节，作诗寄家，而哀弦中绝，已五度清明矣。

十三日(4月6日)　过淳安县前，风景犹昔，惟浮桥已撤，设一舟待渡而已。

---

① "长年八"三字疑衍文。

十四日(4月7日) 过威平。风日清美,同人登陆闲步,拜蕲王祠。祠前紫荆花盛开。

十五日(4月8日) 晓微雨,入街口。午霁,过深渡。溪山绝胜,自西来,云峰万叠,至此皆折而南趋。罗鄂州《新安志》云“从此而上,穹山峻流,秀爽尤异。峰峦掩映,有若云屏,寔百城之襟带”,非虚言也。

十六日(4月9日) 雨后经浯村,仰睇层压,台榭森矗,视昔有加。夜泊篁墩观月。

十七日(4月10日) 侵晨大雨抵屯溪,别赁舟至休宁。停午行李初安放,经隆阜,湍急水深,一叶如舞。暮雨转甚,篙师并力至前阜,过断桥泊舟。雨竟夕。

十八日(4月11日) 晓雨稍霁。自前阜解緤,经古城岩至万安街小泊,复益挽舟妇数人,未刻抵下汶溪。行李由玉宁门入,寓于南街莲塘新祠。祠创于乾隆癸卯,祀二十八世祖唐安卿公。公讳晋,左台公九世孙,后嗣繁盛。大京、兆华孙为篁南支裔,以公未有专祠,乃创议度地,建祠于左台公统宗祠之西。其规制宏敞,亦与左台祠相埒。有左台三十七世孙今河督璥碑记。

十九日(4月12日) 率衡照、申锡出钟秀门拜祖墓。穴后古樟尚无恙,惟枝柯少瘁于前,近墓居民罕相识者,不禁怅然。时英达以疾不与。复至厚田里寻故居,门径依然,为族人所质,已历数世。居者知予为故主,引入遍观,且谓“息壤在彼”。盖吾乡风俗之厚如此。

二十一日(4月14日) 复率衡照、申锡至祖墓。归,游崇道观,閴无一人。先世尝有铜剑助观中,久莫可考矣。

二十三日(4月16日) 过族姪道仁,饮于西门查氏僦宅。

二十四日(4月17日) 同衡照等游东山。竹泉主人程氏新构亭馆,有层楼,居万竹深处,�窗四启,惟任烟云出入。客至,登楼啸歌,辄供佳茗。楼下凿方塘数亩,悉植菡萏。稍东碧玉一泓,澄澈可鉴,即志所称“东山泉”也,甘洌为一邑之冠。

二十五日(4月18日) 左台公祠修春祀,诣登名所者八十有一支。次往石舌山墓祭,归而祠祭。礼成,各受胙饮福而退。

二十六日(4月19日) 安卿公祠春祀,诣登名所者四十有六支。安卿公墓道距左台公墓二里,墓祭、祠祭受胙一如左台祠。是日衡照祠后土于公墓。

二十七日(4月20日) 忠孝支宗人奕光明经来访。奕光名之熙,天衡子也。因知天衡之卒,已二十余年矣。询其宗祠节烈叶孺人,栗主故无恙。复出予旧为之《宾公追立后议》示之,即欣然请归传录,盖亦崇本之士也。

二十八日(4月21日) 至统宗祠观先世遗物。有唐时磁权一,传为左台夫人所遗。权形类北瓜,青花白地,隆起觚稜六,稜各绘人一。制作朴古,重一十六两。

二十九日(4月22日) 同衡照、申锡至祖墓祭扫毕,随从下汶溪唤渡至流川,观修春祀,薄暝始还。

四月朔日(4月24日) 过奕光并其姪念芳。

初三日(4月26日) 从孙英进自浙至,视英达疾。

初四日(4月27日) 同衡照游万岁山。

初八日(5月1日) 复与衡照、英进至祖墓,重理碑碣断泐者补之,并添界石。归途再游竹泉,道仁饷青精饭。

初九日(5月2日) 凌晨饭青精,偕宗人良健及衡照等为齐云之游。箯舆出齐宁门,度夹溪桥而西十里,至蓝渡。复渡石桥而南,循崖陟岭二十里,至山麓。由登封桥进路,攀磴梯霞,又十里,始达太素宫瞻礼。出,茶话于道院。三姑、五老诸峰,罗列槛外,直几案间物,而黄山三十六芙蓉,或隐或见,尚在缥缈之间也。复出院观香炉峰,如卓锥。欲寻李君实太仆遇邋遢仙故迹,不得。循榔梅庵至罗汉洞,玩真珠帘良久。出天门,觅路下山,回听万壑松涛,若雷轰天际矣。

初十日(5月3日) 小北门赛关帝会。复过敉宁旧居,将以明日俶装还浙。午后复与衡照等游落石台。按《祥符图经》云:“昔有两舟泊此,一祭一否。夜半有神,移祭者之舟于北岸,有石五丈,自壁而坠,碎其一舟。”语似近诞,然谛观石壁,宛有凹凸之形,亦一奇也。

十一日(5月4日) 辰刻别祠墓出城,至下汶溪登舟。宗人元瀡、良健皆送至溪,步而别。向午抵屯溪易舟,晚泊潘村脑。

十二日(5月5日) 过雄村。同桑典林孝廉游曹氏园亭,虽在溪山深处,而结构布置,稍乏林壑之致。典林名庭樗,弢甫先生孙也,时馆于曹。随解舟至浦口雇舆,携旧藏商琱戈入歙城,访程易畴学博,以客泉口晤其孙。

十三日(5月6日) 立夏。出街口,抵深渡宿。欲觅樱笋,不得。

十四日(5月7日) 凌晨挂帆,过严州午炊。抵钓台,日已曛黑,遂炳烛题诗严先生祠壁,还舟而饮。夕风转利,乘月东行,四顾岩谷寂寥,水天一色,与向时风景殊不同矣。

十五日(5月8日) 至富阳停舟候潮,远望城郭极卑小。晚宿朱桥,以避大汛。新月将出,水面如金丸,微云抹之,与水光相下上,乍离乍合,久之始散。

十六日(5月9日) 晚抵江干。时潮退波平,可以径涉。乃倩牛车载行李寄何氏,而予与衡照等先入城。

十七日(5月10日) 过万松书院。王兰泉司寇出汉铜雁足镫及赵忠毅公铁如意见视,为作歌。

附 录

吴槎客先生手写《日谱》五厚册，起乾隆四十八年癸卯，讫嘉庆十七年壬申，历时三十载，完善无缺，真罕觏之秘帙矣。先生所刻《桃溪客语》《尖阳丛笔》等书，皆从《日谱》中摘钞而成，厪此书之一鳞片甲耳。他如宋忠勇侯都虞侯记，简庄、虞臣为撰考释者，其印文亦见于辛未《日谱》中。先生际世承平，复有力而好事，故收成书画、图籍，冠于一乡，山舟、小岘、渊如、稚存、荛圃、述庵诸公，咸与论文。读此书者，想见当时风雅之盛，令人企慕不能已。己巳长平乡人跋。

（《日谱》稿本卷末）

吾乡吴兔床先生与卢召弓、鲍以文、黄荛圃、家仲鱼诸公，并以校勘之学闻于世，著有《愚谷诗文存》《拜经楼藏书题跋》诸书。所居拜经楼，收藏宋元秘笈甚富，兵燹后散失殆尽。近人得见先生校本，莫不重价购求，争相罗织。此《日谱》系先生手稿，钱氏《海昌备志》著录，起乾隆癸卯，讫嘉庆壬申，次年先生即归道山。己未春，以重金购于邑中故家，重付装治，独念吴氏藏书，百余年来零落湮没，不可指数，此书能完善无恙，殆先生心力所寄，鬼神亦得而呵护之欤？

（《日谱》稿本卷末）

为慕一廛藏百宋，更移十架庋千元。

生儿即以周官字，俾守楹书比孝辕。吴骞槎客 子寿旸虞臣 孙之淳鲈乡 侄昂驹醒圆 春煦子撰

《海昌备志》："吴骞字槎客，号兔床，家新仓里。笃嗜典籍，遇善本倾囊购之弗惜，所得不下五万卷，筑拜经楼藏之。晨夕坐楼中展诵摩挲，非同志不得登也。得宋本《咸淳临安志》九十一卷、《乾道志》三卷、《淳祐志》六卷，刻一印曰'临安志百卷人家'，其风致如此。子寿照，字南辉，号小尹，乾隆丙午举乡试。寿旸字虞臣，槎客以宋椠《东坡先生集》授之，因自号'苏阁'，取拜经楼书有题跋者，手录成帙，为《题跋记》。虞臣子之淳，诸生，亦能守遗籍，校读不倦。海昌百年来藏书家，若前步桥许氏之惇叙楼，今遗籍荡然，楼亦毁矣。胡陈村胡氏华鄂堂，所藏仅有存者.独拜经楼完好无恙，贤子孙善守之效也。"昌炽案：兔床先生一字葵里，之淳号鲈乡。虞臣《题东坡先生盐官县绝句残碑》云："扁舟载过苏阁中，醃馧芸编日为伍。"自注云："家君得宋椠《百家注东坡先生集》，因名藏书处曰'苏阁'，盖先以苏诗名其阁，继印以阁名字其子也。"《东湖丛记》："黄荛圃主政百宋一廛，吴兔床明经以千元十架相敌，故老风流，犹令闻者色飞眉舞。"昌炽案：拜经十架，诸家所记皆作插架之架，独荛圃《席上辅谈跋》云："余藏书所曰百宋一廛，海昌吴槎客闻之，即自题其居曰千元十驾，谓千部元板，逐及百部之宋板，如驽马十驾耳。潜研老人《十驾斋养新录》即此十驾之义。"其字作驾，且从而为之辞，莞翁同时同好，不知何以传闻异词也。《拜经楼藏书题跋记》："《周礼》宋刻二十卷，陈简庄跋云：'槎客得此书时，适生次君虞臣，故其小字曰周官。'"又："管庭芬跋：'兔床先生祖籍休宁，流寓尖山之阳。博综好古，纂述宏富，拜经楼之藏弆，足与道古、得树二家后先鼎峙。嘉庆癸酉，先生年八十一下世。苏阁父子，保守遗籍，累世不怠，亦自来藏书家所难能也。'"《曝书杂记》："吴春照字子撰，兔床先生之侄。濡染家学，校雠极精审。其兄醒园昂驹，亦好古籍。"

（叶昌炽《藏书纪事诗》）

《海昌艺文志》:“吴骞,仁和贡生。居邑之小桐溪,筑拜经楼,贮书甲于一邑。又构别业于阳羡,搜讨桃溪诸胜殆遍,与同里陈简庄、周松霭诸君子日事校雠,不预户外事。卒年八十一。”孙之淳《尖阳丛笔跋》:“昔先大父聚书万卷,手不停披,潜志探讨。兼好网罗遗事轶闻,搜剔名迹古器,多所表著。”吴骞《愚谷文存·桐音日省编下》:“吾家先世颇乏藏书,余生平酷嗜典籍,几寝馈以之。自束发迄乎衰老,置得书万本,性复喜厚帙,计不下四五万卷。分归大、二两房者不在此数。皆节衣缩食,竭平生之精力而致之者也。非特装潢端整,且多以善本校勘,丹黄精审,非世俗藏书可比。至于宋元本精钞,往往经名人学士赏鉴题跋,如杭堇浦、卢抱经、钱辛楣、周松霭诸先生,鲍绿饮、周耕厓、朱巢饮、张芑堂,钱绿宝、陈简庄、黄荛圃诸良友,均有题识,尤足宝贵。故余藏书之铭曰:‘寒可无衣,飢可无食,至于书,不可一日失。’此昔贤诒厥之名言,允可为拜经楼藏书之雅率。呜呼!后之人或什袭珍之,或土苴视之,其贤不肖真竹垞所谓视书之幸不幸,吾不得而前知矣。”

(王欣夫《藏书纪事诗补正》)

吴骞字槎客,一字葵里,号愚谷,又号兔床,海宁人,贡生。生负异禀,过目成诵。笃嗜典籍,遇善本,倾囊购之,所得不下五万卷。筑拜经楼藏之,钱少詹大昕为之序,谓:“所藏百氏皆具,独言经者,统于尊也。”少与仲鱼同讲训诂之学,兼好金石。每得一书,必校勘精审。所为题记,其子寿旸尝辑为《拜经楼藏书题跋记》六卷。其自著者,有《诗谱补亡后订》一卷、《许氏诗谱钞》一卷、《孙氏尔雅正义拾遗》一卷、《国山碑考》一卷、《小桐溪吴氏家乘》八卷、《阳羡名陶录》二卷《续录》一卷、《桃溪客语》五卷、《拜经楼诗话》四卷、《愚谷文存》十四卷、《拜经楼诗集》十二卷《续编》四卷、《论印绝句》二卷、《万花渔唱》一卷。嘉庆十八年卒,年八十一。参史传。

(《清儒学案小传》二)

吴骞字槎客，海宁诸生，负异禀，过目成诵。笃嗜典籍，遇善本，倾囊购之，校勘精审，所得不下五万卷，筑拜经楼藏之。与陈鳣讲训诂之学，所为诗文，词旨浑厚，气韵萧逸。晚益深造，不屑为流俗之作。四方贤士大夫每过必觞咏连日，妻魏咄嗟力办。既而魏膺病，欲为骞置妾。适骞客杭，魏纳平湖良家女。骞归，以为义女，物色海盐名家子嫁之，时高其义。子寿照字南辉，乾隆五十一年举人，长《文选》学。寿旸字虞臣，尝取苏诗依宋本编次，拾遗补阙，为一集，见者叹赏。

（《碑传集补》）

吴骞，字槎客，一字葵里，号兔床，清时人。海宁藏书家，旧称道古楼马氏，得树楼查氏。骞祖籍休宁，流寓海宁尖山之阳，曰新仓里。时值马、查遗书散布人间，偶得其残帙，每系跋语，以寄概慕。博综好古，勤于搜讨，与同邑周松霭、陈简庄赏奇析疑，获一秘册，则共为题识，歌诗以纪其事，且于吴门、武林诸藏书家互相钞校。临江乡魏小洲得蜀石经《毛诗》残序，为摹副本，并著考异二卷。得宋椠《百家注东坡集》，钱晓征寿吴槎客七十诗所谓“手摹离墨前朝字，家有淳熙善本书”是也。又尝得宋本《咸淳临安志》九十一卷，《乾道志》三卷，《淳佑志》六卷，刻一印曰临安志百卷人家。骞既笃嗜典籍，遇善本辄倾囊购之，弗惜，所得不下五万卷，筑拜经楼藏之，晨夕坐楼中，展诵摩挲，非同志，不得登也。嘉庆癸酉卒，年八十有一。著有《愚谷文存》正续、《拜经楼诗集》、《词话》，校刊《拜经楼丛书》、《海昌丽则》等数十种。

俞运之校补：槎客见荛圃颜百宋一廛，拟作千元十驾以敌，占长句戏荛圃。

（《中国藏书家考略》）